U0892520

民商法
经典文库

总主编 赵万一

学术研究系列

数据资产运营中的法律问题研究

牟萍 著

Civil and Commercial Law Classics

法律出版社 LAW PRESS·CHINA

北京

图书在版编目(CIP)数据

数据资产运营中的法律问题研究 / 牟萍著. -- 北京:法律出版社, 2020(2022.4 重印)
(民商法经典文库)
ISBN 978-7-5197-5151-7

Ⅰ. ①数… Ⅱ. ①牟… Ⅲ. ①数据保护-信息法-研究-中国 Ⅳ. ①D922.84

中国版本图书馆 CIP 数据核字(2020)第 229452 号

数据资产运营中的法律问题研究
SHUJU ZICHAN YUNYING ZHONG DE FALÜ WENTI YANJIU

牟 萍 著

策划编辑 沈小英
责任编辑 刘晓萌 王美懿
装帧设计 马 帅

出版发行 法律出版社
编辑统筹 法治与经济出版分社
责任校对 晁明慧
责任印制 吕亚莉
经　　销 新华书店

开本 710 毫米×1000 毫米 1/16
印张 16.5 **字数** 269 千
版本 2020 年 12 月第 1 版
印次 2022 年 4 月第 2 次印刷
印刷 固安华明印业有限公司

地址:北京市丰台区莲花池西里 7 号(100073)
网址:www.lawpress.com.cn
投稿邮箱:info@lawpress.com.cn
举报盗版邮箱:jbwq@lawpress.com.cn

销售电话:010-83938349
客服电话:010-83938350
咨询电话:010-63939796

版权所有·侵权必究

书号:ISBN 978-7-5197-5151-7
定价:89.00 元

凡购买本社图书,如有印装错误,我社负责退换。电话:010-83938349

“民商法经典文库”编辑委员会

主　任　赵万一

委　员　（按姓氏笔画为序）

王　洪　刘云生　李　燕
李雨峰　汪青松　张　力
张　耕　张建文　陈　苇
侯东德　曹兴权　谭启平

总主编简介

赵万一

西南政法大学民商法学院教授、博士研究生导师，《现代法学》主编。曾任西南政法大学民商法学院院长。兼任中国法学会商法学研究会副会长、中国法学会民法学研究会学术委员会副主任。先后被西北政法大学、福州大学、西南大学、福建师范大学、山东经济学院等多所大学聘为兼职教授；上海大学、福建师范大学兼职博士研究生导师；英国《法律与管理国际杂志》（*ML-The International Journal of Law and Management*）编委。

曾出版《民法的伦理分析》《民法概要》《商法基本问题研究》《证券法的理论与实务》《中国竞争保护法律制度研究》等个人专著多部，主编《商法学》《证券法学》等教材数十部。先后在《中国社会科学》《中国法学》《法学研究》《人民日报》《光明日报》等报刊发表论文150余篇，有数十篇文章分别被《新华文摘》、《中国社会科学文摘》、中国人民大学书报资料中心《复印报刊资料》转载。其《民法的伦理分析》一书曾分别于2005年和2017年在我国台湾地区五南图书出版股份有限公司和日本经济法律出版社出版，多篇论文在日本、韩国等国发表。

总序:民商法学研究的时代使命

时至今日,虽然理论界对民商法在中国特色社会主义法律体系中的角色定位并未形成完全一致看法,但对其在促进社会权利意识的觉醒、创造力的激发乃至社会经济的振导方面所发挥的巨大作用,几乎没有人能够否认。一方面,缘于其调整内容的广博性、调整方式的人本性、调整范围的全覆盖性和规制目的的正义性;另一方面,则得益于其所承载的“固根本、稳预期、利长远”的历史使命的厚重性和在强调促进社会经济发展的同时注重人与自然和谐发展的先进立法理念。通过研读世界主要国家的法律发展史,我们不难发现,具有时代引领意义的重要民商法律制度的制定,通常是伴随一个国家社会制度的重构、社会政策的改变和社会观念的变革应运而生的。因此,民商法律制度的设计通常并不仅仅表现为单纯的制度进化和规则演变,更反映了社会经济政治制度环境的优化和社会意识的嬗变。我国也不例外。发轫于20世纪70年代末的经济体制改革,不但将现代中国社会深深打上了法治烙印,而且极大激发了法律对社会关系特别是社会经济关系的调整冲动,从而将上层建筑对经济基础的促进作用发挥到极致。时至今日,伴随计划经济向市场经济的成功转型而不断拓展其作用深度和广度的民商事立法,无论是对中国民众国民性格的塑造、行为模式的固化,还是对整个社会经济运行驱动力的重新构造,都产生了越来越显著的影响。以平等和自治为核心的民商法律制度不但成为国家调整社会关系特别是社会经济关系的最重要法律手段,而且成为社会主体行为选择的首要凭依因素;以公平和效益为主旨的民商法律思维已深深嵌入人们的思维逻辑链条中,成为人们臧否立法和司法活动的主要标尺;以良善、诚信、忠实为先导的民法文化不但发挥启佑民智之功效,而且已逐步内化为一种社会习惯和社会生活方式。作为民商法制度根基的平等原则并未得到有效贯彻,进而在主体立法上采取差别性待遇的做法还比较普遍。在民商事司法领域中,由于未对价值取向各异的不同审判类型进行必要的审判理念区分,从而导致审判活动既无法满足以自然人为代表的普通民事主体对公平理念的强烈渴求,也无法有效实现以公司为代表的商事主体追求效益的行为动机。在法律意识层面上,民商法的私法属性和权利法属性并未获得普遍的社会认同,民商法所体现的一些基本法律价值和法律精神也没有随着民商事立法的繁荣而获得广泛的尊重和支持。造成这种广大民众对民商法价值认同感不高的原因是多方面的。由于民商法是直接介入市场经济和商品经济形态塑造和规则设计的法律制度,因此,无论在立法上还是在司法实践中,人们都有意或无意地将所有的民商事法律制度的作用定位为促进市场经济的发展,从而淡化了作为民商法精神内核的人本主义思想和人文主义理念。不仅如此,民商法的非理性繁荣还助长了法律对社会关系的调整作用,包罗万象的法律规则试图将调整的触角延伸至公民生活的每一个领域。实际上,法律更多的是作为约束人类非理性行为的必要羁绊而存在的,任何类型的强制行为都不可避免地会对社会主体的行为及与此相连接的社会关系起到一定的限制作用。

从经济基础对上层建筑的作用结果来看,肇端于20世纪70年代末的经济体制改革和对外开放不但极大解放了受到压抑的生产力,而且充分激活了潜藏在人类内心深处追求财富的欲望,使人们从普遍的羞于言利转变成了攫取财富。中国社会第一次感受到法律对社会生活的强大影响力和导引力。正是基于法律对社会经济关系的强力介入,不但彻底改变了利益的获取和分配方式,任何主体的正当经济利益诉求都必须通过法律加以固化、疏导和界定,而且极大地促进了社会财富的增加,使中国在很短的时间内跃居世界第二大经济体。正是基于对法律作用的高度重视,我们在短短的40多年时间里建立起了比较完备的社会主义市场经济法律体系,从而为全面实现依法治国奠定了必要的法律硬件基础。任何国家的法治现代化都不能通过简单地对外国法律制度的借鉴而完成,成熟的法律制度除借鉴人类法治文明建设有益成果外,还必须加强对本国法治资源的挖掘和对法治适用环境的建设和改造。为此,我们不但要重视对民商法具体法律制度的吸收和构造,而且更应加强对民商法基本理念、基本作用、基本精神和基本价值的研究和认识,更准确地定位民商法在构建新时代中国特色社会主义法律体系中的地位和作用,因为只有以先进理念作支撑的法律制度才能真正有效发挥其对社会关系的精准调整作用。

大学作为现代文明的发祥地和社会知识的集散地,既是民族文化的传承者,也是现代文明特别是现代法治文明的创造者和传播者。相对其他类型的院校而言,法科院校基于其独特的创设要求和人才培养目标,在创新社会法治理念、提供法律制度有效供给、推进国家现代法治文明建设方面无疑负有特殊的义务和责任。西南政法大学作为一所以法学为主的多科性院校,创设于新中国百废待兴之时,繁荣于改革开放的历史机遇期,不但见证了中国法治建设的曲折历程,而且对中国的法治建设贡献了自己的责任和智慧。其民商法学作为传统的优势学科之一,经过几代人的不懈努力,逐步形成了以民本天下为情怀、以商达经纬为志向、以知行合一为目标、以振兴国家为责任的学术精神和专业特色。自20世纪50年代开始,学科奠基人金平教授、杨怀英教授等老一辈开宗学者秉持学术报国之宏愿,开拓奋进、殚精竭虑,历经筚路蓝缕之磨难,披荆斩棘之艰辛,初创西南政法大学民商法之学林。20世纪80年代之后,沐浴改革开放之春风,西南政法大学民商法迎来第一次鼎盛时代,金平教授和杨怀英教授作为全国民商法领域中的重要领军人物,以他们的敬业精神和人格魅力,团结和凝聚了包括邓大榜、聂天贶、黄名述、李开国、柯瑞清、邓宏碧、张和光、赵勇山、叶清勋、赵泽隆、谭向北、程正宗、陈志学等30余位在全国有一定影响力的中年骨干教师；以王卫国、禄正平、伍载阳、刘晓星、张玉敏、尹田、吴卫国、赵万一等为代表的一批年轻学者开始在国内学术舞台上崭露头角。西南政法大学也自然而然地成为国内名副其实的民商法教学与研究重要阵地。20世纪90年代末期以来，在李开国、张玉敏、赵万一、陈苇、谭启平等学术带头人的带领下，本学科全体同仁励精图治、拼搏进取、内外双修，不但使学科师资规模达到创纪录的120余人，而且在职称结构、学历结构、学缘结构等方面都有了实质性改善，教学科研水平也不断上升到一个新台阶。我们坚信，在国内外同仁的关心和支持下，经过本学科全体师生的共同努力，西南政法大学民商法学的明天一定会更加灿烂辉煌。

民商法作为一个应用性很强的实用性学科，并非产生于书斋中的理论推演，而应来源并服务于社会经济生活。本学科一直以关注民生、强调民本为己任，秉持造福苍生，心系天下的情怀，努力将自己的研究服务于国家的经济建设和法治建设。具有中国民法典"活化石"之称的金平教授不但全程参与了第一次至第三次《民法典（草案）》的拟定，而且其所提出的许多富有创见性的观点，如民法调整的是平等主体之间的财产关系和人身关系，直接影响了《民法典》的制定。具有中国婚姻法"女神"之称的杨怀英教授不仅参与了1980年《婚姻法》的修改，而且始终关心中国家庭制度的发展变化及其与社会之间的互动关系，在花甲之年仍亲自带队，到当时条件十分艰苦的云南西双版纳和德宏两大民族自治州长途奔波数千里，开展长达数月的田野调查，出版了具有填补空白性质的《滇西南边疆少数民族婚姻家庭制度与法的研究》。这个优秀传统一直传承至今。陈苇教授在主持司法部重点课题时，以"农村妇女土地权利保障"为视角，先后组织1000多名学生深入农村考察并形成了数十万字的调研报告。在2008年"5·12"大地震发生后不久，以本学科刘俊、谭启平、刘云生等教授为主的12位法学专家联名上书全国人大常委会，建议尽快制定重大自然灾害处置特别法令并草拟了一部近万字的《重大自然灾害处置特别法令（建议稿）》。在具有世纪工程之称的《民法典》制定过程中，本学科不仅有数十人深度参与了《民法典》的条文拟定及其相关的立法调研论证活动，而且在《民法典》颁布之后的第一时间内成立了规模庞大的《民法典》宣讲团，深入国家机关、企事业单位和社区、农村，向广大社会公众宣讲《民法典》的伟大意义，充分体现了学者的责任与担当。

近年来，国际、国内民商法学科的迅速发展向我们提出了严峻挑战。国际上，无论是源于罗马法的大陆法系还是源于海洋经济需要而产生的英美法系，都正朝着更深、更广、更前沿的方向延伸与发展，民商法学理论日益博大精深，法学流派呈现多元化趋势；民商法学研究更加注重与法律实践的契合，注重对司法领域中出现的新的法律问题的审视和研究；在全球化趋势的推动下，各国民商法学日益走向相互渗透与融合，同时又更加注重与本国国情的结合，呈现国际化与民族化共同繁荣的趋势；法学理论方面，跨学科研究方兴未艾，交叉学科、边缘学科如雨后春笋大量涌现。在国内，随着依法治国方略的推行，民商法学研究更加深入与务实。一方面，在全球化的大潮之下，如何借鉴人类精神遗产，借鉴外国合理的法律制度与精神，成为摆在中国民商法学面前的重大课题之一；另一方面，在国内市场经济发展过程中出现的各种法律问题也向民商法学提出了挑战，如何立足中国的法律实践，利用世界各国的经验，发扬我国优良传统风俗，应对未来经济、政治、文化的重大转折，也是中国民商法进一步发展所必须解决的重大课题。为了总结西南政法大学民商法学科在过去40多年中取得的成绩，饮水思源，时刻铭记老一辈民法学者对本学科发展所作出的突出贡献，我们曾与法律出版社联袂于2009年编辑出版了5卷本的“西政民商法学阶梯”丛书和20卷本的“西南民商学人文库”和多卷本的“民商经典译丛”。为了发挥本学科在民商法基础理论特别是民法哲学方面的研究优势，我们先后编辑出版了两辑共13本“民法哲学”丛书。为了扩大与我国台湾地区的学术交流活动，我们曾与华中科技大学出版社、台湾元照出版股份有限公司倾力打造了“华中·元照西政民商法学术文库”和“华中·元照中青年法律科学文库”。

为了进一步充分发挥法学研究对法律实践的引领作用，我们决定集合校内外各种资源，推出既能综合反映西南政法大学民商法学科科研实力，又能广纳群贤、有效荟集国内外最新民商法学研究成果，并能对中国法治建设起到推动作用的大型系列丛书——“民商法经典文库”。本文库分为民法哲学、经典译著、学术研究、前沿争鸣、名家讲坛、教育研究、经典案例及年度十大有影响力案例、研究随笔9个系列。同时,我们也真诚邀请国内外贤儒同仁不吝赐稿,积极支持我们的工作。我们相信,在国内外同行专家的共同帮助下,本文库一定能够达到预期目标。

是为序。

2012年11月6日于西南政法大学

2021年7月6日修订于西南政法大学

序　言

本书系以腾讯公司的委托课题“数据资产运营中的法律问题研究”的研究报告为基础而完成的。要更好地认识本书，我觉得回顾一下整个课题的起承转合，颇有必要。

2017 年的新浪诉脉脉案作为国内首例大数据不正当竞争纠纷案引发的热度仍在持续，腾讯公司欲对数据不正当竞争这一问题做个小的研究。为此，我做了“关于数据不正当竞争的研究计划”，在计划中，提出数据不正当竞争，从广义上包括三种，即数据抓取、使用中的不正当竞争，利用数据优势进行不正当竞争，数据互换、融合等合作时的不正当竞争；从狭义上则仅指第一种。而当时脸书公司（Facebook）在德国正被反垄断机构调查，引起关注。在交流时，腾讯公司提出将研究范围扩大，从广义角度进行研究。

基于 Facebook 在德国被反垄断调查的导火索来自它并购“瓦次普”（WhatsApp），故在与腾讯公司个人信息部的黄晓林、张亚男进一步的交流中，不免会提及数据投融资。我虽在这方面有一定的实务经验，但从未想过做更深层的思考。与智者言，受益无穷。在漫谈中，他们敏锐地抓住了这个点，建议试着从数据投融资方面，甚至扩展到数据资产运营方面做一定研究。于是，我们一起兴致勃勃讨论新的研究计划——“数据资产运营中的法律问题研究”。根据新的研究计划，草拟了一个研究提纲，预计完成6个小型研究报告，分别是数据资产运营中的主要法律问题甄别研究、数据资产运营中的不正当竞争及垄断问题研究、数据资产运营中的知识产权问题研究、数据资产运营中的个人隐私保护及数据保密问题研究、数据资产运营中的法律风险防控方案研究。

作为一个知识产权从业者，我关注到，在《民法总则》出台过程中，曾经有一稿，将个人信息置于知识产权之下，在当时引起了很大争议，并最终从知识产权中移除。不过，这一稿显然意识到知识产权与个人信息（或者说个人数据）有一个共同点，就是它们的对象具有相似性，均是非物质的客观存在。数据资产与知识资产均为信息资产，我在处理数据投融资实务时，很多时候，其实是借鉴了已经成熟的知识产权领域经验。因此，开始考虑从知识产权法视角，结合民法、合同法、网络法，来探讨数据资产运营中的一些问题，也许能找到新的火花。

为此，自2017年12月接受委托后，西南政法大学民商法学院团队便与腾讯公司法务部团队合作进行研究。在思考和探索中，随着对相关问题的研究深化、国际或国内的最新发展、研究观点或认识的转变等，对原初提纲中的内容做出一定的取舍增删或调整变更。2019年年初完成的课题报告与我最初草拟的研究提纲有较大差别。而在本书的写作过程中，国内外数据领域的立法、学术研究有了新的发展，数据领域案例也更丰富，为此，在保留原课题报告中我自己撰写的章节，并对这些章节进行修改的基础上，重写了其他章节。最终本书的章节安排与课题报告又有了较大差别。而这样的差别，正呼应了整个数据法领域立法与司法的起承转合，而这种起承转合也正反映了我们对数据法这一新领域的认知变迁。

实话说，即使抛开自身能力的局限，对于“数据资产运营中的法律问题研究”这一宏大命题，要研究透彻、全面，是不可能完成之任务。而数据领域可谓日新月异，国内外均是新法频出，新事件此起彼伏，往往一个问题还没想明白，新的问题又已产生，就像永远做不完的习题。这是研究它的困难之处，也是它的乐趣之处。希望本书所做的浅浅尝试，能够抛砖引玉，吸引更多有识之士，关注、研究数据资产运营中的法律问题。“个人生物数据的特殊保护”“数据共享及投融资中的刑事风险”“物联网和智能制造中的数据法律风险”“数据共享中的个人信息保护问题”“平台治理与责任分配”……数据法领域的研究空间广阔，亟须更多的研究投入。

最后，有两件事需要特别说明：第一，本书能够得以完成，需重点鸣谢西南政法大学民商法学院田晓玲老师、周清林老师为课题研究所做的笔墨贡献。特别是本书第四章，是经周清林老师同意后，将他在课题报告中所写的部分进行修改、增删后，直接吸收。第二，腾讯公司为本书的完成，提供了研究资金、资料的保障，法务部的黄晓林、张亚男以及他们充满智慧和国际视野的同事为本书关于数据保护、隐私政策的篇章贡献了素材、分享了经验、提供了宝贵的建议；我的研究生程冠、唐涛、张梦瑶、孙洪璐、郭一鸣等在资料收集、整理、翻译中所付出的时间和精力。在此深深感谢他们的付出！

牟 萍

2020 年 11 月 10 日

目 录

第一章　数据资产运营中的主要法律问题甄别

第一节　从“资源”到“资产”——数据的新定位

在这个信息化社会，以一个主体为中心，四周充盈着海量的数据。从公共管理价值、商业价值的角度而言，单个的数据本身并不具备某种意义，但当大量数据连接整合后，其价值就会得以凸显。这样的整合，可以发生在不同类型的数据之间，如人口数据与社保数据相整合，有助于公共机构发现养老金缺口；天气数据整合航班数据，可以帮助航空公司或航运管理机构做出某一航班飞行是否安全的预警判断；水文数据与力学数据整合，就能够帮助用户进行桥梁设计，以确保标准洪水频率下桥梁的安全运营；商标注册数据与工商数据整合，可以用于推测某一申请人是否存在囤积商标的故意。这样的整合，也可以发生在长期持续累积起来的同一类型的数据之间，例如，将某地的历年人口数据整合起来，有助于当地政府发现人口的流动规律、人口比例是否失衡等；将某一用户的

“网络饼干”(cookie)[①]数据整合起来,实现精准营销、记录用户偏好等功能;将某一公司的历年股票数据整合起来,能够用于评价与预测该公司股市的表现;将某一家公司近年来的专利申请数据整合起来,可能发现它研发或拓展新产品、新市场的蛛丝马迹。而随着通信、互联网技术的日益发达,不仅能够实现数据的实时获取,亦能够让获取数据的成本越来越低,进而让数据的开发和利用成为可能。正因如此,数据正逐渐被视为同土地、石油一样的重要资源,甚至有“得数据者,得互联网天下”这样的说法。对于资源,当然是希望自己掌握得越多越好。在这样想法的驱动下,尽可能多的收集、获取数据,正成为不同主体的选择,哪怕这些数据目前似乎并未表现出某种价值意义,但看着一个个满满的数据仓库,在一定程度上也会带来踏实感。每一个数据可能都是无用的,也可能是有用的,这种不确定性,使拥有它们,代表着希望。事实上,我国部分地方将负责大数据管理的行政部门命名为“数据资源局”,[②]亦反映出,对数据是一种资源的认知,已获得广泛认可。

然而,应当看到,所谓“大小”是相对而言的。对不少企业而言,其自有的数据,也许比起以前,已经是数量惊人,是“大数据”,但与另外的企业相比,就变成了“小数据”。所谓“大数据”与“高价值”也是相对而言的。一个企业即使拥有海量数据,但类型却单一,那么数据的“大”与价值的“高”可能就难以成正比。因此,真正能成为资源的大数据,不仅指数量的“大”,还包括类型的“多”,它们往往通过利用新的算法以及新的、更强大的处理、存储和数据传输技术,通过多个来源高速生成,具有高速、多样化和数量庞大的特征,或者称“三V”特征——速度(velocity)、种类(variety)、体积(volume)。[③] 为此,要真正实现数据资源的价值,除了靠自身的累积,通过其他来源和维度获得数据,也变得越来越重要了。而要从其他来源和维度获得数据,这就需要数据在不同主体间进行流转,数据交

① 系一种记录上网用户信息的软件。

② 如杭州数据资源局、合肥市数据资源局等。

③ See Autorité & Bundskartellamt, *Competition Law and Data*, 10th May, 2016, p. 4. 此报告系法国反垄断执法机构(Autorité)和德国反垄断执法机构(Bundeskartellamt)的联合工作报告。

易就应运而生。这样的交易既可能是以买卖、互易形式出现,亦可能是以合作、并购等方式实现。这同时意味着,数据不仅能够通过整合、解析,为提升企业的经营效果起到作用,而且数据本身通过交易,就能够给企业带来经济收益。而这,正是从经济学意义、会计学角度上成为“资产”的最重要条件。这意味着,通过数据交易的产生和发展,数据已经从“资源”变成“资产”。如果说“资源”是数据静态的沉淀累积,通过内部的挖掘利用以获得间接收益,那么“资产”就是对数据动态的流转利用,从外部直接获得收益。

当然,鉴于“数据资产”尚是一个新生事物,目前并无一个普遍认可的定义。本书并不打算对此概念,做学理上的探究,借用高伟在《数据资产管理——盘活大数据时代的隐形财富》一书中所采用的定义:“数据资产,是企业及组织拥有或控制,能给企业及组织带来未来经济利益的数据资源。”抛开此定义是否周延、准确的评价,至少它清楚表明“数据资产”是由“数据资源”而来,反映出“数据”对企业而言的这一新定位。

第二节　数据资产运营的现状

一、国外的实践

2008 年起,随着“数据市场”“数据银行”等概念被相继提出,国外大数据交易实践正式开始,大数据交易市场相继建立。国际商业机器公司(International Business Machines Corporation,IBM)、惠普公司(Hewlett-Packard,HP)、富士通等传统有关互联网的科技(Internet Technology,IT)公司和“伐克丢公司”(Factual)①等新成立的公司,纷纷涉足大数据领域并成为大数据产业的“领头羊”。比如,2013 年 4 月日本富士通公司建立了自己的“大数据”交易市场“数据广场”(Data plaza),并将交易中介服务培育为主力业务之一,计划在 2016 年之

---

① 该公司成立于 2007 年,系一家知名的开放位置数据库提供商,提供实时数据交易市场的网站。公司拥有大量数据,用户可以把该公司提供的数据与用户已有的其他任何地理位置数据进行相互参照,创建出新的应用程序。

前将参与企业增加至千家左右。"数据广场"(Data plaza)交易的数据为清洗后的非底层数据,包括购物网站的购物记录、智能手机的位置信息等个人数据和其他类型数据。美国"伐克丢"(Factual)成立于2007年,面向各类公司提供数据服务,并与包括Facebook、城市搜索公司(City Search)、美国电话电报公司(American Telephone & Telegraph Company, AT&T)在内的很多公司存在数据交易关系,且很多大型客户购买数据的开支可以高达百万美元以上。① 相关的数据投融资活动,亦非常活跃,如"行动智力"公司(ActionIQ)②继获得1300万美元的投资之后,又获得3000万美元融资;"雪片公司"(Snowflake)③继2014年获得2000万美元B轮融资、2015年获得4500万美元C轮融资、2017年获得1亿美元融资之后,2018年又分别获得2.63亿美元、4.5亿美元的融资。

在这样的数据资产运营热潮中,亦涌现出一些各具特色的、全球知名的数据交易公司,分别介绍如下。

安客诚公司(Acxiom)是全球最大最复杂的商业智能和营销数据库的开发者,成立于1969年,总部在美国阿肯萨斯州的小石城,现已在8个国家设立了分公司,分别是英国、法国、德国、波兰、澳大利亚、中国、日本、巴西。它于2000年进入中国,总部位于上海,现已在上海、北京、江苏等地拥有300多名员工,为150多家客户提供服务。在中国的基础设施包括位于上海的一个世界级数据中心、位于江苏的一个全国服务中心以及南通的全球信息服务中心。它专注于为营销人员提供数据服务,涉及大数据营销、电商招新、会员营销管理、消费者洞察、第三方数据包等业务,也是阿里数据银行和京东九数平台首批认证服务商。

核心逻辑公司(CoreLogic)是一家注册于美国,在美国纽约证券交易所上市,并在澳大利亚、新西兰和英国提供住宅物业的信息分析及服务的数据供应

---

① 需要说明的是,伐克丢公司(Factual)向客户提供小规模数据是免费的。

② 该公司成立于2014年,总部位于纽约,主营产品是一个营销数据分析软件即服务(Software-as-a-Service, SaaS)平台,可以汇集企业的电子邮件、客户关系管理(Customer Relationship Management, CRM)系统等所有数据信息,并利用人工智能技术为营销人员提供数据支持,提升效率。

③ 该公司成立于2012年,是一家云数据仓库初创企业,总部位于加州圣马特奥。公司提供基于云的数据仓库服务以用于存储和查询,分析师随后可以使用商业智能(Business Intelligence, BI)工具进行数据分析。

商。公司信息集成服务企业,对从不同渠道获得的信息进行深层次整合,再提供数据分析给贷款企业、消费者,为全行业提供数据及风险分析服务,也为数据标准的制定提供参考意见。

"数据罗吉斯股份公司"(Datalogix Holdings)由风险投资公司"通用催化合伙公司"(General Catalyst Partners)于2007年创立,后与一家名为"下个行动"(NextAction)的公司合并,是一家通过收集和分析消费者线下购买数据,向广告商提供消费者在线购买习惯、预测的营销数据分析公司。该公司提供的广告投放精准度远比一般仅基于年龄和性别等类别预测消费者在线购物习惯的广告投放高。2015年1月23日,该公司被甲骨文公司(Oracle)并购。根据甲骨文公司此前提供的信息,数据罗吉斯股份公司(Datalogix Holdings)搜集和分析的数据涵盖了2万亿美元的消费者开支信息,目前大约有650个客户,其中包括福特公司(Ford)、Facebook、推特公司(Twitter)、卡夫食品集团(Kraft Foods Group)等大牌。

二、中国的发展

(一)数据交易机构或企业

数据交易机构或企业,是以直接的数据买卖作为其业务核心,它通常包括两类。

第一类是由政府主导的大数据交易中心,大多为政府或国企独资,或国企与民企合资,如贵阳大数据交易所、上海数据交易中心、中关村数海大数据交易平台、长江大数据交易所等。

以贵阳大数据交易所为例:贵阳大数据交易所是我国第一个大数据交易所,交易所不进行基础数据交易,而是根据需求方要求,对数据进行清洗、分析、建模、可视化等操作后形成处理结果再出售。交易所采取会员制,对会员资格有较高要求,数据提供方和需求方都须成为会员才能交易。截至2016年4月已运营满1年,发展会员300余家,接入数据源公司100多家,可交易数据量超过50PB,发生实际交易会员超过70家,交易数据总量超过10PB,交易额突破7000万元。

这种模式的优势在于：一是贵阳大数据交易平台具备权威性和公信力，更能吸引调动各方资源，汇聚高价值数据，包括政府部门数据和行业龙头企业数据等。二是对交易双方较为严格的会员资格要求，在一定程度上保证了数据质量和数据的使用安全。三是交易数据分析结果因为不是原始数据，也暂时规避了困扰数据交易的数据隐私保护和数据所有权问题，有利于活跃数据交易市场。

其劣势在于：交易所进行数据分析交易处理结果，一定程度上限制了数据潜在价值挖掘，而且大数据应用未来将渗透到众多行业，交易所在细分领域甚至跨行业的分析挖掘技术和专业知识上可能会捉襟见肘。①

第二类是数据交易公司或由企业主办的数据交易平台，如数据堂、京东万象、阿里云天池等。以数据堂为例：数据堂成立于2011年，2014年12月在“新三板”挂牌上市，顺利完成了多轮融资，目前公司市值达25亿元。数据堂主要从事互联网基础数据交易和服务，建有交易平台，业务模式主要有两种：一是根据需求方要求，利用网络爬虫、众包等途径采集相应数据，经整理、校对、打包等处理后出售，即数据定制模式；二是与其他数据拥有者合作，通过对数据进行整合、编辑、清洗、脱敏，形成数据产品后出售。根据2018年其在官网的介绍，数据堂拥有4.5万套、1200万亿字节（TB）以上规模的数据源，涵盖科技、信用、交通、医疗、卫生、通信、地理、质监、环境、电力等领域。

这种模式的优势在于：一是交易平台完全采取市场化运营，对于数据的提供方和需求方来说，门槛低，更能调动交易双方的积极性，有利于各类数据的汇聚和开发利用。二是数据定制模式以需求为导向，使数据采集、交易更具针对性，减少了不必要的时间和人力资源浪费，提高了数据使用效益。

其劣势在于：一是爬虫或众包方法都不易从互联网上获取如企业运营、用户交易行为等核心高价值数据。二是随着各地政府支持的交易所纷纷建立，数据

① 参见庄金鑫：《我国三类大数据交易平台模式比较分析》，载微信公众号“数据观”2017年6月17日，https://mp.weixin.qq.com/s?__biz=MzA4MjE1MjE5NQ==&mid=2650535345&idx=1&sn=b6eff4d699c144e71905868876a8569e&chksm=87854bddb0f2c2cb29c8c8122bf515be5e6aedff6fa45d6d1590d76b7d8d82c29378f823d3d3&mpshare=1&scene=1&srcid=1008Il03kKvuDZZBD0HMO1CR&pass_ticket=NSY0rspAGx5HDueNGvUXidzkd63ADoksjyZnSxhcneN9omj6C4f0tcYtxwHEDIkQ#rd。

交易有了更多场所可以选择,数据拥有者出于权威和公信力因素,可能会选择将数据在交易所出售,给数据堂带来竞争压力。① 三是随着2018年下半年以来,包括数据堂、魔蝎科技、新颜科技等纷纷卷入刑事调查,②数据爬取或交易过程中,一旦出现不规范或失控,将面临刑事风险,从而影响整个商业模式或公司的运转。

(二)非典型性的数据交易形式

这种数据资产运营,并不直接以数据交易的形式进行,而是隐藏在互联网企业,特别是大数据企业的投融资活动中,或者蕴藏在互联网企业的跨界或同业之间的合作中。通过发生投融资或合作活动的形式,实现数据在不同主体之间的流转或打通使用。

一方面,统计数据显示,2017年中国大数据投融资事件共324起,其中A、A+及之前轮次的投融资事件数量为216起,B轮和B+轮投资融资事件数量为60起,二者数量相加一起占总融资事件数量的85.19%;目前大数据投融资市场上初创企业占比较大,A+轮及以前主要投资阶段,投资人对初创阶段的公司投资热情较高。③ 例如,做企业注册大数据信息查询的"天眼查"获得1.3亿元融资,做医疗大数据的"新康医疗"获8500万元融资,健康大数据平台"碳云智能"获10亿元融资。

---

① 参见庄金鑫:《我国三类大数据交易平台模式比较分析》,载微信公众号"数据观"2017年6月17日,https://mp.weixin.qq.com/s?__biz=MzA4MjE1MjE5NQ==&mid=2650535345&idx=1&sn=b6eff4d699c144e71905868876a8569e&chksm=87854bddb0f2c2cb29c8c8122bf515be5e6aedff6fa45d6d1590d76b7d8d82c29378f823d3d3&mpshare=1&scene=1&srcid=1008l03kKvuDZZBD0HMO1CR&pass_ticket=NSY0rspAGx5HDueNGvUXidzkd63ADoksjyZnSxhcneN9omj6C4f0tcYtxwHEDIkQ#rd。

② 2018年,数据堂因其员工售卖个人信息,被检方以侵犯公民个人信息罪为由,对包括数据堂首席运营官在内的多名员工提起公诉。2019年,魔蝎科技、新颜科技因卷入爬虫催收业务,被警方调查。

③ 参见赛迪顾问团队:《中国大数据领域2017年投融资市场分析及未来趋势》,载微信公众号"赛迪顾问"2018年8月23日,https://mp.weixin.qq.com/s?__biz=MjM5MjIwMzU5Mg==&mid=2659677261&idx=2&sn=f524ad49fd85821067983612744ee87c&chksm=bdda026a8aad8b7c4a858531856febc0e6841e5c2289a309a83e095b6703c53230efcc17bd83&mpshare=1&scene=1&srcid=1008tMiR2jEe3CiMw7rlrTrB&pass_ticket=NSY0rspAGx5HDueNGvUXidzkd63ADoksjyZnSxhcneN9omj6C4f0tcYtxwHEDIkQ#rd。

另一方面，主营业务为某一领域的互联网企业，纷纷以入股、战略投资、合作等方式，与其他领域的互联网企业展开合作，如在旅游服务领域，阿里巴巴战略投资阿里旅游，腾讯投资同程旅游；在文化娱乐领域，阿里巴巴投资阿里影业，而百度入股天娱在线、太合音乐。

第三节　数据资产运营中的主要法律问题

一、《国际数据管理知识体系和指南》框架下的数据资产运营主要环节

国际数据管理协会（DAMA International）是一个全球性数据管理和业务专业志愿人士组成的非营利协会，致力于数据管理的研究和实践，其在世界范围内拥有40多个分会，7500余数据管理专业人士会员。

国际数据管理协会自1988年成立以来，多年致力于数据管理的研究、实践及相关知识体系的建设，在数据管理领域累积了极为深厚的知识沉淀和丰富经验，并先后出版了《国际数据管理字典》和《国际数据管理知识体系和指南》（The DAMA Guide to the Data Management Body of Knowledge，DAMA-DMBOK）。其中，《国际数据管理知识体系和指南》集业界数百位专家的经验于一体，是数据管理业界最佳实践的结晶，已成为从事数据管理工作的经典参考和指南，在全球范围内广受好评。

根据《国际数据管理知识体系和指南》，数据管理的主要环节如图1－3－1所示，[①]包含以下10个环节：数据治理，在数据管理和使用层面之上进行规划、监督和控制；数据架构管理，定义数据资产管理蓝图；数据开发，数据的分析、设计、实施、测试、部署、维护等工作；数据操作管理，提供从数据获取到清除的技术支持；数据安全管理，确保隐私、保密性和适当的访问权限等；数据质量管理，定义、监测和提高数据质量；参考数据和主数据管理，管理数据的黄金版本和副本；数据仓库和商务智能管理，实现报告和分析；文件和内容管理，管理数据库以外的

---

① 此图来源于国际数据管理协会（DAMA），载国际数据管理协会—中国分会（DAMA China）官网2015年12月6日，http://www.dama.org.cn/drupal620/zh-hans/node/1。

数据;元数据管理,元数据的整合、控制以及提供元数据。①

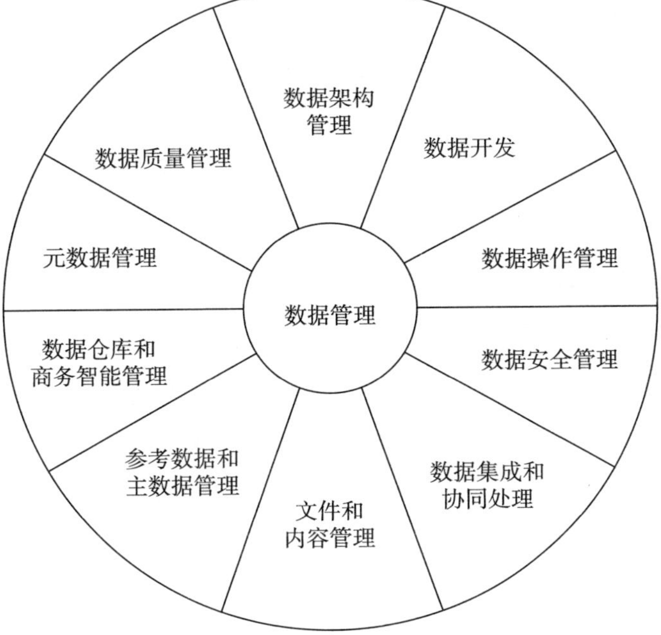

图1-3-1　数据管理主要环节示意

《国际数据管理知识体系和指南》的这10个环节,其实涵盖了数据资产运营中的两个主要环节:一是数据资产的创造,如数据开发管理、数据操作管理、数据质量管理等;二是数据资产的维护,如数据治理、数据架构管理、数据安全管理。但缺少明确的数据资产利用的环节设计。尽管数据治理、数据架构管理环节与数据资产利用有一定关系,②但仍是不够的。当然,这是由《国际数据管理知识体系和指南》自身性质所决定的,作为一部数据管理知识体系指南,它本身就是着重于解决企业内部的数据管理问题,而非向外的数据流转管理。

不过,依据《国际数据管理知识体系和指南》,我们至少可以归纳出数据资产

---

① 参见国际数据管理协会(DAMA International):《DAMA数据管理知识体系指南》,马欢、刘晨等译,清华大学出版社2012年版,第5页。

② 数据治理的内容包括对数据使用层面的规划;数据架构管理的内容包含定义数据资产管理蓝图。

运营主要是由创造、利用、维护3个环节组成。其中,创造是采集、积累数据的过程,从数量、质量两个维度,打造企业赖以进行运营的数据资产基础;利用是将相应的数据资产。一方面,使用于企业自身提供的社交、电商、广告、互联网金融等业务之中;另一方面,以数据资产为基础,开拓对外的资本运作、数据互融等业务;维护是通过技术措施、管理制度、法律维权等多种手段,确保数据资产的存储、流转、使用过程中的安全、高效、合规。

二、各主要环节所涉法律问题的梳理

(一)两个基本前提

要讨论数据资产运营主要环节中所涉及的法律问题是什么,首先应界定清楚两个基本前提。一是运营的"数据"到底是什么"数据";二是与数据资产安全运营紧密相连的"数据保护",究竟保护的是什么"数据"?

1. 运营的"数据"界定

按照《国际数据管理知识体系和指南》,数据有参考数据、元数据、主数据。其中,参考数据是用于将其他数据进行分类或目录整编的数据。元数据是"关于数据的数据"。元数据与数据的关系就像数据与自然界的关系。数据反映了真实世界的交易、事件、对象和关系,而元数据则反映了数据的交易、事件、对象和关系。元数据是有关一个企业所使用的物理数据、技术和业务流程、数据规则和约束以及数据的物理与逻辑结构的信息。元数据是描述性标签,描述了数据(如数据库、数据元素、数据模型)、概念(如业务流程、应用系统、软件代码、技术架构)以及它们之间的联系(关系)。主数据是关于业务实体的数据,这些实体为业务交易提供关联环境。主数据是关于关键业务实体的权威的、最准确的数据,可用于建立交易数据的关联环境。主数据被认为是"黄金"数据。① 可见,这三种数据中,具有商业价值的是主数据,而元数据、参考数据,则是为主数据服务的。显然,数据资产运营中,运营的"数据"是主数据。

---

① 参见DAMA International:《DAMA数据管理知识体系指南》,马欢、刘晨等译,清华大学出版社2012年版,第130页、第191页。

接下来,我们看看主数据包含什么。根据《国际数据管理知识体系和指南》,一般组织的主数据包括下列事物的数据:当事人,包括个人、组织及其角色,如客户、公民、病人、厂商、供应商、业务伙伴、竞争对手、雇员和学生等;产品,包括内部和外部产品;财务结构,如总账、成本中心、利润中心等;位置,如地址信息。这说明,主数据的内容广泛,既包括个人数据,如客户、病人的数据;亦包括非个人数据,如天气、总账、产品、厂商、供应商的数据。而非个人数据,又可分为经营者数据,如产品、成本、利润数据;以及政务数据,①如天气、矿产、水利数据。

鉴于政务数据的特殊性,显然更宜向满足一定条件的公众(个人或企业)开放、共享,以增进整个社会的福利。当然,政务数据的采集也需要花费成本,付出劳动,它的开放、共享,并不意味着一定就是免费的。但至少,满足条件的企业是可以通过合法渠道从政府获得或接触到这些数据的。② 因此,政务数据是一种公共数据。

而个人数据、经营者数据,不论是基于人格利益还是企业利益,通常是不愿意向外公开,让其他人有机会可以随意获取、接触的,企业要想合法获取这些数据,通常需要通过商业途径,如提供商业服务、进行数据交易等来解决,可以统称为“商务数据”,它们对企业而言,具有可见的或潜在的商业价值。③ 无论是以买卖、互易等交易形式,还是以投融资、互联网企业间的合作等方式,其中流转、获取的,都是商务数据。因此,数据资产运营的“数据”是主数据中的商务数据,它们往往不具有开放性、共享性。

---

① 从数据类型来看,政务数据分为以下五类:(1)政府才有权利采集的数据:如资源类、税收类、财政类等;(2)政府才有可能汇总或获取的数据,如生产建设、农业总、工业总等;(3)由政府发起产生的数据,如城市基建、交通基建、医院、教育师资等;(4)政府监管职责所拥有的数据,如人口普查、金融监管、食品药品管理等;(5)由政府提供服务所产生的消费和档案数据,如社保、水电、公安等。从数据属性来看,政务数据又分为:(1)自然信息类,如地理、资源、气象、环境、水利等;(2)城市建设类,如交通设施、旅游景点、住宅建设等;(3)城市管理统计监察类,如工商、税收、人口、机构、企业、商品等;(4)服务与民生消费类,如水、电、燃气、通信、医疗、出行等。

② 例如,北京市、上海市、成都市等均已经出台或正在出台相关的政务数据开放管理办法。

③ 个人数据尽管具有人格利益,但互联网经济模式已证明,它同时兼具商业利益。

2. “数据保护”保护的是什么“数据”

无论是直接的数据交易还是复杂的数据资产运营，一谈到它的法律问题，总绕不开数据保护。然而，从前述论证，我们可以知道，数据是个大概念，下面是有层级关系的，分为公共数据和商务数据，商用数据又分为个人数据、经营者数据。那么，所谓“数据保护”这一叫法中的“数据”是涵盖了所有数据种类，还是其中的一部分？

仔细研读以“××数据保护法”命名，或者通常与其等同的“××信息保护法”，就会发现，在专门的数据保护立法框架下，无论是欧盟的《通用数据保护法》(General Data Protection Regulation，GDPR)、巴西的《数据保护法案》、印度的《个人数据保护法(草案)》、德国的《联邦信息保护法》、俄罗斯《联邦信息、信息技术和信息保护法》，还是我国的《个人信息保护法》等，其实都是以个人数据的保护为核心的。[①] 以号称数据保护最严格的欧盟为例，《通用数据保护法》第1条第1款明确规定：“本法提出了在个人数据处理领域对自然人保护的规则，以及个人数据自由流动的规则。”可见，该“数据保护法”中的“数据”其实是针对个人数据，“数据保护法”本质上其实是“个人数据保护法”。正是为了与《通用数据保护法》所确立的规则相区别，2018年10月在《通用数据保护法》之外，欧盟为实现建立“单一数字市场战略”的目标，同时，为促进欧盟境内数据投融资的发展和流转，试图进一步予以规范化或指引，通过了《非个人数据在欧盟境内自由流动框架条例》。其在“鉴于”条款第2款中，指出“……数据处理的高效运作以及数据经济在欧盟内的发展受到了限制，尤其是受到两种类型的针对数据流动和内部市场障碍的限制，即成员国官方正在施行的数据本地化要求以及私营领域的供应商锁定做法”。更能够佐证，该条例与《通用数据保护法》并列适用，非个人数据不在《通用数据保护法》的调整范围。

---

① 《网络安全法》第1条阐述了立法目的，即“为了保障网络安全，维护网络空间主权和国家安全、社会公共利益，保护公民、法人和其他组织的合法权益，促进经济社会信息化健康发展，制定本法”。第四章“网络信息安全”的相关条款，全是针对个人信息。可见，该法对外维护国家信息安全，无论是政务数据还是商用数据；对内，其主要的工作重点之一是针对的个人信息安全，即个人数据展开。

这说明，当我们甄别数据资产运营中的法律问题时，涉及个人数据时，必须将数据保护法（或个人信息保护法）作为重点，当涉及经营者数据时，恐怕需要更多考虑数据保护法之外的其他框架，如竞争法上、知识产权法上的问题。

（二）各法律问题间的内在逻辑关系

结合数据资产运营的主要环节以及针对的数据类型，我们可以归纳出，其中主要讨论的法律问题包括资产运营中"数据"的法律性质；数据资产运营中的合规原点及基本底线；数据不正当竞争的法律规制；数据垄断的法律问题；数据投融资法律问题探索。

只有先弄清数据资产运营到底是依据，或者说可以依据什么法律权益为基础展开，才能够确定数据资产运营的合法性，它是一切问题的原点。目前，部分学者有另行创设数据产权（亦称"数据所有权""数据权"）的建议，实践中，尽管一些数据交易平台或数据公司在合同中亦以"数据产权"或者"数据所有权"称之，但其实，学理上尚无定论，立法上亦尚无明据，也就是说，它不是一个已被立法认可的法律概念。但是，会不会因为"数据产权"概念的缺位，现实中，数据资产运营就没法合法展开，或当出现纠纷时，就没有很好的解决方案呢？事实上，"商业秘密 + 不正当竞争"，再适度搭配著作权，已能为数据资产运营的顺利展开提供法律基础，在相关司法案例中，也得到了法院的支持。

例如，在淘宝（中国）软件有限公司诉安徽美景信息科技有限公司不正当竞争案（2017 浙 8601 民初 4034 号）中，法院认为：由于互联网经济作为新型市场形态正处在形成与新兴过程中，调整网络运营者与网络用户相互间权利义务关系的专门性法律规范尚处在探索创立阶段，目前对于网络运营者与网络用户间的利益分配及权利冲突，应当秉持"合法、合理、公平"的原则，综合考量法律规定、双方间法律关系属性以及有利于社会公共秩序与社会公众利益维护等因素予以评判。网络运营者对于其开发的大数据产品，应当享有自己独立的财产性权益。随着互联网科技的迅猛发展，网络大数据产品虽然表现为无形资源，但可以为运营者所实际控制和使用，网络大数据产品应用于市场能为网络运营者带来相应的经济利益。随着网络大数据产品市场价值的日益凸显，网络大数据产品自身已成为市场交易的对象,已实质性具备了商品的交换价值。对于网络运营者而言,网络大数据产品已成为其拥有的一项重要的财产权益。对于淘宝公司诉称其对涉案的“生意参谋”数据产品享有竞争性财产权益的诉讼主张,本院予以支持。可见,不论是淘宝公司还是法院,均未纠结于“数据产权”,而是将相应数据的法律性质认定为一种竞争性财产权益,通过反不正当竞争法予以解决。那么,抛开另行创设数据产权是否有必要,以及如何界定、如何构建的相关争论,至少,现行法为数据资产运营提供了足够的法律基础,而这也正是数据资产运营已经在现实中如火如荼地开展的合法性原点。

然后,鉴于个人信息是数据资产运营中会涉及“数据”的类型之一,亦是企业累积自身数据资产的主要来源之一,关于个人数据的保护(或者说“数据保护”)是绕不开的重要话题,如果违反了相关数据保护法或个人信息保护法,将会影响到整个运营的合规性、平稳性,故需探讨。

那么既然能把数据作为一种资产来运营,它就必然与其他有形或无形财产一样,存在对应的数据市场。凡有市场,就有竞争。如果在数据资产运营中遭遇他人的不正当竞争,或者自身进行不正当竞争,就可能卷入数据不正当竞争的法律判断中。因此,数据不正当竞争,亦是数据资产运营中不可忽视的主要法律问题之一。

沿着数据不正当竞争的路径,会考虑到,当卷入不正当竞争的主体是具有相当的市场支配地位的企业时,所涉及的不正当竞争可能与滥用该地位有关,有损消费者利益,并对市场秩序带来极大扭曲,那么,就有可能触及反垄断的警戒线,Facebook 在欧洲被罚,在德国被反垄断机构调查,也说明数据垄断问题是客观存在的。

比起单纯的数据交易,数据投融资是企业数据资产运营的主要方式之一,它不仅内含数据交易,更是将数据的资产属性发挥得更淋漓尽致,因此,比单纯的数据交易更复杂。而且在一些数据投融资中,某些并购案可能会介入反垄断调查,或并购后引发反垄断调查。例如,Facebook 的反垄断调查事件,就是由其收购 WhatsApp 引发的。因此,一方面,基于数据资产运营以包括数据投融资在内的数据交易为表现形式,从原点出发,归结到“数据运营的发生”这一结果;另一方面,数据投融资的法律处理可以内涵单纯数据交易的规则;再一方面,数据投融资又可能与反垄断发生交集。故在论证完数据垄断后,再讨论数据投融资。

第二章　资产运营中的"数据"界定

数据资产的运营以海量数据的获取、积累为前提，然而数据是一个宽泛的概念，采集渠道、主体身份、数据内容、观察角度等因素的不同，可能会导致我们在讨论数据时，实质上是以"数据"之名谈"某一种数据"，虽激扬文字，却鸡同鸭讲；也可能导致我们在评价数据时，对同一种数据"横看成岭侧成峰"。由于数据是多元化的，数据评价是多方面的，故"数据资产"语境下的"数据"，显然不是泛指所有数据，对其如何界定，将会影响其法律定性，以及相应衍生法律问题的解决方案。

第一节　基于数据与信息的关系界定

对于何谓数据，尽管目前尚无统一的、公认的定义，根据法国反垄断执法机构（Autorité）和德国反垄断执法机构（Bundeskartellamt）2016 年 5 月 10 日发布的联合报告《竞争法和数据》（Competition Law and Data），它们认为，"广义上而言，（数据）这个术语用来指（任何）信息，或指（任何）信息的表达，它们通常被存储在计算机中”。[1] 正是在这种广义层面上，“信息”与“数据”在实践中，没有被严格区分，交互使用的情况较为常见。

但是，国际数据管理协会在《国际数据管理知识体系和指南》（DAMA-DMBOK）中，认为二者是有区别的。“数据是以文本、数字、图形、图像、声音和视频等格式对事实进行表现。从技术上讲，数据（data）是数据（datum）一词的拉丁语的复数形式，这意味着，数据本身是一个事实，然而，人们通常把它当作单数术语使用，对事实进行获取、存储和表达即可为数据。信息是指有上下文的数据。没有上下文的数据是没有意义的，我们通过上下文解释数据来产生有意义的信息。上下文包括：（1）数据元素和相关术语的业务含义；（2）数据表达的格式；（3）数据所处的时间范围；（4）数据与特定用法的相关性。数据是一些原始材料，我们作为消费者不断解释数据，从而创造出信息。”[2]

高伟认为，“数据基本可以定义为‘信息的载体’，它可以表现为数据库、文档、图片、视频等各种形式，并作为信息系统的输入和输出而存在。”[3]这一定义显然与《国际数据管理知识体系和指南》无区别。

梅夏英则认为数据和信息之间存在以下 3 层区分：（1）信息的外延大于数据。信息可以借助数据这种电子形式存在，也可以存在于传统的纸张等形式之下。（2）数据兼具信息本体和信息媒介的双重属性，而信息则只是信息本体。（3）互联网技术系统打破了传统的信息先于媒介存在的状态，而体现为网络具有通过数据产生信息的功能。[4] 这一观点显然兼具法国反垄断执法机构（Autorité）、德国反垄断执法机构（Bundeskartellamt）的联合报告与《国际数据管理知识体系和指南》的部分理解，即狭义层面，数据与信息不同，数据是包含信息的电子载体。

---

① 原文为“In a wider sense the term is used to refer to (any) information, or to the representation of such information, often in combination with it being stored on a computer”。

② 国际数据管理协会（DAMA International）：《DAMA 数据管理知识体系指南》，马欢、刘晨等译，清华大学出版社 2012 年版，第 2 页。

③ 高伟：《数据资产管理：盘活大数据时代的隐形财富》，机械工业出版社 2016 年版，第 10 页。

④ 参见梅夏英：《数据的法律属性及其民法定位》，载《中国社会科学》2016 年第 9 期。

确实,如果严格按照电子技术视角下的术语应用而言,数据与信息是有区别的。正如《大数据时代:生活、工作与思维的大变革》一书从互联网通信技术术语角度进行的定义那样,"数据只是在计算机及网络上流通的在二进制的基础上以0和1的组合而表现出来的比特形式"。① 也就是说,从技术层面,数据是一种信息存在的电子形式,仅用于现代通信技术尤其是互联网通信背景下,作为一种信息载体而不是信息本身存在。

然而,不论从资本运营还是从法律保护层面,单个的数据,或者说"信息的载体"是没有意义的。正如《国际数据管理知识体系和指南》(DAMA-DMBOK)所承认的那样,"没有上下文的数据是没有意义的,我们通过上下文解释数据来产生有意义的信息"。以用户浏览网页,所产生的"网络饼干"(cookie)数据为例。网络饼干(cookie)是网站发送到网页浏览器(Web)的命名数据,是一段不超过4KB的小型文本数据,由一个名称(Name)、一个值(Value)和其他几个用于控制"网络饼干"(cookie)有效期、安全性、使用范围的可选属性组成。通过为每个网页浏览器(Web)指定一个带有唯一编号的"网络饼干",网站可以通过"网络饼干"中的唯一编号来识别某一用户。但是,单个的"网络饼干"数据只能反映某用户在某一时间点浏览了某一网页,凭这样的一个单独的数据,无法解析出该用户的个人偏好、最新兴趣、浏览习惯、活动轨迹等,只有将多个"网络饼干"数据联系起来,利用"网络饼干"实施行为定向时,才能帮助网站识别出该用户的行为特点、购物偏好等信息,从而在此基础上进行用户画像,实现包括互联网广告精准投放在内的多种商业运作。

因此,从理论上而言,将信息与数据分离开来是可行的,但在实际中,却无法自圆其说。正如那些要求区分信息和数据的学者同时所论述的:"数据本身既是信息的数字化媒介同时又可直接显现为信息本身,这是由现当代计算机技术的特性决定的。正是基于数字化技术的特点,数据除作为媒介以外,同时又因其与信息直接对应,而带有信息本体性的特点。数据这种双重性质使数据相对于传

---

① [英]维克托·迈尔-舍恩伯格、[英]肯尼思·库克耶:《大数据时代:生活、工作与思维的大变革》,盛杨燕、周涛译,浙江人民出版社2013年版,第104页。

统媒介的信息流通而言,具有自身独特的信息传播属性。”①

既然在如今的互联网背景下,通信技术环境中,数据与作为内容的信息不可分离,那实际上数据就与信息合二为一,成为信息这种内容的一种必然的电子存在形式。将数据与信息进行分离,只能说合乎理论需要,但对于实际情况而言却没有多少意义。着眼于大数据时代的新型需求,数据与信息虽然可以在理论上有一定的区分,但这一理论上的区分并不能指导实践。正如程啸所言:“在大数据时代,无法将数据与信息加以分离而抽象地讨论数据上的权利。就个人数据而言,其之所以具有经济利益或者涉及人格利益,就是因为包含着个人信息。没有个人信息的数据不是个人数据,而只是以二进制代码表现出来的比特形式,对于收集与使用这些数据的人没有意义,法律上自然无须也无法对其加以规范调整。”②

2020 年 6 月 28 日在第十三届全国人大常委会第二十次会议审议的我国《数据安全法(草案)》第 3 条规定,“本法所称数据,是指任何以电子或者非电子形式对信息的记录”界定数据为“信息的记录”,形实一体,获得记录,也就能够获知记录中的“信息”。基于此,数据资产运营中的“数据”显然不是割裂开来的单个数据,而是具有一定关联性的数据汇集,也就是那些独立来看似乎散乱、无序,但串联起来,却能反映出某一用户、某种事态、某个行为的规律、特点、趋势的信息的数据。从这个意义上来说,数据资产运营中的“数据”是能够读取出一定信息的数据,本质上与信息具有一致性。因此,已有信息财产,如知识资产中的成熟的制度规定、运营经验、研究成果,对于解决数据资产运营中的法律问题具有极高的借鉴和启示意义。

第二节　基于数据类型交集的界定

在互联网时代,数据的来源是多渠道的,采集主体也是多样化的,按照不同

① 梅夏英:《数据的法律属性及其民法定位》,载《中国社会科学》2016 年第 9 期。

② 程啸:《论大数据时代的个人数据权利》,载《中国社会科学》2018 年第 3 期。

的标准，形成的数据类型也是多维度的。不同的数据类型很难是互为平行关系，而往往是“你中有我，我中有你”的交集关系。以欧盟为例，尽管其通过《通用数据保护法》和《非个人数据自由流动框架条例》将数据类型分为个人数据和非个人数据两类。但它同时也注意到，二者的界限很难泾渭分明，所以特别强调“如果非个人数据可以任何方式与个体相连，导致他们直接或间接地被识别，则此类数据必须被视为个人数据”，并且注意到混合数据集，也就是“包含个人和非个人数据的数据集”的存在，并规定“如果数据集中的个人和非个人数据有着千丝万缕的联系，则本条例不应违背《通用数据保护法》”。

一、每种类型的数据都是混合数据集

（一）个人数据是隐私数据与非隐私数据的合集

个人数据的主体类型是单一的，但主体类型单一，并不意味着由此产生的数据类型单一。很多时候，个人数据是个人隐私数据、非个人隐私数据的混合集。以我国《民法典》为例，其第1032条第2款规定“隐私是自然人的私人生活安宁和不愿为他人知晓的私密空间、私密活动、私密信息”，而第1034条规定，“个人信息是以电子或者其他方式记录的能够单独或者与其他信息结合识别特定自然人的各种信息，包括自然人的姓名、出生日期、身份证件号码、生物识别信息、住址、电话号码、电子邮箱、健康信息、行踪信息等。个人信息中的私密信息，适用有关隐私权的规定；没有规定的，适用有关个人信息保护的规定”。

个人信息与作为隐私权客体的私密信息既有重合亦有不同。从权利类型来看，隐私权具有绝对权属性，而个人信息是受法律保护的法益，尚未上升至权利。从立法价值取向来看，隐私权与个人信息权益根本上都体现自然人的人格尊严和人格自由价值，但个人信息权益同时涉及信息利用、流通价值。从利益内容来看，隐私权主要体现精神利益，而个人信息权益可能同时包括精神利益及财产利益。从保护客体和损害后果来看，隐私权保护具有私密性的信息，一经泄露即易导致个人人格利益受到损害；而非私密信息的个人信息，仅在被过度处理的情形下，才可能使信息主体受到人格或财产损害。从权利特点和保护方式来看，隐私权更注重消极性、防御性,保护更为严格;而个人信息权益保护在注重预防侵害的同时,还强调信息主体积极、自觉地利用权益,如选择、访问、更正、删除等。从《民法典》的规定来看,个人信息分为私密信息和非私密信息;从《个人信息安全规范》来看,个人信息分为一般个人信息和个人敏感信息。目前,对于一般个人信息、个人敏感信息、私密信息还缺乏清晰的界定,有待法律进一步明确。从上述个人信息权益与隐私权的特点来看,个人敏感信息更强调不当利用给信息主体带来的客观风险,该风险包括人身、财产风险;私密信息更强调因信息涉及人格利益而不愿为他人知晓的主观意愿。因此,《个人信息安全规范》中的个人敏感信息可能与私密信息存在交叉,但不能概括等同为私密信息。①

即使区分开私密信息与非私密信息,要界定好个人信息也不容易。有学者言,对个人信息的界定主要分为三个类型,即关联型、识别型和隐私型。②

其中,作为关联型典范的乃欧盟《通用数据保护法》。《通用数据保护法》第4条规定:个人信息是指与一个已被识别(identified)或者可被识别(identifiable)的自然人相关的任何信息。根据该条,个人信息的构成具有4个要件:第一,个人信息主体只能是自然人。从该条可以看出,法人或者其他组织不可能成为个人信息的主体,因而也不可能享有个人信息权。不过,《通用数据保护法》前身的《1995年欧盟数据保护指令》(The European Union Data Protection Directive of 1995)(以下简称《95/46指令》)却将自然人限定为活着的个人,不包括死者和胎儿。由于《通用数据保护法》第4条第1项并未明确自然人为活着的个人,因此无法再按照该指令限定对自然人的理解。第二,识别性。该法第4条涉及的识别性包含“已被识别”和“可被识别”两方面内容。所谓“已被识别”,是指已将特定个体与其他个体进行了清晰的区分。所谓“可被识别”,是指虽然现在尚未区分,但可以借助信息将他们区分清楚。识别性是认定个体性的前提,如果信息无助于识别或者信息的应用不能以识别为前提,那这样的信息就不能归入个人信息。第三,关联性。关联性是一个很模糊的表达,指的是只要相关于这个自然人

---

① 参见北京互联网法院民事判决书,(2019)京0491民初16142号。

② 参见王丽莎:《信息权的独立人格权地位及内容》,载《国家检察官学院学报》2016年第3期。

的信息都可以归入个人信息。因此,关联性既可以指强关联,也可以若关联,并无抽象的统一标准,需要决定于具体的场景。一般而言,关联性包含三个方面的内容,即内容关联、目的关联和结果关联。① 第四,外延广泛性。该法第4条明确信息范围指向任何信息,因而信息范围极其广泛,无所不包。

而识别型以德国为代表。德国《个人资料保护法》第3条第1项规定:个人资料是指可以直接或间接识别自然人的任何资料。新加坡《个人数据保护法》(也被称作《2012年个人数据保护法》)在定义个人数据时,也明确:"个人数据"是指无论其真实与否,能够用以识别自然人的数据。加拿大《个人信息保护和电子文件法》也确定,所谓个人信息就是关于可识别个人的信息。显然,识别型下的个人信息界定相对单一,即个人信息就是那些已用于或可用于识别个人的信息,并不考虑这些信息所指的目的及其可能产生的后果。正是基于此,作为个人信息主体的自然人不必为活着的自然人。例如,新加坡《个人数据保护法》明确,"个人"是指一个自然人,不管其生存还是死亡。加拿大《个人信息保护和电子文件法》在界定个人健康信息时,也明确作为信息主体的自然人不论生死。② 我国的王利明教授对个人信息的定义也是倾向于识别型。他认为,个人信息是指与特定个人相关联的、反映个体特征的、具有可识别性的符号系统。③

而从隐私角度定义个人信息为美国法的独特进路。如《加利福尼亚州消费者隐私法》第2节之"立法者认定和声明"中规定:"(a)1972年加利福尼亚选民修改了加利福尼亚宪法,将隐私权纳入所有人的'不可分割'的权利之中。修正案为每位加利福尼亚人确立了法定的、可执行的隐私权。这一隐私权的基础在于个体控制使用其个人信息的能力,这种使用包括出售……(d)规定随着技术和

---

① 所谓内容关联,是指信息的内容关联于某个个体。所谓目的关联,是指虽然信息内容并不相关于某个个体,但当这些信息运用于某种情况下时,这些信息即可以用来评价或者影响个体的行为或者状态。所谓结果关联,虽然这些信息在内容上和目的上都无关于个体,但在某种情况下可能会用来影响某人的权利或者利益。参见谢远扬:《信息论视角下个人信息的价值——兼对隐私权保护模式的检讨》,载《清华法学》2015年第3期。

② 上述法律条文的翻译均由腾讯公司提供。

③ 参见王利明:《论个人信息权在人格权法中的地位》,载《苏州大学学报(哲学社会科学版)》2012年第6期。

数据在消费者的日常生活中扮演着越来越重要的角色，消费者向企业分享的个人信息也在不断增加。加利福尼亚法律并未跟上这些发展，也没有及时应对围绕个人信息收集、使用和保护所产生的个人隐私影响。……(h)人们渴望隐私，并希望对他们自己的信息有更多控制权。加利福尼亚消费者应当能够对他们的个人信息进行控制，他们想要确定已经有用于防止个人信息被滥用的保障存在。对于企业而言，在尊重消费者的隐私的同时，提升企业操作的透明度是可能的。(i)因此，立法者在加利福尼亚隐私权上，希望通过给予消费者控制其个人信息的有效方式，以保障下列权利：(1)加利福尼亚人知晓有关他们的何种个人信息被收集的权利。(2)加利福尼亚人知晓他们个人信息是否被出售或被披露，以及向谁出售和披露的权利。(3)加利福尼亚人向出售个人信息予以拒绝的权利。(4)加利福尼亚人访问其个人信息的权利。(5)加利福尼亚人得到公平服务和价格的权利，即使他们行使他们的隐私权。”显见，美国法律在保护个人信息时采用的是隐私权思维，将个人信息并入了隐私权路径。

就我国而言，我们通过了一系列法律法规和政策性文件来界定个人信息。例如，国家质量监督检验检疫总局、国家标准化管理委员会2012年11月5日批准发布，2013年2月1日起实施的《信息安全技术公共及商用服务信息系统个人信息保护指南》(GB/Z 28828－2012)规定，所谓个人信息就是可为信息系统所处理、与特定自然人相关、能够单独或通过与其他信息结合识别该特定自然人的计算机数据。《最高人民法院、最高人民检察院、公安部关于依法惩处侵害公民个人信息犯罪活动的通知》(公通字〔2013〕12号)规定，公民个人信息包括公民的姓名、年龄、有效证件号码、婚姻状况、工作单位、学历、履历、家庭住址、电话号码等能够识别公民个人身份或者涉及公民个人隐私的信息、数据资料。2013年6月28日由工业和信息化部第2次部务会议审议通过的《电信和互联网用户个人信息保护规定》第4条规定：本规定所称用户个人信息，是指电信业务经营者和互联网信息服务提供者在提供服务的过程中收集的用户姓名、出生日期、身份证件号码、住址、电话号码、账号和密码等能够单独或者与其他信息结合识别用户的信息以及用户使用服务的时间、地点等信息。2014年2月28日经国家邮政局2014年第4次局长办公会议审议通过的《寄递服务用户个人信息安全管理规定》(国邮发〔2014〕52号)第3条规定:本规定所称寄递服务用户个人信息(以下简称寄递用户信息),是指用户在使用寄递服务过程中的个人信息,包括寄(收)件人的姓名、地址、身份证件号码、电话号码、单位名称,以及寄递详情单号、时间、物品明细等内容。中国科学技术法学会、北京大学互联网法律中心2014年3月15日发布的《互联网企业个人信息保护测评标准》将个人信息定义为,"个人信息是指能够切实可行地单独或通过与其他信息结合识别特定用户身份的信息或信息集合,如姓名、出生日期、身份证件号码、住址、电话号码、账号、密码等"。2017年6月1日起施行的《最高人民法院、最高人民检察院关于办理侵犯公民个人信息刑事案件适用法律若干问题的解释》第1条规定:刑法第253条之一规定的"公民个人信息",是指以电子或者其他方式记录的能够单独或者与其他信息结合识别特定自然人身份或者反映特定自然人活动情况的各种信息,包括姓名、身份证件号码、通信通讯联系方式、住址、账号密码、财产状况、行踪轨迹等。可见,我国是将个人信息限定在识别个体的相关信息上,而不是延伸到识别之外可能对个体产生后果影响的信息。易言之,个人信息仅仅是用于识别个人的信息,对于识别之外的信息内容或者目的指向以及后果影响都没有涉及。同时,也没有对自然人这个个体的状态进行描述,即自然人可否只能是活着的人进行阐述。①

整体而言,不论关联型、识别型和隐私型界定标准下,个人信息的内涵差异大小,但个人数据是多方面数据的集合,是一个数据混合集这一点是共通的,法律会对其中的子集,如私密信息、非私密信息分别适用不同的规定。

(二)政务数据是个人数据、经营者数据、其他数据的合集

政务数据(也称"政府数据")方面,以《贵州省政府数据共享开放条例》

---

① 当然,若从全面保护个人信息角度,采取《通用数据保护法》的定义是最为妥当的。基于此,我们建议未来可考虑将个人信息进行扩张,将信息范围从识别限定扩展到目的和结果影响上来。毕竟有很多信息它本身在内容上不一定有助于识别,但是一旦和可以识别的信息结合起来有可能会作用于个体而产生外在影响时,这样的信息也应当纳入个人信息当中去。

为例。

该条例第 3 条规定,“本条例所称的政府数据,是指行政机关在依法履行职责过程中制作或者获取的,以一定形式记录、保存的各类数据,包括行政机关直接或者通过第三方依法采集、管理和因履行职责需要依托政府信息系统形成的数据”。第 4 条规定,“政府数据共享开放应当具有合法目的和用途,遵循正当、必要、适度的原则,依法维护国家安全、公共安全、经济安全、社会稳定,保守国家秘密,保护商业秘密、个人信息和隐私”。其第 22 条规定,“行政机关在开放政府数据前,应当对拟开放的敏感数据进行脱敏处理,防止泄露国家秘密、商业秘密、个人信息和隐私”。

可见,立法者清楚意识到,现实世界中,政务数据不是以单一的数据类型方式呈现,而是会混合包含个人数据、经营者数据(也称企业数据)以及其他数据,这些其他数据可以是天气、水位等自然数据,也可以是政府机构自身运行中所产生的数据等。正因为政务数据是个混合数据集,所以,在共享开放政务数据时,法律才规定应当考虑对个人数据利益、经营者数据利益的保护问题。

(三)经营者数据是个人数据、生产数据和商务数据构成的合集

经营者数据方面,亦是一个数据混合集。

以我国《网络安全法》为例,该法第 40 条规定“网络运营者应当对其收集的用户信息严格保密,并建立健全用户信息保护制度”,可见经营者数据的一个重要组成是用户在使用、接受其提供的服务,或与其发生商业交易的过程中产生的用户个人数据。该法第 42 条第 1 款规定:“网络运营者不得泄露、篡改、毁损其收集的个人信息;未经被收集者同意,不得向他人提供个人信息。但是,经过处理无法识别特定个人且不能复原的除外。”

可见,除了原始的个人数据被企业采集后,成为经营者数据中的一个组成部分以外,对用户个人信息数据进行匿名化处理,技术上就是通过采用数据脱敏产品或技术手段,将涉及个人隐私的敏感数据进行脱敏处理,保证脱敏后的数据不能再识别出特定个人,并且信息不可逆(不可通过技术手段复原),这样的数据亦是经营者数据中的一个子集。

除此之外,根据《反不正当竞争法》等 9 条第 3 款的规定,“……本法所称的商业秘密,是指不为公众所知悉、具有商业价值并经权利人采取相应保密措施的技术信息、经营信息等商业信息。”可见,企业在自身生产、经营中会产生技术信息、经营信息,如薪酬体系、客户名单、采购信息、设备运行数据、实验数据等,这些生产数据和商务数据是随着企业的生产活动、商业活动而产生的,也是经营者数据中很重要的组成部分。

二、数据资产运营中的“数据”范围

数据资产运营中的“数据”显然也是数据混合集,是由多个类型的数据在商务领域交集而成的。同时,数据资产运营意味着,不论数据类型是什么,都要以它们能够在二级市场进行合法流转为前提。

对于政务数据,随着开放数据运动的影响,以及我国在政务数据的共享、开放上的进一步推动,政务数据将主要以共享、开放的模式提供给公众。[①] 尽管在国内大数据交易所,如贵阳大数据交易所官网中所列出的可交易数据品种包括政府大数据,但它交易的不是底层数据,也就是说不是原始政务数据,而是数据清洗、建模、分析的数据结果。而且进一步说,即使假设它交易的是原始政务数据,也只能到政务数据的一级交易市场,因为政务数据依法是难以进行二级流转的。

仍以《贵州省政府数据共享开放条例》为例,政务数据分为无条件共享开放、

---

① 开放数据运动背后的理念是,政府数据、科研数据等特定类型的数据应当向每一个人开放,这些数据不应当被任何人垄断。特别是在政府数据开放领域,在政府信息公开理论的支撑下,由政府公开不涉及国家秘密、商业秘密、个人隐私的公共数据是其应当履行的法定义务,因为政府采集、获取这些公共数据的成本是由纳税人负担的,政府理应将这些数据向全社会开放,而在大数据快速发展背景下,政府不仅应当公开这些数据,并且需要以格式化、机器可读等方式开放,以促进大数据开发利用。在国际社会,2011 年 9 月美国、英国、巴西等 8 个国家(G8)签署《开放政府宣言》,成立开放政府伙伴关系(Open Government Partnership,OGP),宣布各自国家的开放数据行动计划。目前已有 70 多个国家加入 OGP。2013 年 6 月,G8 签署《开放数据宪章》(Open Data Charter),进一步推动政府数据开放,要求政府制订开放数据行动计划,并按照宪章和技术附件的要求,进一步向公众开放可机读的政府数据。2016 年 5 月,美国国会推出《开放政府数据法案》,要求美国所有政府机构自动公开其所拥有的公共数据,且需满足机器可读性、可检索性和开放性格式等三项要求。

有条件共享开放和不予共享开放，并规定“公民、法人或者其他组织违反本条例规定，擅自转让获取的有条件开放的政府数据、改变用途或者使用范围的，由县级以上人民政府大数据主管部门责令改正，有违法所得的，没收违法所得，并可处以违法所得1倍以上10倍以下罚款；没有违法所得的，处以1万元以上5万元以下罚款”。

可见，对于无条件共享、开放①的政务数据，人人皆可及，也就没有到二级市场去寻找“倒手”的必要了；对于有条件共享开放的政务数据，擅自转让将会被认为是违法，意味着无法合法地进行二级市场流转；不予共享开放的政务数据，连接触到的机会都没有，更遑论接触到后进行流转。因此，不论哪种情形，政务数据都难以成为数据资产运营中的“数据”，如果该政务数据是混合数据集，该合集中包含的所有子集数据也没办法成为数据资产运营中的“数据”。

对于个人数据，我国《刑法》及相应司法解释为例。《刑法修正案(九)》将《刑法》第253条修改为“违反国家有关规定，向他人出售或者提供公民个人信息，情节严重的，处三年以下有期徒刑或者拘役，并处或者单处罚金；情节特别严重的，处三年以上七年以下有期徒刑，并处罚金。违反国家有关规定，将在履行职责或者提供服务过程中获得的公民个人信息，出售或者提供给他人的，依照前款的规定从重处罚。窃取或者以其他方法非法获取公民个人信息的，依照第1款的规定处罚。单位犯前三款罪的，对单位判处罚金，并对其直接负责的主管人员和其他直接责任人员，依照各该款的规定处罚”。《最高人民法院、最高人民检察院关于办理侵犯公民个人信息刑事案件适用法律若干问题的解释》第2条、第3条、第4条规定：违反法律、行政法规、部门规章有关公民个人信息保护的规定的，应当认定为刑法第253条之一规定的“违反国家有关规定”；向特定人提供公民个人信息，以及通过信息网络或者其他途径发布公民个人信息的，应当认定为刑法第253条之一规定的“提供公民个人信息”；未经被收集者同意，将合法收集的公民个人信息向他人提供的，属于刑法第253条之一规定的“提供公民个人信

---

① 数据的共享、开放不等于数据的免费。

息”,但是经过处理无法识别特定个人且不能复原的除外;违反国家有关规定,通过购买、收受、交换等方式获取公民个人信息,或者在履行职责、提供服务过程中收集公民个人信息的,属于刑法第 253 条第 3 款规定的“以其他方法非法获取公民个人信息”。

可见,个人数据如果经合法方式获得,并经收集者(也就是该个人)的明确同意之后,是可以在其同意的范围内进行流转的。这意味着,个人数据在满足一定的法定条件后,是可以成为数据资产运营中的“数据”的,只不过这种情形下,运营者需要极为小心地处理,仔细核查是否每一个环节皆没有违反国家相关法律的规定,以免触及刑法红线。

对于企业数据,当它只是企业自身(不涉及用户个人)数据时,是否同意流转,当然应由企业自主决定。但当它是由用户个人数据和企业自身数据组成的混合集时,显然,前述关于个人数据的流转前提,或者说流转限制,同样适用于该混合集。事实上,鉴于个人数据的流转,如有不慎,可能构成犯罪,具有高风险性,因此,当企业数据包含用户的个人数据时,很多时候,数据资产运营都会尽量避过能够直接识别出具体个人身份的原始个人数据,而更倾向于流转对原始数据进行了后期人工或电脑自动处理(如用户画像等),即经过脱敏之后的用户数据,脱敏后,该用户数据不再属于个人信息范畴,①对其的流转限制显然就大不同了。

因此,数据资产运营中的“数据”主要包括 3 种:一是经合法获取并经当事人明确同意,在其同意的范围内进行流转的用户个人数据,包括其原始个人数据;二是通过脱敏技术处理干净后的不具有“识别性”的个人数据的衍生数据;三是企业在自身生产、经营中所产生的生产数据和商务数据。

---

① 例如,在朱某诉百度案中,法院认为:百度网讯公司在提供个性化推荐服务中运用网络技术收集、利用的是未能与网络用户个人身份对应识别的数据信息,该数据信息的匿名化特征不符合“个人信息”的可识别性要求。网络用户通过使用搜索引擎形成的检索关键词记录,虽然反映了网络用户的网络活动轨迹及上网偏好,具有隐私属性,但这种网络活动轨迹及上网偏好一旦与网络用户身份相分离,便无法确定具体的信息归属主体,不再属于个人信息范畴。参见江苏省南京市中级人民法院民事判决书,(2014)宁民终字第 5028 号。

第三章　资产运营中“数据”的法律性质

资产运营中的“数据”可以是个人数据，也可以是企业数据，其记载的信息既包括个人信息，也包括企业的技术信息或经营信息。对这些数据的享有，从法律定性角度，应当是一种权利或者一种权益？目前，学界争议尚很大，进而也影响了立法与司法的抉择。

第一节　主要的学术观点

围绕数据的法律属性，目前，主要的学术观点包括新型人格权说、著作权 + 数据库特别权利说、商业秘密说及数据财产权说。

一、新型人格权说

人格权是传统的民事权利类型，包括姓名权、肖像权、隐私权等具体的权利。有学者提出：应为个人数据创设一种新型人格权——个人信息权（或称个人信息资料权)。[①] 其主要内容包括以下方面。

首先,人格权的商品化。传统的人格权主要保护精神利益,从而与保护财产利益的财产权相区分。随着人类经济社会的发展,逐渐出现了人格权商品化的现象,比如,把自己的姓名有偿许可他人作为商标,将自己的肖像有偿许可他人做广告等。这就出现了人格权的财产利益的概念,传统的人格权制度也被重新审视:人格权既保护人格利益,也保护财产利益;人格权的财产利益可以让渡也可以继承;人格权财产利益受到侵害,也可以请求赔偿。但是,人格权商品化并不改变人格权的基本属性,其内容仍主要以精神利益为主;其价值目标仍然主要是维护人的尊严和自由;人格权仍强调专属性,与人格本身不可分离。

其次,隐私权制度不足以保护个人数据信息。隐私权是较早建立起来的人格权制度。个人数据跟隐私联系较为紧密。如果隐私权能保护个人数据,也可以考虑使用这种既有的制度。民法学者的观点认为,隐私权对个人数据的保护不足。隐私权制度的重心在于防范个人隐私信息不被披露,主要是为了保护权利人的生活安宁、个人专属空间不被他人所打扰,是一种保守性、消极性的权利。这与我们在数据领域所强调的将其作为一种资源予以控制和利用的情况,在制度的旨趣上有根本区别。此外,隐私权保护的客体是隐私,但是隐私的外延又十分不确定。例如,对有的人来说身高、体重是隐私,但这对另外的人来说就不是。从这个角度来讲,用隐私权保护个人数据确实也有一些缺陷。最后,在救济方式上,隐私权受到侵害后,主要采用精神损害赔偿的方式加以救济;而对个人信息资料的保护,除采用精神损害赔偿的方式外,也可以采用财产救济的方法。

最后,应为个人数据专门创设一个新型人格权,即"个人信息权"(或称"个

---

① 有学者也从域外术语的使用习惯对"个人信息权"提出了质疑,认为从域外术语表达来看,只要是对信息权的保护,即对个人信息权的保护。在信息权前面加上"个人"无异于画蛇添足,多此一举。例如,该学者指出,美国法上的"信息隐私权"(Information Privacy)和德国法上的"信息自主权或信息自决权"(德文表述为 Gemeinschaft ein informationelles Selbstbestimmungsrecht zu garantieren)。同时该学者还表示,在我国人格权法体系里,并不存在个人人格权这样一种命名方式,如生命权、健康权等不会表达为个人生命权、个人健康权等。基于此,该学者认为"信息权"的称谓足以保护个人信息利益,无须特意加上"个人"二字。参见王丽莎:《信息权的独立人格权地位及内容》,载《国家检察官学院学报》2016 年第 5 期。

人信息资料权”),主要是指个人对于自身信息资料的一种控制权,并不完全是一种消极地排除他人使用的权利,更多情况下是一种自主控制信息适当传播的权利。该权利保护人格的精神利益和财产利益的统一体,同时,精神利益和财产利益可以加以区分。其中的财产利益受到非法侵害时,损失可以市场价格计算。

二、著作权+数据库特别权利说

该观点认为,以独创性为标准,区分不同数据库或数据集的情况,分别用著作权和数据库特别权利对之予以保护。

对于选择和编排上具有独创性的数据库或数据集,可以将其视作汇编作品,用著作权制度进行保护。比如,我国《著作权法》第15条规定,汇编若干作品、作品的片段或者不构成作品的数据或者其他材料,对其内容的选择或者编排体现独创性的作品,为汇编作品,其著作权由汇编人享有。

对于选择和编排上不具独创性的数据库和数据集,则可以考虑通过建立数据库特别权利加以保护。

1996年欧洲共同体通过《数据库保护指令》(96/9/EC指令),创设了一种特殊权利(sui generis right)——数据库特别权利。在《数据库保护指令》中,数据库是指以系统性的方式组织起来的、可以通过电子或者其他方式逐个获取的独立作品、数据或者其他材料的集合。在数据的选择、编排或者结构上体现出独创性的依旧按汇编作品获得著作权保护,而编排无独创性的数据库则获得特别权利的保护:根据该数据库权指令,数据库的制作者享有提取权(也有翻译为“撷取权”)、再利用权、重复提取和再利用权。

其中,“提取权”,根据该指令第7条第2款(a)项的规定,是指权利人有权禁止他人未经许可永久或暂时的,以任何方式将数据库的全部内容或者在数量上、质量上的实质性内容,转移到其他载体上的行为,但公开出借的除外。再利用权,根据该指令第7条第2款(b)项,是指权利人有权禁止他人未经许可,以复制、发行、在线传输、出租或其他方式,以任何形式向公众提供数据库的全部内容,或是在数量上以及在质量上的实质性内容的行为。重复提取和再利用权,根据该指令第 7 条第 5 款,是指权利人有权禁止他人未经许可重复性和系统地提取并且(或者)再利用数据库的非实质性内容的行为。但与数据库的正常使用相冲突或不合理的损害数据库制作人的合法利益的行为除外。

《数据库保护指令》第 10 条规定,数据库特殊权利的保护期限为 15 年。根据完成后向公众公开与否,期限的起算点有所不同,若数据库在完成后向社会公众公开,则 15 年保护期自公开后次年的 1 月 1 日起算;若没有向公众公开,则保护期自完成后次年的 1 月 1 日开始计算。而且由于数据库不断更新的特点,对于数据库内容的任何实质性更新,包括不断增加、删除或者修改的积累,只要构成了对于数据库的新投资,都可以就更新的部分获得一个重新计算的保护期。按此说法,只要一个数据库保持不断更新,就可以一直获得特殊权利的保护。

该数据库特殊权利建立了不同于版权保护的标准和原则,即并不考虑数据库的选择与编排是否具有原创性,而旨在保护数据库制作者在时间、金钱、劳动等方面的投入。基于此,数据库制作者获得对于数据库构成内容的专有权,有权控制他人对其数据库内容的使用。比如,在"足球数据公司诉圣·詹姆斯和运动数据交易公司一案"(Football Dataco v. Stan James and Sportradar)中,原告"足球数据公司"(Football Dataco)指控被告"运动数据交易公司"(Sportradar)的数据库"生活积分"(Live Scores)侵犯了其在其足球统计数据库"足球生活"(Football Live)中的数据库权。英国上诉法院最终认定,原告经营的数据库符合 96/9/EC 指令的规定,享有数据库权,被告从原告的数据库中提取了大量的比赛数据并向其用户提供,构成数据库权侵权,而且其用户虽然只浏览了其中一小部分数据,但下载整个侵权的数据库是一个前提,因此也构成侵权。①

数据库特别权利既可以绕过著作权法对数据库进行保护的独创性门槛要求,又不用将其解释为著作邻接权,还能体现对数据本身具有的财产利益的保护,而且还有一定的司法实践经验,很契合大数据背景下对数据进行保护的特殊需求,因而受到部分学者的支持。

---

① Football Dataco v. Stan James and Sportradar, Royal Courts of Justice Strand, Case No.: A3/2012/1349,1352,1364 and 1366.

三、商业秘密说

在我国，商业秘密保护制度规定于《反不正当竞争法》中，很长一段时间内，是被作为一种权益，而非权利来看待的，没有“商业秘密权”这一概念。当然，我们也看到，《民法典》第123条将商业秘密与发明、实用新型、商标、集成电路布图设计、植物新品种等并列为知识产权的客体之一，似乎隐含欲将商业秘密从权益转为类型化民事权利的意思。

除了具有商业价值外，商业秘密还具有非公开性和非排他性，这3个特征又紧密联系。由于具有占有控制上的非排他性，因此，一旦公开，被其他主体知晓，它对于原权利人的商业价值也就随之丧失。而数据也具有相同的特点。

事实上，早在大数据时代来临之前，在保密协议中，通常会有类似这样的条款：“以上信息无论是以口头的、书面的、图表的、表格的、记录的、电磁的或其他任何形式载于任何载体，包括且不限于数据、模型、样品、设计图、源代码、设备和其他技术资料或实物，无论乙方在接触时或甲方在提供时，是否以口头方式或者以图像、图纸、其他书面方式表明其是具有秘密性的信息，都视为本合同项下之技术秘密信息。”①可见，数据是商业秘密，人们早有一定的共识。

四、数据财产权说

数据财产权说认为，数据是一种新型的财产，同时又兼具一定的人格利益，应在立法中增设一个新型的权利，可以叫数据财产权，或称数据产权，或数据权。该学说是以美国劳伦斯·莱斯格（Lawrence Lessig）提出的数据财产化（data propertization）理论为基础发展而来的。其主要观点如下。

之所以将数据界定为一种新型财产并赋予数据控制人以相应权利，从宏观上来说，是互联网经济新时代的客观要求。大数据成为一种经济资源，构成相关企业资产的重要组成部分，是信息通信技术发展的必然结果。对数据持有人赋

---

① 此条文来源于笔者在实务中曾拟过的合同条约。

权，是经济技术的现实发展对制度创新提出的客观要求。

具体而言，数据财产权从体系上来说，应该在区分个人信息和数据资产的基础上，进行3个阶段的权利建构。首先，对于用户，应在个人信息或者说初始数据的层面，同时配置人格权益和财产权益。其次，对于数据经营者(企业)，在数据资产化背景下，基于数据经营和利益驱动的机制需求，应分别配置数据经营权和数据资产权。最后，数据经济的各种权利之间相互形成一种共存叠生、动态依存的体系关系。其中，数据经营权、数据资产权应以个人信息权为基础和前提。①

由此可见数据财产权主要体现了两个特征。第一，数据财产权的权利属于数据持有人或者数据控制人。当然，这种持有和控制应当是合法的。比如，经相关主体的同意对个人数据进行采集或收集。当网络用户在网络平台注册用户信息时，可通过注册协议就用户免费使用相关网络服务，并同意网络平台收集和合法使用其相关数据达成一致。第二，数据财产权是一种不完整的所有权。所谓不完整，是指该项权利应受到其他传统权利的约束和限制。这一点与传统所有权、知识产权都不太一样。持有人或控制人并不能对其持有或控制的数据集进行任意处置。因为这些数据有可能涉及其他相关主体的隐私权、著作权、专利权或者商业秘密，因此，对数据的使用和处分不能损害这些相关权利人的合法权益。②

五、综合评述

首先，从研究路径上，上述4种学说反映了两条路径。新型人格权说、数据财产权说是在民法领域的探索，著作权+数据库特别权利说、商业秘密说则是在知识产权框架内的思路。前者，无论是试图将人格权财产化，还是财产权亦应包含人格利益，均是以创设一种新型权利为核心，该权利不论是叫个人信息权抑或数据产权，均是试图构建一种新的兼具人格利益、财产利益的民事权利。后者，

① 参见龙卫球：《数据新型财产权构建及其体系研究》，载《政法论坛》2017年第4期。

② 参见吴韬：《法学界四大主流数据权利与权属观点》，载搜狐网2016年10月24日，https://www.sohu.com/a/117048454_481893。

则更多不是依靠设权路径,而是力求在现实法律框架内寻求解决方案。

其次,从研究视角上,上述4种学说中,新型人格权说只关注到了个人数据的保护问题,未能涵盖通过脱敏技术处理干净后的不具有“识别性”的用户数据、企业数据和政务数据中不涉及个人的数据。著作权+数据库特别权利说、商业秘密说则更多关注的是采集到个人或非个人的原始数据之后形成的数据混合集中的全部或部分数据的保护问题。数据财产权说则试图一揽子解决个人数据和企业数据、政务数据,原始数据提供者以及数据混合集所有者或控制者的权利保护问题。将权利分为两层内容:一层针对自然人,针对人格利益和财产利益;另一层针对非自人,只针对财产利益。数据产权说与新型人格权说,虽然论证路径不同,但殊途同归,都是认为应当创设一个新的兼具人格、财产双重利益的民事权利。

最后,从可行性上讲,上述四种学说中,新型人格权说与数据财产权说都是以立法创设一种新的权利为核心,其立法的必要性、合理性均存在很大争议,显然在相当长的时间内,甚至永远都只能是个设想。而著作权+数据库特别权利说、商业秘密说更多的是对已有法律制度的运用或借鉴使用,虽仍有不能全面覆盖所有类型数据保护的不足,但可以选择性适用。

第二节　数据的法律属性

鉴于政务数据不宜做资产运营,因此,本书只讨论个人数据和经营者数据的法律属性问题。

一、个人数据的法律定性

(一)国外的代表性做法

新型人格权学说或数据产权说,均欲创设一种新的兼具人格利益和财产利益的民事权利。但是,目前各个国家或地区基本都是以专门的数据保护法形式对个人数据提供保护,并无直接命名为“个人信息权”“个人信息资料权”的民事权利。而且即使在数据保护法中赋予用户一定的数据方面的权利,也基本都是在对数据采集、存储、传输、使用各环节的经营者或机构划定行为边界的同时,给予用户一定的消极排除他人非法采集、使用的权利,而非积极地利用其数据去谋求财产上的收益,也就是说,数据法形式下的用户权利不属于兼具人格利益和财产利益的民事权利。我们以最具代表性的欧盟《通用数据保护法》为例进行解析。

《通用数据保护法》适用于数据控制者(controllers,决定加工个人数据的目的和手段的人)和加工者(processors,代表控制者负责加工个人数据的人)。该法第1章主要规定了三大内容:一是收集个人数据的原则,二是收集个人数据的法律基础,三是明确了个人的权利。该条例规定,收集个人数据时应本着合法、公平、透明的原则,以及目的限定、存储限定、数据最小化原则,保证数据的准确性、完整性和保密性。第2章规定了收集个人数据时的法律依据有个人同意、合同、法定义务、重大利益、公共任务(public task)和合法权益。最为重要的是,《通用数据保护法》第3章以“数据主体权利”(rights of the data subject)为题,明确规定自然人对自己被收集的数据享有的权利内容,它们分别是知情权、访问权(或称接触权)、纠正权(或称更正权、修正权)、被遗忘权(或称删除权、擦除权)、限制处理权、可携带权(可称数据可携权)、反对权、拒绝权、自主决定权。

其中,《通用数据保护法》第12~14条,从“数据主体行使权利的透明度、交流和模式”“数据主体收集的个人数据的提供”“并非从数据主体上获取的个人数据的提供”三个方面要求控制者“应当以一种简单透明、明晰且容易获取的方式,通过清楚明确的语言,采取合适的措施”向数据主体,也就是用户个人提供其欲采集其相关数据有关的详细信息,①以确保该数据主体对相关事宜的充分知

① 《通用数据保护法》第13条规定:“1.鉴于数据主体能够获取与自身有关的个人数据,控制者应当在获取个人信息时,向数据主体提供以下信息:……告知数据主体‘(a)控制者的身份和详细联系方式,适当时还要提供代表人的身份和详细联系方式;(b)适当时提供数据保护局的详细联系方式;(c)个人信息处理的目的以及处理的法律基础;(d)当处理过程是依据(f)项和第6条第1款的规定进行的,应当说明控制者或者第三方追求的立法利益;(e)如果可以,应当提供个人数据接收方或者接受方的种类;(f)在适当的情况下,应当提供控制者意图将个人数据向第三国或者国家组织进行

情，因此，被认为属于知情权，但其实亦可理解为一种要求数据控制者遵守的数据采集规则。《通用数据保护法》第 15 条是关于“数据访问权”（right of access

---

传输的事实、委员会是否就此问题做出过充分决议、第 46 条、第 47 条或者第 49 条第 1 款第二小段提及情形的相关信息。此外，还包括所采取的保护个人信息的合理安全措施以及获取复印件的方式。2. 除了第 1 款提到的信息，控制者在获取个人数据时，出于证实处理过程的公正和透明的需要，在必要的情况下，应当向数据主体提供如下信息：（a）个人数据的储存阶段，在无法提供的情形下，应当提供阶段划分的决定标准；（b）有资格处理数据主体权利要求的，能够获取、修正、删除个人信息或者管制数据权利的控制者的信息；（c）根据第 6 条（a）项或者第 9 条第 2 款（a）项所进行的在不触犯法律的前提下，处理过程信息、任意取消满意度的相关信息；（d）向监督机构提起申诉的权利；（e）个人数据条款是否应当在法律条文中、在合同契约中规定。还是应当作为缔结合同的必要条件进行规定。此外，还应当包括数据主体是否有义务提供个人数据以及无法提供数据情形下的可能的后果的信息；（f）自动的决策机制，包括第 22 条第 1 款以及第 4 款提到的分析过程所涉及的逻辑程序以及对数据主体的处理过程的重要意义和设想结果。3. 鉴于控制者进一步处理个人信息的意图，控制者应当在此之前向数据主体提供与第 2 款有关的信息。4. 当数据主体已经获得这些信息时，第 1 款、第 2 款、第 3 款不能得以适用。”

《通用数据保护法》第 14 条规定：“1. 当个人信息并非从数据主体处获得时，控制者应当向数据主体提供如下信息；（a）控制者的身份和详细联系方式，适当时还要提供代表人；（b）适当时提供数据保护局的详细联系方式；（c）个人信息处理的目的以及处理的法律基础；（d）相关个人数据的种类；（e）个人数据接收方或者接受方的种类；（f）在适当的情况下，应当提供控制者意图将个人数据向第三国或者国家组织进行传输的事实、委员会是否就此问题做出过充分决议、第 46 条、第 47 条或者第 49 条第 1 款第二项提及情形的相关信息。此外，还包括所采取的保护个人信息的合理安全措施以及获取复印件的方式。2. 除了第 1 款提到的信息，控制者在获取个人数据时，出于证实处理过程的公正和透明的需要，在必要的情况下，应当向数据主体提供如下信息：（a）个人数据的储存阶段，在无法提供的情形下，应当提供阶段划分的决定标准；（b）鉴于第 6 条第 1 款（f）项的处理过程，控制者或者第三方追求的立法利益；（c）有资格处理数据主体权利要求的，能够获取、修正、删除个人信息或者管制数据权利的控制者的信息；（d）根据第 6 条第 1 款（a）项或者第 9 条第 2 款（a）项所进行的在不触犯法律的前提下，处理过程信息、任意取消满意度的相关信息；（e）向监督机构提起申诉的权利；（f）个人数据获取的来源，在合适的情况下，提供是否是通过公共方式获取的信息；（g）自动的决策机制，包括第 22 条第 1 款以及第 4 款提到的分析过程所涉及的逻辑程序以及对数据主体的处理过程的重要意义和设想结果。3. 控制者应当根据第 1 款和第 2 款的规定提供信息：（a）在获取个人数据之后的合理期限内（至迟不超过 1 个月），提供与个人数据获取具体情形有关的信息；（b）如果个人数据将要用于数据主体间的交流，那么信息提供时间最迟不超过第一次交流活动；（c）如果可以披露接收方，那么信息提供时间最迟不晚于个人数据的首次披露时间。4. 鉴于控制者进一步处理个人信息的意图，控制者应当在此之前向数据主体提供与第 2 款有关的信息。5. 第 1 款至第 4 款在以下情形不得适用：（a）数据主体已经获得这些信息；（b）这些信息的提供是不可能的，尤其是根据第 89 条第 1 款规定或者本条第 1 款提及的义务规定，出于公共利益、科学或者历史调查和统计调查的目的所进行的不均衡的努力。在这些情况下，控制者应当采取合适的措施去保护数据主体的权利和自由以及法律利益（包括公开信息的措施）；（c）控制者应当根据联盟或者成员国法律所规定的获取或者披露个人信息的规定，采取合适的措施来保护数据主体的法律利益；（d）根据联盟或者成员国法律以及保密法规定的职业保密制度，个人数据必须保密。”

by the data subject)[①]的,[②]用于解决用户个人在特定情形下,可以访问自己的个人数据以及相应与该数据有关的一些有关信息的问题,并不意味着用户个人可以随时随地任意访问。《通用数据保护法》第 16 条是关于"纠正权"(right to rectification)[③]的,志在纠正个人数据中的错误,完善个人数据,让公众对该用户个人不会被错误、缺失的数据所误导。其实一定程度上,数据的准确、完备也是与数据采集、存储、使用者的利益相一致的。《通用数据保护法》第 17 条和第 19 条是关于"被遗忘权"(right to erasure. right to be forgotten)[④]的,以确保在满足一

① "数据主体应当有权从管理者处确认关于该主体的个人数据是否正在被处理,以及有权在该种情况下访问个人数据和以下信息:(a)处理的目的;(b)有关个人数据的类别;(c)个人数据已经被泄露或者将会被泄露给的接受者或接受者类别,特别是第三国或国际组织的接受者;(d)在可能的情况下,预想的个人数据存储期间;或者不可能时,用于确定该期间的标准;(e)有权要求管理者纠正或删除该个人数据或者限制或拒绝处理关于该数据主体的个人数据;(f)向监管机构提出投诉的权利;(g)在个人数据并非由数据主体收集的情况下,关于其来源的任何可用信息。(h)自动化决策,包括第 22 条第 1 款和第 4 款提到的概要,以及涉及的至少在前述情况下有意义的逻辑方面的信息,和这种处理行为对数据主体而言的意义和预想的后果。如果将个人数据转移到第三国或国际组织,数据主体应当有权根据第 46 条获得有关转让的适当保障的通知。控制者应提供正在处理的个人数据的副本。对于数据主体要求的任何进一步的文本,控制者可以根据管理成本收取合理的费用。如果数据主体通过电子方式提出请求,除非数据主体另有要求,信息应当以常用的电子形式提供。获得第 3 款所指副本的权利不得对他人的权利和自由产生不利影响。"

② 本书所引用的《通用数据保护法》条款均源于中国政法大学互联网金融法律研究院组织翻译的中译本。

③ 数据主体应当有权要求控制者无不当延误地纠正有关其的不准确个人数据。考虑到处理的目的,数据主体应当有权使不完整的个人数据完整,包括通过提供补充声明的方式。

④ "数据主体有权要求控制者无不当延误地删除有关其的个人数据,并且在下列理由之一的情况下,控制者有义务无不当延误地删除个人数据:(a)就收集或以其他方式处理个人数据的目的而言,该个人数据已经是不必要的;(b)数据主体根据第 6 条第 1 款(a)项或第 9 条第 2 款(a)项撤回同意,并且在没有其他有关(数据)处理的法律依据的情况下;(c)数据主体根据第 21 条第 1 款反对处理,并且没有有关(数据)处理的首要合法依据,或者数据主体根据第 21 条第 2 款反对处理;(d)个人数据被非法处理;(e)为遵守控制者所受制的联盟或成员国法律规定的法定义务,个人数据必须被删除;(f)个人数据是根据第 8 条第 1 款所提及的信息社会服务的提供而收集的。如果控制者已将个人数据公开,并且根据第 1 款有义务删除这些个人数据,控制者在考虑现有技术及实施成本后,应当采取合理步骤,包括技术措施,通知正在处理个人数据的控制者,数据主体已经要求这些控制者删除该个人数据的任何链接、副本或复制件。当处理(数据)对于以下情形而言是必要的时,第 1 款和第 2 款不应当被适用:(a)为了行使言论和信息自由的权利;(b)为了遵守需要由控制者所受制的联盟或成员国法律处理的法定义务,或为了公共利益或在行使被授予控制者的官方权限时执行任务;(c)根据第 9 条第 2 款(h)、(i)项以及第 9 条第 3 款,为了公共卫生领域的公共利益的原因;(d)根据第 89 条第 1 款,为了公共利益的存档目的、科学或历史研究目的或统计目的,只要第 1 款所述的权利很可能表现为不可能的或者很可能严重损害该处理目标的实现;(e)为了设立、行使或捍卫合法权利。"

定前提下，用户个人可以要求数据存储者、使用者删除其个人数据，其言外之意，即并不能任意要求删除其个人数据。而且即便用户个人行使了被遗忘权，也不等于其个人数据必然会被删除，除非这种删除对控制者、接收者而言，不会带来不合理的工作负担。《通用数据保护法》第 18 条是关于“限制处理权”（right to restriction of processing）[①]的，是为了满足用户个人的某些需要，要求数据控制者配合该自然人对其个人数据进行限制使用的技术处理，如标记、临时转移、屏蔽访问等，但相应数据仍继续存储在系统中。《通用数据保护法》第 20 条是关于“反对权”（right to data portability）[②]的，在 3 种情形下，用户个人有权要求控制者必须立即停止数据处理，包括为营销目的进行用户画像等。《通用数据保护法》第 21 条是关于“拒绝权”（right to object）[③]的，它与“反对权”是一致的，相辅相

① “在下列情况之一，数据主体应当有权限制控制者处理（数据）：(a) 数据主体对个人数据的准确性提出争议，且允许控制者在一定期间内核实个人数据的准确性；(b) 该处理是非法的，并且数据主体反对删除该个人数据，而是要求限制使用该个人数据；(c) 控制者基于该处理目的不再需要该个人数据，但数据主体为设立、行使或捍卫合法权利而需要该个人数据；(d) 数据主体在核实控制者的法律依据是否优先于数据主体的法律依据之前已根据第 21 条第 1 款反对处理。如果处理（行为）根据第 1 款受到限制，除储存之外，这些个人数据只应在数据主体同意的情况下，或为设立、行使或捍卫合法权利，或为保护其他自然人或法人的权利，或为了联盟或成员国的重要公共利益的原因被处理。根据第 1 款有权限制处理（数据）的数据主体应当在处理限制解除之前收到控制者的通知。”

② “数据主体有权基于与其特定情况有关的理由，在任何时候依据第 6 条第 1 款 (e) 项或 (f) 项拒绝有关其的个人数据被处理，包括根据这些规定进行概况分析。控制者不得再处理该个人数据，除非控制者证明其有关（数据）处理的强制性法律依据优先于数据主体的利益、权利和自由，或者为了设立、行使或捍卫其合法权利。如果为了直接营销的目的而处理个人数据，数据主体有权在任何时候反对有关其的个人数据为进行此类营销而被处理，其中包括与此类直接营销相关的概况分析。如果数据主体反对以直接营销为目的的处理，则个人数据不得再为此目的而被处理。最迟在与数据主体第一次通信时，第 1 款和第 2 款中提到的权利应当明确提请数据主体注意，并应清楚地、与任何其他信息分开提交。”

③ “1. 数据主体拥有拒绝权，在关于他/她的特定情形下，在任何时间处理关系到他/她第 6 条第 1 款 (e) 项或 (f) 项规定的个人数据，包括基于这些条款的分析。控制者不能处理个人数据，除非控制者能够证明不顾数据主体的利益、权利和自由处理数据或者建立、行使或维护这种法律权利具有令人信服的正当化理由。2. 个人数据因为直接营销的目的被处理的，数据主体应当有权利拒绝在任何时间因为这种商业目处理关系到他/她的个人数据，这种商业目的包括分析达到有关这种直接营销的程度。3. 数据主体拒绝因直接的商业目的处理数据的，个人数据不应该因任何这种目的被处理。4. 至少在与数据主体第一次沟通时，在第 1 款和第 2 款指代的权利应该明确地提起数据主体的注意，应该被清晰地呈现且与任何其他的信息相区分。5. 在信息社会服务使用的背景下，即使有欧共体 2002 年的指令，数据主体可以通过使用技术规范的自动化方式行使他/她的拒绝权。6. 根据第 89 条第 1 款个人数据因科学或历史研究或统计的目的被处理的，数据主体在关于他/她的特定情形下，有权利拒绝对他/她的个人数据进行处理，除非这种处理对于一个因为公共利益的任务的履行是必要的。”

成,一个从表意,一个从行为角度进行规定而已。《通用数据保护法》第 22 条是关于“自动化决定权”(automated individual decision-making,including profiling)①的,主要是针对数据自动化处理,如就用户画像结果的推荐而言,用户有权自主决定是否采纳、接受这种数据自动化处理的结果,如绩效评估、推送消息等。

由此可见,《通用数据保护法》的“数据主体权利”是一个权利束,但是该权利束所包含的具体权利内容,不论是知情权、访问权、纠正权、被遗忘权,还是限制处理权、可携带权、反对权、拒绝权、自主决定权,都不符合创设“个人信息权”或“数据产权”所追求的兼顾人格利益与财产利益的特点。

(二)我国所持的立场

我国在立法中,不论是《民法典》还是《网络安全法》《个人信息安全规范》,针对个人数据也未有“个人信息权”“个人信息资料权”这样的术语。即使 2017 年版的《个人信息保护法(草案)》的第二章出现了“个人信息权”一词,但《民法典》对个人信息保护的规定仍未采用“个人信息权”这样的表述,2020 年版的《个人信息保护法(草案)》中,亦未保留该术语,而是采用了“个人信息权益”。② 根据 2020 年 10 月 4 日关于《个人信息保护法(草案)》提请审议的相应报道,个人信息保护法本身并非单纯的民事特别法,而是一部运用民事、行政、刑事等综合性手段对于个人信息加以保护,对于自然人个人信息权益、信息自由、公共利益

---

① “1. 数据主体有权利不受一个仅仅依靠包括分析的自动化处理的决定的限制,这会产生关于他/她或仅仅影响他/她的法律后果。2. 第 1 款不适用,如果这个决定:(a)对于数据主体和一个数据控制者之间的一个合同的建立和履行是必要的。(b)这个控制者是数据主体,以及确立保护数据主体权利、自由和正当化利益的适当措施是联盟或成员国的法律所规定的;或(c)基于数据主体的明确同意。3. 在涉及第 2 款(a)项和(c)项的情况下,数据控制者应当实施适当的措施保护数据主体的权利、自由和正当化利益,至少获得对控制者部分的人为干预权,表达他/她的观点和争夺决定权。4. 在第 2 款涉及的决定不应当基于第 9 条第 1 款提及的个人数据的特殊分类,除非适用第 9 条第 2 款的(a)项或(g)项和确立适当的措施维护数据主体的权利、自由和正当化利益。”

② 2020 年该法草案第 1 条规定:“为了保护个人信息权益,规范个人信息处理活动,保障个人信息依法有序自由流动,促进个人信息合法利用,制定本法。”

等多重利益关系加以协调的法律。[①] 也就是说，提请审议的该草案并未急于创设“个人信息权”或“数据产权”，这与《民法典》对个人数据的法律定性是一致的。

《民法典》第 1034 条第 3 款规定，个人信息中的私密信息，适用有关隐私权的规定；没有规定的，适用有关个人信息保护的规定。第 1037 条规定了个人信息主体的权利，包括：(1) 查阅复制权；(2) 请求更正权；(3) 请求删除权。可见，对于个人数据，除其中的私密信息，可以作为隐私权客体受保护之外，非私密信息主体只享有请求权。个人信息只是一种权益，还不是一种权利。正因如此，2020 年 7 月 30 日，北京互联网法院对黄某诉腾讯科技（北京）有限公司等网络侵权责任纠纷一案作出的判决书中，对个人数据的法律定性才是“从权利类型来看，隐私权具有绝对权属性，个人信息是受法律保护的法益，尚未上升至权利”。对于判断某类个人信息的性质上必须把握以下几点：第一，大数据时代，大量的个人生活轨迹有了数字化呈现，个人信息可能存在个人自主、社会交往、公共利益价值上的交融。如果把所有与公共事务无关的私人领域信息都纳入隐私范畴，给予绝对权保护，不利于正常的信息利用及流动，因此，应对个人信息进行相对合理的层级划分。划入隐私的个人信息，应强调其“私密性”，进而与其他层级的个人信息在收集、存储、使用、加工、传输、提供、公开等方面形成相对区别的授权同意规范、技术安全规范、信息处理规范等。对于其他信息，信息处理者可以依法进行利用，进而可以通过加强科技研发、资金投入，为广大用户提供丰富、高质、价格低廉的互联网产品，或更好地维护公共利益。第二，关于“不愿为他人知晓”的“私密信息”，强调主观意愿，该主观意愿不完全取决于隐私诉求者的个体意志，应符合社会一般合理认知。社会一般合理认知，可能受到地域、文化传统、法律传统、习惯风俗、经济发展状况、社会普遍价值观等因素的影响。在数字时

---

① 参见朱宁宁：《个人信息保护法草案本月将正式亮相》，载微信公众号“法治日报”2020 年 10 月 4 日，https://mp.weixin.qq.com/s?__biz=MzA5NzA3OTEyNg==&mid=2649967944&idx=1&sn=2dccc619aceb0bd08fd53756ccbc18c1&chksm=88a1b771bfd63e6734d20b2eb518cdc952000ef0b191cc472cd5e3adb70b1e2b6ac3aa45d37d&mpshare=1&scene=1&srcid=1004qeaEfx5TcTyFWdacFzff&sharer_sharetime=1601803345382&sharer_shareid=52310c15cca65c3aac4dc2af0fec37ef&exportkey=Ab7olNrj113wHs0pwHGaqLY%3D&pass_ticket=YlMAcHrHEluo2jVn3pbtKIlYWDmPUc9PV9HebzNJioKFz526zErD6cP9jmWWR1dX&wx_header=0#rd。

代，许多原来仅发生在物理空间内，不易为他人所知的生活轨迹成为可被收集的信息，此类信息是否属于符合社会一般合理认知的私密信息成为当今时代特有的问题，并可能随着科技、经济社会的发展而有所变化，甚至加速变化。第三，即使在相对统一的社会背景下，由于互联网产品的多元性和丰富性，用户的广泛性和差异性，不同用户就个人信息的期待也可能存在消极防御与积极利用的差异。例如，在具有社交功能的应用软件中，有用户厌烦“可能认识的人”的推送，有用户则欢迎就此迅速建立该软件上的社交关系；在购物应用软件中，有用户反感基于用户画像的产品推送，有用户则享受该推送带来的便捷。因此，将对用户隐私期待强烈程度不同的信息笼统划入某相对固定的概念，并不是有效保护权利或权益的最优选择，而有必要深入实际应用场景，以“场景化模式”探讨。①

在 2020 年 7 月 30 日，北京互联网法院对“凌某诉北京微播视界科技有限公司案”作出的一审判决书中，亦是将隐私权与个人信息权益分开，前者是权利，后者只是权益。并采取与前述案件同样的审判观点和审判思路。②

综上所述，对于个人数据，在我国，不论是立法还是司法层面，均是将其中的私密信息定性为隐私权的保护客体，将非私密信息定性为一种权益。

二、经营者数据的法律定性

同是数据混合集，但经营者数据相比个人数据要复杂得多。对于其中蕴含的个人数据的法律定性问题，前面已经讨论，不再赘述。

（一）不宜定性为数据产权的客体

目前国内外立法中，均未有数据产权、数据所有权，或数据权、数据财产权这样的术语，更无相关制度体系之创建。抛开权利法定不论，从纯学理探讨角度出发，数据产权模式也不适用于经营者数据。

2016 年德国马普创新与竞争研究所发布的《关于数据所有权与数据访问的立场声明》（Data Ownership and Access to Data：Position Statement of the Max

① 参见北京互联网法院民事判决书，（2019）京 0491 民初 16142 号。

② 参见北京互联网法院民事判决书，（2019）京 0491 民初 6694 号。

Planck Institute for Innovation and Competiton of 16 August 2016 on the Current European Debate)亦主张无须创设数据所有权。马普创新与竞争研究所反对建立数据专有权的理由在于以下几个方面。

首先,没有哪一项法律原则要求数据权利必须从一开始就分配给特定的法律主体。有关个人数据保护的法律并没有将对数据使用的控制(最终出于经济动机)或者下游数据市场中数据使用的控制合法化,故不应当将数据专有权分配给通过传感器生成数据的设备(如机器或者包括汽车、加热器在内的日常器具)的所有者。

其次,依据目前我们所掌握的知识,承认数据的专有权也没有经济上的合理性。相反地,这将带来干扰经营自由和竞争自由的风险,以及阻碍其他依赖数据的市场参与者进行经营活动的风险,并对下游数据市场的发展产生负面影响。强化既有的数据力量以及通过数据创造出新的市场力量这一被重点关注的问题可能会催生反竞争性的市场进入壁垒。较之很可能产生"信息垄断",公共领域信息自由这一原则应居于优先地位。从数字经济的动态发展来看,没有发现抑或预见到普遍的市场失灵。故此,对数据的收集或创建进行立法并没有必要——无论如何都会产生数据,且通常作为副产品。

再次,今天,即使没有实际的专有权,数据也已经成为日常交易的客体。所涉公司通常使用技术手段来保护它们认为值得保护的在其业务经营过程中产生的数据不被第三方获取。实践中,这种事实上的排他性足以在合同基础上授予数据访问权。它为各方提供了有效的保护,并为市场参与者提供了可行的行动方案。特别是每家公司都可以保留对"其"数据的控制权,并决定谁有权访问这些数据。例如,为了确保履行合同义务,可以约定在未经授权的情况下对数据的泄露附加违约金条款。这样一来,新的市场就可以在没有法定专有权的情况下有序发展(与体育赛事转播权市场类似)。从经济的角度来看,通过将数据中的权利法定分配给个人来干扰这一完善和有效的系统,并不能保证可以改善市场条件。相反地,这将带来扰乱已经运转良好的市场的风险。

最后,除了经济上的争论外,数据专有权的创建还会导致一些实际的可操作性问题,这些问题在短期内很难得到充分解决。首先,必须确定保护的内容和范围,由此引申出诸如怎样界定“数据”概念等复杂的问题。此外,立法机关必须界定权利主体的基本权利和具体权利。这将是一个相当大的挑战,特别是当不同的利益相关者均有资格成为潜在的权益主体时。在数据驱动的经济中,由于价值链的互联与协作,创建一种新的数据权利很可能引起法律上的不确定性。最后,很难平衡受这种权利影响的所有各方的利益,并划定保护范围。①

除了该报告所提到的理由,我们还应注意到:同政务数据的公共特征不同,经营者数据的商业特征决定企业是不愿公开、共享这些数据的。而设权模式通常需要公示,若主张对经营者数据采用设权方式进行保护,则需要对权利的取得条件、内容进行一定形式的公示,以便社会公众知晓权利边界,用以评估、约束自己的行为,这是设权保护模式的应有之义。比如,动产以占有为公示方式,不动产以登记为公示方式,专利权是以公开的权利要求书的内容为权利范围,商标被核准后也要公告。著作权虽系自动取得,但发表作品是通过行使权利获得商业利益的基本前提。也正因如此,尽管发表权是精神权利,但在发表作品之前转让著作财产权的,发表权需一起转让。而一旦采用设权模式,公开之日可能就是经营者数据丧失商业价值之时。更遑论经营者数据作为一个数据混合集,还包含企业用户的个人数据,当采用公示设权时,用户的隐私权、个人信息权益也可能一并受损。

(二)作为著作权、数据库特别权利的客体,适用空间有限

首先,经营者数据是海量数据,对它们的处理也大多是机器自动统计、分析、处理,经过人工独创性汇编的是极小比例,因此,经营者数据大多无独创性。而

---

① [德]马普创新与竞争研究所:《关于数据所有权与数据访问的立场声明》,袁波、韩伟译,载微信公众号“数字市场竞争政策研究”2019 年 6 月 10 日,https://mp. weixin. qq. com/s? __biz = MzIwODY5Mjc0NQ = = &mid = 2247484649&idx = 1&sn = a8b987f33764767ab06852bec01d21ef&chksm = 977e778fa009fe999605c3abc94e945168f1e75640c445bf6a4c4f91b0cd4760d3e3e64c709c&mpshare = 1&scene = 1&srcid = 07054PKdPA27MZryyugGEK5Q&sharer _ sharetime = 1629432186443&sharer _ shareid = 52310c15cca65c3aac4dc2af0fec37ef&exportkey = AX9zkHOL8eV8inpps8ch6s4% 3D&pass _ ticket = 7% 2BB76kZ7M7uHFECQ4hy4ZKtpRhxAI9icqJOLDE4jD4dKYmdFSxEaiUoKknq2ux% 2F4&wx_header = 0#rd。

独创性是取得著作权的基本标准，这意味着，绝大多数经营者数据无法成为著作权的客体。

其次，就算是那极小比例的经独创性汇编后的经营者数据，在著作权语境下，也只能阻止他人对整个数据库的未授权使用，当他人只使用数据库中的部分数据时，也难以维权，更无法延展到将相应数据进行广告精准投放等商业场景。因此，从实际维权的效果上而言，定性为著作权的客体能够适用的场景亦极其有限。

再次，数据库特别权利从建立以来，一直受到了很多质疑和反对，尤其是国际科学理事会（International Council for Science，ICSU）的反对意见最具有代表性。国际科学理事会专门成立了一个数据和信息小组研究数据库特别权利对科学研究活动造成的影响。他们认为：科学事业的发展是在前人的基础上实现的，这就使科学家们在研究过程中必须经常从已有数据库中提取数据制作适合他们研究目的的新的数据库。如果以往可以自由获取的数据落入特殊财产权利的保护下，复杂的数据使用许可贸易就会产生，科学研究的成本将不可避免地增加，不同来源的数据的整合问题将会越来越尖锐和难以克服。

虽然欧盟《数据库保护指令》对独创性和投资进行双轨制的保护，但因为独创性与投资计算是两个不同的保护标准，就容易产生同一种法律行为却有不同的法律性质的现象。即在著作权上具有独创性的选择或编排的合法行为恰恰是数据库特殊权利禁止的非法行为；反之亦然。同时，可能因为保护期的不同，而出现版权保护期限大大长于数据库特别权利保护期限，违背了尽快促使数据库公开并进入公有领域的初衷，使数据库特别权利保护失去实际意义。正因如此，不少国家和地区亦曾试图效法欧盟推出数据库特别权利，但未成功。目前，除了欧盟和俄罗斯，其他国家和地区均未建立该特别权利。这意味着，经营者数据只有在极个别国家，才可能成为数据库特别权利的客体。

最后，业界对经营者数据的利用方式并非复制、发行、演绎、传播数据及提取等，而是为了利用数据进行其他商业活动，如征信、预测、定点广告等。因此，著作权、数据库特别权利的权利内容均无法涵盖他人对经营者数据的前述商业利用行为。经营者数据即使成为著作权、数据库特别权利的客体,也难以适应大数据商业模式下,企业对数据保护的需求。

(三)定位为竞争性财产权益更适宜

第一,经营者数据宜适用商业秘密保护,而商业秘密是我国《反不正当竞争法》的调整范围。

无论是第一章的论述,还是本章的分析,数据可以作为资产运营,本身就说明数据具有财产价值、商业价值。

而各互联网公司在相应的服务协议、隐私协议或用户协议中,都有一些类似的禁止第三人非法获取、使用、披露的声明,以表明相应数据为其享有的秘密。例如,《腾讯统一服务协议》在第3部分"用户个人信息保护"3.4规定:"腾讯将运用各种安全技术和程序建立完善的管理制度来保护您的个人信息,以免遭受未经授权的访问、使用或披露。"新浪微博对用户的《微博个人信息保护政策》明确载明:"未经您本人允许,微博不会向任何第三方披露您的个人信息,但下列情形除外:1)微博已经取得您或您监护人的授权;……4)根据您与微博相关服务条款、应用许可使用协议的约定;……"

虽然欧盟《通用数据保护法》中规定了数据可携权,适用于经自然人同意而提供给控制者的自动加工而成的个人数据。我国2017年版《个人信息保护法(草案)》第16条规定:信息主体有权就其被收集处理的个人信息获得对应的副本,并可以在技术可行时直接要求信息控制者将这些个人信息传输给另一控制者。① 这是否破坏了数据的秘密性呢?数据可携权只是赋予个人数据主体可以将属于自己的信息从A企业到B企业,B成为新的保密者,且不得非法收集、使用、加工、传输他人个人信息,不得非法买卖、提供或者公开他人个人信息。所以,即便个人行使数据可携权也并不导致该部分个人信息的必然公开,该数据仍具有秘密性。何况数据可携权仅仅针对某一用户的个人数据,并不能携带走A

---

① 在2020年版的《个人信息保护法(草案)》中,删除了2017年版草案中关于可携权的相关条款。

企业的全部经营者数据。①

而根据我国《网络安全法》第 40 条规定，网络运营者应当对其收集的用户信息严格保密，并建立健全用户信息保护制度。欧盟《通用数据保护法》第 28 条第 3 款(b)项强调，数据控制者和加工者之间应签订合同规定，保证授权加工个人数据的人致力于保密性或负有适当的法定保密义务。可见，即使抛开企业对经营者数据的重视度不论，就算是为了满足法律课以的企业对其收集的用户个人数据的保护要求，企业也一定会对经营者数据采取一定的保密措施，以确保数据安全。

因此，经营者数据具有秘密性、价值性、保密性，系《反不正当竞争法》第 9 条所规定之商业秘密。这在司法实践中，也获得支持。例如，在周某与衢州万联网络技术有限公司侵犯商业秘密纠纷上诉案中，法院认为，虽然单个用户的注册用户名、注册时间等可能易于获取，但是涉案网站数据库中 50 多万个注册用户名、注册密码和注册时间等一一对应的信息组成的综合海量用户信息并不易被相关领域的人员普遍获悉和容易获得。此外，网站的广告收入等经济利益与网站的访问量密切相关，上述海量的用户信息证明涉案网站作为游戏网站具有较大的用户群和访问量，因此，上述用户信息能为万联公司带来经济利益，具有实用性。最后，万联公司为涉案网站数据库设置了密码，该密码只有主要技术人员周某和万联公司的法定代表人邱某知晓，且在万联公司与周某签订的《聘用合同书》中约定了保密条款，因此可以认定万联公司对上述用户信息采取了保密措施。综上所述，涉案网站数据库中的用户信息，包括客户名单数据表中的注册用户名字段、注册密码字段和注册时间字段等信息，构成商业秘密。②

在安客诚信息服务(上海)有限公司与上海辰邮科技发展有限公司等侵犯商业秘密纠纷案中，法院认为：首先，原告强人路公司主张的 2 组共 15,000 条数据系由其依据汇奥公司、凯柔公司顾客招募活动的要求选择的，并将有关的上海地

---

① 这段文字系笔者主持的“数据资产运营中的法律问题研究”课题中，田晓玲老师在课题报告中所撰写的部分文字，经其许可，做一定修改后，本书做了一定的吸收运用。

② 参见上海市高级人民法院民事判决书，(2011)沪高民三(知)终字第 100 号。

区时尚富有人群作为寄送广告对象的。因此,该2组数据中的单个信息或许可以从某些公开渠道获取,但是当原告强人路公司按照特定的分类方式从其数据库中将一定数量的数据重新组合形成一个新的集合之后,该数据库就具备了为原告强人路公司独有的特点,普通公众不可能轻易地从公开渠道获取上述信息组合。同时,各被告亦未提出相反证据证明,原告强人路公司在本案中所主张的该2组数据系可以从公开渠道获取的普通信息组合,故该2组数据应认定具有不为公众所知悉的特征。其次,原告强人路公司与汇奥公司、凯柔公司签订了《直邮市场活动服务合同》,并为上述2家公司的顾客招募活动分别提供了5000条与10,000条数据。汇奥公司与凯柔公司为此应向原告强人路公司支付相应的对价。故原告强人路公司所主张的该2组15,000条数据具有实用性,能为其带来经济利益。从保密协议各条款之间的关系及其整体内容而言,原告强人路公司通过协议约定的方式已明确告知被告辰邮公司。原告强人路公司为打印输出所需向被告辰邮公司提供的数据属于原告强人路公司的保密信息。因此,原告强人路公司对本案系争的2组共15,000条数据已经采取了合理的保密措施。综上所述,原告强人路公司在本案中主张的2组共15,000条数据符合反不正当竞争法所规定的商业秘密的各构成要件,属于其所有的商业经营秘密。①

第二,从竞争法角度保护经营者数据,是许多国家的探索经验。

反不正当竞争法一直与知识产权法关系密切,即使将经营者数据作为著作权、数据库特别权利的客体的前提下,在提起侵权之诉的同时,一并提起不正当竞争之诉,也是常见的现象。例如,1998年法国里昂民事法庭(Tribunal de grande instance de Lyon)审理的劳资集体谈判协议汇编一案(Dictionnaire Permanent des Conventions Collectives)中,法院认为,诉争标的是一个400多份已刊登在官方杂志上的劳资集体谈判协议的汇编(此案中该汇编名为Dictionnaire)。按照里昂法院的判决,由于该汇编在其标题下的原创性的表达和归类,故而构成一个受版权保护的数据库。然而,因被告在其竞争性的出版物中只是复制了协议的内容,而

① 参见上海市高级人民法院民事判决书,(2006)沪高民三(知)终字第92号。

没有复制该汇编中的任何原创性因素，故不能认定其版权侵权。但是，被告的寄生性行为（parasitic behaviour）被认定为不正当竞争，因为该汇编是多年的实质性投入的成果。① 德国作为第一个实施欧盟《数据库保护指令》的国家，在其联邦最高法院（Bundesgerichtshof）1999 年审理的通信信息光盘（Tele-Info-CD）一案中，被告扫描了原告的用户数据，并出版只读光盘（CD-ROM）数据库。德国联邦最高法院判定，电话号码簿不是版权作品，但是，因在其产品中包含有实质性的投入，故而不论是电子的还是非电子的电话号码簿，都是受保护的数据库，扫描用户数据是对原告数据库特别权利的侵权。同时，法院还判决被告的行为构成不正当竞争。②

正是基于这种紧密的联系，在许多国家试图借鉴欧盟《数据库法律保护指令》构建本国数据库特别权利保护模式失败之后，大多都选择从反不正当竞争法角度对经营者数据保护进行探索。从 1996 年到 2004 年，美国相继提出了 4 个数据库特别权利保护的法案，但无一通过。迄今为止，美国数据库多是依据美国《版权法》第 101 条的规定受到版权保护。美国《版权法》第 101 条规定：“汇编作品是指以收集并整合已有素材或资料为形式的作品，这些素材和资料必须经过选取、整理、编排，且就整体而言具有独创性的作品。”1996 年 5 月美国众议院司法委员会提出了美国第一个数据库知识产权保护的法案《数据库投资与知识产权反盗版法案》（Database Investment and Intellectual Property Antipiracy Act of 1996），即 H. R. 3531 法案。受欧盟数据库保护指令影响，该法案的内容与其基本一致，即提供“特殊权利”保护，保护期限为 25 年。但由于该法案过于保护数据库生产者的利益而忽视了社会公众的利益，所以未获得通过。1997 年 10 月美国众议院司法委员会再度提出新的法案《信息集合体反盗版法案》（The Collection of Information Antipiracy Act of 1997），即 H. R2652 法案。该法案用

---

① Dictionnaire Permanent des Conventions Collectives, *Tribunal de grande instance de Lyon* 28 December 1998; [1999] 181 RIDA 325.

② Tele-Info-CD, Bundesgerichtshof 6 May 1999, [1999] Multimedia und Recht 470, note J. Gaster at 543; [1999] Computer und Recht 496.

“信息集合体”概念取代“数据库”这一概念，且不以“特殊权利”保护为立法基础，取而代之的是以“反不正当竞争”“反滥用”为立法基础。该法案在1998年5月被纳入《数字千年版权法》(Digital Millennium Copyright Act)。1999年1月美国众议院司法委员会提出《信息集合体反盗版法案》修订版(The Collection of Information Antipiracy Act of 1999)，对1997年版的条文进行删减，即H. R. 354法案。该法案沿用“信息集合体”取代“数据库”这一概念，没有从正面规定数据库权利人拥有怎样的权利，而是从反面规定侵犯权利的行为，对数据库特别权利的保护期限也没有作明确规定。1999年5月美国众议院商务委员会提出另一法案《消费者及投资者使用信息法案》(Consumer and Investor Access to Information Act)，即H. R. 1858法案。2004年3月美国众议院商务委员会提出《消费者信息获取法》(Consumer Access to Information Act of 2004)，即H. R. 3872法案。该法案再次提出应对数据库权利人寻求司法保护与救济，①因被质疑与美国宪法规定的通信自由相冲突而宣告失败。前述5个法案中，只有从反不正当竞争途径切入的H. R2652法案获得成功而被吸纳到《数字千年版权法》中。

不同于包括著作权、数据库特别权利在内的权利法只能解决类型化的侵权问题，反不正当竞争法只需根据具体的市场行为，从公平原则出发，判断侵权行为是否构成不正当竞争，这就避免了权利法定以及权利的具体内容设定的限制。反不正当竞争法奉行的是“无损害，无救济”的原则，保护的是一种法益，更加灵活，正契合对经营者数据的侵害，往往是非法获取数据后，利用数据竞争性地提供相应的市场预测、信贷征信、互联网广告投放等的现实。

第三，即使不考虑商业秘密，我国亦有从反不正当竞争法角度保护经营者数据的探索。

在大数据浪潮初显端倪之时，我国已在司法实践中，在数据库的著作权保护框架之外，探索非独创性数据库，或者说普通数据集合的其他保护途径。

1991年的广西广播电视报社诉广西煤矿工人报社电视节目预告表使用权纠

---

① 参见董舞艺、汤荷月：《美、德两国数据库版权保护的法律模式及对图书馆的影响》，载《图书与情报》2014年第3期。

纷案，首次在司法中对非独创性数据库的保护问题进行回应。被告未经原告同意在其报纸上转载原告刊登的一周电视节目预告表，原告以著作权受到侵犯为由向法院起诉。二审法院判决，电视节目时间表虽不具有独创性，但基于民法上的公平原则，电视台制作人对通过自己劳动制作出来的电视节目时间表享有民事权利，被告侵犯了原告的民事权利，应承担相应的民事责任。① 这一判决试图从民法公平原则角度灵活处理，但又仍未跳出权利的思维，因此无法阐明电视节目表制作人所享有民事权利具体为何，从而毁誉参半。

吸取该案的经验和教训，在发现基于权利思维进行判决的局限后，司法实践转而从反不正当竞争法角度进行探索。在 1996 年的北京阳光数据公司诉上海霸才数据信息有限公司案中，原告是专门制作发布证券交易信息的机构，被告未经原告同意，擅自使用了原告尚未公开发行的数据，原告向法院起诉，状告被告霸才公司侵害其商业秘密权、版权、技术成果权和劳动获益权。二审法院认定，原告的“SIC 实时金融”属于金融数据的汇编产品，满足数据库的定义，但因未达到独创性要求而不能适用著作权法。但原告为了汇编该数据库，付出了大量的投资，承担了投资风险，其投资以及由此产生的正当权益应该受到法律保护。被告的行为违反了经营者在市场交易中应当遵守的诚实信用原则和公认的商业道德，构成了不正当竞争，法院依据《反不正当竞争法》第 2 款规定，判决被告侵权并承担法律责任。② 沿着该案的反不正当竞争法思路，随着数字经济如火如荼地展开，我国法院不断丰富、完善从反不正当竞争法角度对经营者数据提供保护的审判经验。近年来，具有极大影响力的新浪诉脉脉、淘宝诉美景等案件的处理，皆是代表。

因此，对于经营者数据，即使不考虑著作权、数据库特别权利问题，也不考虑商业秘密问题，它也是可以作为竞争法的调整对象，适用反不竞争法来保护的。经营者数据更适宜被定位为竞争性财产权益。

---

① 参见广西合山市人民法院民事判决书，(1991)合法民判字第 46 号；广西柳州地区中级人民法院民事判决书，(1994)合法民判字第 46 号。

② 参见北京市第一中级人民法院民事判决书，(1996)一中知初字第 54 号。

第四章　数据资产运营中的合规原点及基本底线

鉴于采集、存储、传输、处理、使用用户的个人数据是积累数据资产的重要方法，那么运营个人数据各环节的合规性，也就成为数据资产运营中一个绕不过去的话题。虽然每一个环节遇到的问题有差异，合规的侧重点也不同，但以个人信息保护为合规原点，以知情同意为基本底线，已成为共识，也为世界各国法律所承认。各企业通过打造形形色色的个人信息政策（或称“隐私政策”）文本，其目的就是为了首先从形式上体现企业对个人信息保护法律要求的遵守，以及满足知情同意原则得以实施的形式要件；虽然根据各企业的业务状况，各文本的文体结构、文字表述千差万别，但其实质仍是紧紧围绕个人信息保护这一核心，在遵循知情同意这一基础上，平衡个人数据与企业商务需求间的平衡。①

① 本章系笔者主持的腾讯公司委托课题“数据资产运营中的法律问题”的课题报告中，针对周清林老师所撰写的两章中的部分内容，经获得周清林老师许可，本书做了一定的吸收运用。但考虑到最新立法动态、前后章节的连贯性，做了一定的修改、增删、调整。

第一节　个人信息保护中的价值平衡

对个人信息的保护，必是在一定价值体系下的保护。因而，确定个人信息保护中的价值体系，寻求个人信息保护中的价值平衡点，至关重要。顾名思义，寻找价值平衡点，其逻辑前提乃指存在足以与个人信息相抗衡的力量，使得对个人信息保护上需要瞻前顾后，不能任意妄为。为此，我们需要先行找出与个人信息相对抗的力量。

由于个人不可能是脱离人类共同体中的个体，只能是一定社会共同体中的个人。因此，个人对本身信息的享有和支配，并不能完全隔绝于其他自然人与组织，需要参与到社会生活中去，因而需要交出自己一部分个人信息作为代价。基于此，个人对信息的控制和支配必然受到人的社会本性的约束，使得个人需要与他人和组织共享自己的个人信息。同时，社会也只是个人的社会，离开个人的参与，社会也将不是人类社会，而与人类无关。因此，社会本身作为人类活动的组织形式，仅仅是人类行为的场域，因而以尊重和完善、发展个人为标准。如果无视个人对自己信息的支配性，只能将所有个体都暴露于社会性的公共领域之中，让人类最终丧失自己的自由与人格。这显然也非社会存在的初衷。基于此，我们需要在个人信息保护上既照顾到个人对自身信息的支配性，也能顾及其他主体存在的意义。这说明包括自然人和组织在内的存在者都有自身的存在根基，需要展现自己的存在形式。为此，我们需要塑造一个价值体系，让各元素共存而不是非死即生的生存模式。如何构造这样一个价值体系，便成了我们需要思考的问题。

一、价值体系的原点

任何价值体系的建立，首先都需要寻找到基本着力点，作为支撑整个价值大厦的地基。近代以来的人文主义共识，让我们具备了平衡个人与社会之间的价值基础——个人自由。只有表现出对个人人格或者自由的足够尊重，将人当作目的而不是工具,这一基本价值原点才符合近代以来人类文明的底线,也才能为人们所接受。

个人信息作为标表个人的独特信号,总是个人作用于外部环境时所留下的专属于个人的数据踪迹。可以说,个人信息是个人自我表现于外部环境的形式。作为独立的人格而言,个人总是希望自己能够控制住自己的生存环境,而不至于被生存环境所控制。正如德国学者所言,在行为人与外部环境的交互作用中,一方面,行为人通过获取的外部环境信息对其作出基本判断,以决定自己的进一步行为和动向;另一方面,外部环境也会根据个人行为留下的信息,判断行为人接下来的行为和可能的动向。两者之间通过互动和融汇,最终形成共同的行动秩序。由此,学者们得出结论:人格的形成和发展,取决于对环境的认识和反馈。[①] 易言之,为了确保个人对自己外部环境的掌控性,需要个人对自己依存的外部环境进行支配。显然,支配的途径便是让个人支配个人的信息,不至于因为展现于外部环境而被“画像”,从而通过大数据的汇集描摹出个人基本的数据人格。

虽然从作为自由意志的个人而言,每个人在每次行为上都能脱离一切因果关系而完全自我开端,但这毕竟只是哲人式的理想。作为一个生活在平凡世界的人而言,其行动很多都是有迹可循甚至不断重复的。只要掌握了个人足够的信息,基本上就能预测个人的行为,使个人几乎完全暴露于外部视野,剥去了裹在自由意志外面的大衣,让个人的自由成为一种外部环境的摆设。看来,人类的真正自由从信息角度而言还是建立在信息不对称的角度。由于个人对自己的信息享有完全的知情权,能自由调度自己享有的信息而做出决策,因而具有自由性。他人之所以对自己的行为无所捉摸,正在于他人对自己的个人信息不了解或者了解甚少,因而无法预测,从而保全了个人对自身的支配性。基于个人人格的目的性和尊严性,个人信息必须由自身予以控制,否则个人就有被剥夺自由而成为透明人的危险。例如,美国在线(American Online,AOL)公布了65.7万用户的2000万条旧的搜索查询记录,初衷仅是希望研究人员能够从中得出有趣的见

---

① 参见谢远扬:《信息论视角下个人信息的价值——兼对隐私权保护模式的检讨》,载《清华法学》2015年第3期。

解，并且对这些记录进行了精心的匿名化处理，用户名称和地址等个人信息都使用了特殊的数字符号代替。尽管如此，《纽约时报》还是在几天之内通过“60岁单身男性”“有益健康的茶叶”“利尔本的园丁”等搜索记录综合分析出数据库中4417749号代表的是佐治亚州利尔本的一个62岁妇女西尔玛·阿诺德（Thelma Arnold）。当记者找到她家时，这个老人感叹道：“没想到自己的私人生活一直在被监视。”据哈佛大学研究显示，只要知道一个人的年龄、性别和邮编，就可以在公开的数据库中识别出此人87%的身份。在模拟和小数据时代，一般只有政府机构才能掌握个人数据，而如今许多企业、社会组织也拥有海量数据，甚至在某些方面超过政府，这些海量数据的汇集使敏感数据暴露的可能性加大，对大数据的收集、处理、保存不当更会加剧数据信息泄露的风险。①

由此，确保个人对自己信息的支配是对人权保护的基本理念，这一点基本上能达成共识。然而，如何安置个人对自己信息的支配却是有争议之举。德国《基本法》第2条确立了人格自由发展的理念。基于这一理念，联邦宪法法院在1983年12月15日针对人口普查案所作的判决中确立了个人的信息自决权，中止了尝试详尽搜集公民个人信息的《联邦人口调查法》的施行。基于德国信息自决权的来源，有学者主张个人信息权理当属于公权力，应当通过公法方式予以规范。其理由主要在于，“自肇始之初就被明确定位为宪法基本权利，其意涵也因此被塑造为个人数据免受国家无限度收集、储存、使用和传递；而其功能也在于防堵国家在信息化时代下，藉由数据调取和数据整合技术，产出部分或是几乎完整的‘个人轮廓’，并由此对公民的私人空间和自决能力予以削减”。② 为此，周汉华教授认为：“公民的信息权是一项宪法权利，而不是民事权利。”③田禾主编的《亚洲信息法研究》更是为此进行了详细的解释：“个人信息保护制度是有关个人信

---

① 参见齐爱民、盘佳：《数据权、数据主权的确立与大数据保护的基本原则》，载《苏州大学学报（哲学社会科学版）》2015年第1期。

② 赵宏：《信息自决权在我国的保护现状及其立法趋势前瞻》，载《中国法律评论》2017年第1期。

③ 周汉华：《中华人民共和国个人信息保护法（专家建议稿）及立法研究报告》，法律出版社2006年版，第65页。

息的管理法,或有关个人信息处理者的管理法,是通过行政许可、行政处罚等确保只有合格的个人信息处理者进行收集、处理、利用、传递个人信息,并督促个人信息处理者合法且妥当处理个人信息。"①

不过,希望出台一部公法来确保个人信息的方式,遭到了民法学界的反对。他们认为,个人信息保护法本质上不是一部公法,因而不可能是一部数据管理法。委托国家管理数据,看上去能防止"监视国家"的形成,但实际上反而让数据的泄露多了一重风险。如果让国家名正言顺地管理数据,会严重妨碍企业对数据的经营而不利于数据的流通。因而,将个人信息保护法定性为数据管理法的思路不可行。唯有将其定性为权利法、交易法从而定为民商法范畴,才符合数据的自然性质。② 另有学者提出,私权治理模式虽然有其合法性基础,但不应当成为个人信息保护的主导模式。同时,信息不对称问题的存在,也使得政府直接管制并非有效治理个人信息的首选之策。基于此,他提出应由行业进行自下而上的规则和技术创新,构建体现各自子系统生态特色的技术和管理规则,进而上升到行业标准主导模式。③

笔者认为,只要谁有可能损害个人对信息的支配权,个人信息保护制度就可以针对谁。显然,与个人信息保护相对的不是某个具体的数据处理者,而是一般意义上的数据处理者。或者说,与个人信息相对的是数据处理。因为只有数据处理才可能损害个人信息。从现实情形来看,政府和其他民事主体(如企业、非营利性机构)都有可能成为数据处理者,因而都是个人信息保护所要针对的对象。由于我们的理论界定,对政府权力的限定和控制交由宪法等公法来规范,因而一旦需要通过限制政府权力来保护个人信息权益时,此时的个人信息保护法就只能定性为公法。但如果侵害个人信息的并非政府而只是其他民事主体,则此时展现的只是平等主体之间的民事关系,当然只能定性为私法关系。对这些

---

① 田禾主编:《亚洲信息法研究》,中国人民公安大学出版社 2007 年版,第 153 页。

② 参见郭瑜:《个人数据保护法研究》,北京大学出版社 2012 年版,第 245 页。

③ 参见刘晓春:《大数据时代个人信息保护的行业标准主导模式》,载《财经法学》2017 年第 2 期。

平等主体之间的个人信息关系进行规范，自然只能是民法的范畴而归入私法范围。显然对个人信息保护进行保护的规则，既不完全属于公法规则，也不完全属于私法规则，而是二者带有两种色彩。不过，尽管在个人信息权益保护法律的公私法架构上存在争议，但有一点是共同的，即个人信息权益应当成为整个制度的起点，是构建整个价值体系的中心。

二、价值平衡体系

能与个人信息保护相抗衡的就是信息自由流通、他人合法权利和社会公共利益。[1]

（一）个人信息保护与信息流通自由的平衡

信息流通之所以具有相互匹敌的力量，因为信息自由也是作为一种基本人权而存在的。

从源头上来看，信息自由来源于约翰·弥尔顿有关出版自由的论述。弥尔顿认为，出版自由是人天赋的自由，与生俱来，且是一切自由中最重要的自由。[2]这一观点得到了约翰·密尔的呼应。在《论自由》一书中，密尔说道："不管意见是对是错，意见的自由表达都对真理的形成有好处。"1766 年瑞典颁布了《出版自由法》。1946 年联合国第一次大会第 59（1）号宣告："信息自由是一项基本人权，也是联合国追求的所有自由的基石。"

欧盟《通用数据保护法》第 1 条第一项更是明确，该规则既保护自然人的个人信息也保护个人信息的自由流通。[3]《通用数据保护法》第 1 条第 3 款再次强调，"个人数据在欧盟境内的自由流动，不应出于在个人数据处理领域对自然人的保护而被限制或禁止"。洪延青对此总结得非常精练：一是在欧盟境内个人数据应在高保护水平下自由流动；二是欧盟《通用数据保护法》设立了个人数据保

---

① 这里需要说明的是，囿于本书的研究主旨，我们不对个人信息保护与国家权力限制之间的关系进行探讨。

② 参见黄骏：《"信息自由流通"理论发凡》，载《重庆社会科学》2016 年第 7 期。

③ 参见欧盟《通用数据保护法》第 11 条。

护的基准线,欧盟各成员国、各组织不得再以保护个人数据为由,阻碍个人数据在欧盟境内的自由流动。①

(二)个人信息保护与他人合法权利

他人合法权利之所以具有抗衡的力量,在于个人信息本身不是孤岛,总是要与外部环境进行交互作用。虽然理论上能区分为个人数据,但实践中的数据很难真正明晰地界定为这是这个人的数据,那是另一人的数据。很多时候,这个人的数据中包含有另一人的数据。正如腾讯公司的王融所说,在现实的万物互联时代,我们每个人的个人信息,似乎都与物的信息、机构的信息以及与他人的个人信息粘连在一起。我们无法对个人信息进行像有体物那样的切分,如通讯录信息、电话记录信息、聊天信息、邮件往来信息、转账记录信息等等。按照个人数据定义,此类数据当然属于个人数据,但数据主体针对此类数据行使"数据可携带权"时,则往往可能对其他第三方个人的基本权利带来侵害。

正如2010年,谷歌公司启动其社交网络服务"谷歌即时通讯"(Google Buzz)时,不恰当地利用了其"谷歌邮件"(gmail)用户的关系链数据,在"谷歌邮件"用户A接受"谷歌即时通讯软件"(Google Buzz)使用邀请时,用户并不清楚其"谷歌邮件"(gmail)的通信录上的用户都将被自动拉入"谷歌即时通讯软件"(Google Buzz)。而被拉入的用户也并不知情自己的联系信息已被收录并被"谷歌即时通讯软件"(Google Buzz)社区公开,谷歌公司也因此受到美国联邦贸易委员会(Federal Trade Commission,FTC)处罚。② 可见,一旦个人信息保护与他人合法权利相冲突时,不能单方面保护个人对信息的支配权,而是需要对个人支配权进行严格限定,以确保其他主体合法的民事权利。

当然,一旦个人信息经过数据企业的自动搜集、存储、清洗从而达到匿名化

---

① 参见洪延青:《非个人数据在欧盟境内自由流动框架条例(欧洲议会版)·译者前言》,载微信公众号"DPO社区"2018年10月12日,https://www.secrss.com/articles/5639。此外,下文所引用的该条例的译文均来源于该中译本,由崔丽莎、蒋昕妍、刘笑岑、钱开耘、薛颖、朱玲凤、张向拓、章娅玮翻译,洪延青、黄蓉、孟洁审校。

② 参见王融:《欧盟数据保护通用条例:十个误解与争议》,载搜狐网2018年4月30日,https://www.sohu.com/a/230057657_117965。

或者假名化处理，从而无法借此识别个人时，这些信息便不再归属于个人信息，而是归属于匿名信息。对于这些匿名信息，由于它已不归属于个人信息范畴而当然为数据企业享有，因而不能据以讨论这里的价值平衡体系。《非个人数据在欧盟境内自由流动框架条例》(欧洲议会版)“立法说明”第2条指出：“数据价值链建立于不同的数据活动之上：数据创建和搜集；数据聚合与组织；数据处理；数据分析、营销和分配；数据使用和重复使用。数据处理的高效运作是任何数据价值链的基本构成要素。”该条例在“立法说明”的第9条指出非个人数据的来源，即“不断扩大的物联网、人工智能和机器学习，代表了非个人数据的主要来源，比如，在自动化工业生产过程中调度部署而获得的结果。非个人数据的具体例子包括用于大数据分析的聚合匿名数据集，可以帮助监测和优化杀虫剂和水的使用的精确的农业数据，或用于工业机器的维护需求数据”。其第10条更是明确指出：“根据2016/679(EU)条例，成员国不得以保护自然人的个人数据处理为由，限制或禁止个人数据在欧盟内部的自由流动。本条例确立了非个人数据在欧盟内部的一致的自由流动原则，除非出于公共安全原因的限制或禁止。”

(三)个人信息保护与社会公共利益

在私法秩序里，任何民事主体对自身利益的支配，虽有展现自己自由的一面，但不可避免地要受到公序良俗原则即社会公共利益的限制。个人对自己信息的支配权，在排他性上而言确实仅凭民事主体的意思就可以实现权利目的。但任何权利的行使都有边界。民事主体对个人信息的支配也必然受制于超越个人利益之上的社会公共利益。加拿大《个人信息保护和电子文件法》第4章“一般规定”之二规定：如专员认为为了公众利益需要如此，那么专员可以将根据本部执行或行使其任何职责或权力时所知悉的任何信息公开。这些公共利益既有可能是为了科研目的，也有可能是为了公共安全和健康。

三、小结

法律对个人信息进行保护，并非只顾此一端。有学者提出，应当根据“两头强化、三方平衡”方式来构建个人信息保护体系。① 且不说两头强化,三方平衡确为需要平衡的价值各方。即使不涉及政府管理社会而对个人信息的收集、存储和处分,在私人秩序内部也需要处理好个人对个人信息的利益与信息从业者对个人利益的平衡问题。不过,这一个私人秩序内部却不仅仅是两方关系的平衡,同样涉及三方平衡,即信息主体、其他权利主体(包括信息从业者)以及社会公共利益。唯有以对个人信息保护为原点,兼顾其他民事主体权利,同时将个人信息支配权严格限定在公共利益边界范围内,个人信息保护的价值平衡体系方能得以建立。

第二节 企业保护个人信息政策名称的厘定

由于对个人信息的称谓繁多,既可能称之为信息、数据、资料,也有可能称之为隐私,因而信息企业在制定自己的保护政策时也难说统一。为使名实一致,我们有必要清理企业保护个人信息政策的名称。为此,我们有必要进行一项命名摸底。

一、全球七大行业120家公司的个人信息政策分析

从实证研究角度出发,此次研究筛选了全球七大行业120家公司的个人信息政策作为研究样本,具体情况参见表4-2-1。

表4-2-1 七大行业120家公司总览

编号	行业	数量	国外企业	国内企业
1	互联网行业	26	谷歌、微软、Facebook、亚马逊、领英、推特、网飞、雅虎、普利斯林(priceline)、② 易贝(ebay)、亿客行(Expedia)、乐天、销售力(salesforce)、甲骨文、猫途鹰、ASOS	腾讯、阿里巴巴、百度、网易、奇虎360、新浪、搜狐、优酷土豆、携程、京东

① 参见张新宝:《从隐私到个人信息:利益再衡量的理论与制度安排》,载《中国法学》2015年第3期。

② 2018年改名为“缤客”(Booking)。

续表

编号	行业	数量	国外企业	国内企业
2	电信通信行业	9	沃达丰(Vodafone)、美国电话电报公司(AT&T)、T移动(T-Mobile)、威瑞森电信(Verizon)、新加坡电信有限公司(Singtel)、意大利电信移动公司(TIM)	中国联通、中国电信、中国移动
3	信息技术行业	14	苹果、三星、乐金(LG)、国际商业机器公司(IBM)、索尼、惠普、戴尔、诺基亚、英特尔	华为、联想、中兴、小米、锤子
4	银行	18	摩根大通银行(J. P. Morgan)、美国银行(Bank of America)、花旗银行、美国富国银行(WELLS FARGO)、法国巴黎银行、高盛、德意志银行	中国工商银行、中国建设银行、中国银行、中国农业银行、交通银行、招商银行、中信银行、中国民生银行、兴业银行、上海浦东发展银行、汇丰银行
5	广告传媒行业	20	奥姆尼康(Omnicom)、Interpublic、WPP集团(WPP group)、阳狮集团(Publicis Group)、日本电通集团(Dentsu Group)、哈瓦斯集团(Havas)、精信环球集团(Grey Global Group)、博报堂(Hakuhodo)、科迪恩特传播集团(Cordiant)、旭通	分众传媒、中视传媒、本山传媒、昆明风驰传媒、华谊兄弟、凤凰传媒、南方报业传媒、华视传媒、天娱传媒、光线传媒
6	零售行业	18	沃尔玛(Walmart)、好市多(Costco)、克罗格(Kroger's)、家乐福(中国)、家乐福(官网)、阿尔迪(ALDI)、特易购(Tesco)、亚马逊、家得宝(the Home Depot)	上海百联、当当、国美、苏宁、唯品会、聚美优品、美团、饿了么、华润万家
7	管理咨询行业	15	捷孚凯(GfK)、沙利文(Frost & Sullivan)、高德纳(Gartner)、思纬(Synovate)、IRI、尼尔森(Nielsen)、益普索(Ipsos)、麦肯锡(McKinsey)、盖洛普(Gallup)	零点研究咨询、中为咨询、新华信、艾瑞咨询、赛迪顾问、易观国际

(一)120家公司的个人信息政策的命名情况分析

1. 命名的总体情况

按各企业对其隐私、数据使用及保护相关政策文本的不同命名情况而进行了以下分类。

在名词使用方面,90% 的企业将其隐私相关政策称为“隐私政策/声明/通知”,在 120 家企业中只有 Facebook、新加坡电信公司(Singtel)两家企业在称谓上使用“数据”。此外,在动词使用方面,90% 的企业并没有在名称上加入动词。而在加了动词的数十家企业里面,只有 Facebook 突出了“使用”一词,其他大部分企业还是使用了“保护”“保密”这样的词语。总体来看,目前全球各大企业对隐私相关政策的名称还是以“隐私政策”为主。(具体数据见图 4 -2 -1)

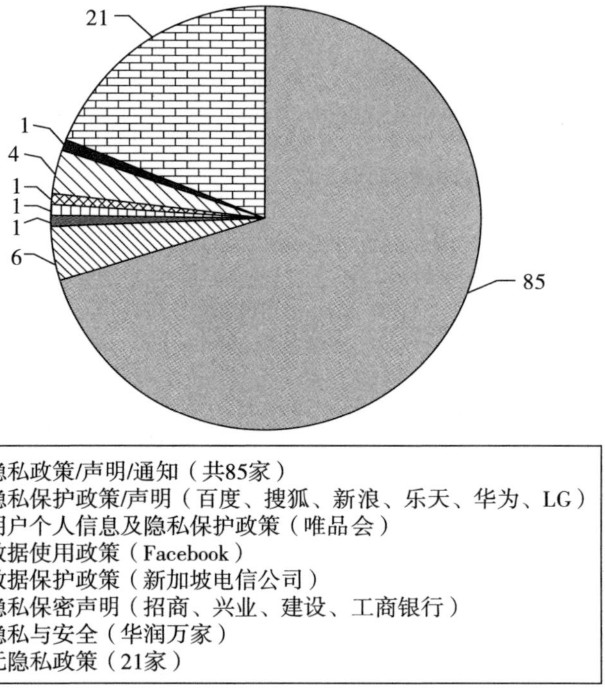

图 4 -2 -1　命名总体分布

2. 各行业的命名情况分述

(1)互联网行业

此次研究样本中,有互联网行业 26 家企业,其中国外企业 16 家,国内企业 10 家。国外企业对其隐私、数据使用及保护相关政策几乎都采用了“隐私政策/声明/通知”的说法,只有 Facebook 和乐天使用了不同的名称。Facebook 称之为“数据使用政策”,强调对数据的使用;乐天称之为“隐私保护政策”,强调对用户隐私的保护。国内则有4家企业(乐天、百度、新浪、搜狐)使用了“隐私保护政策/声明”的说法,其余6家企业也都是称其为“隐私政策/声明”。

(2)电信通信行业

此次研究样本中,电信通信行业企业共9家,包括国外企业6家,国内企业3家。其中,新加坡电信公司(Singtel)使用的是“数据保护政策”,这主要是因为在新加坡于2012年通过生效了《个人数据保护条例》(Personal Data Protection Act),而新加坡电信公司的隐私政策是根据该条例制定而成的。其他企业都将隐私、数据使用及保护相关政策称为“隐私政策/声明/通知”。

(3)信息技术行业

此次研究样本中,信息技术行业企业共14家,包括国外企业9家,国内企业5家。其中,除乐金电子(LG)、华为将隐私相关政策称为“隐私保护政策”之外,其他企业都称之为“隐私政策/声明/通知”。

(4)银行业

此次研究样本中,银行企业共18家,包括国外企业7家,国内企业11家。其中,国内的招商银行、兴业银行、中国建设银行、中国工商银行都将隐私相关政策称为“隐私保密声明”,给人的感觉是该政策比较重视对用户隐私的保密,这可能是由于银行业的行业特征,即与个人财产息息相关,对用户声称“隐私保密”可能比“隐私保护”等其他措辞更能让用户感到安心。

(5)广告传媒行业

此次研究样本中,广告传媒行业共20家企业,包括国外企业10家,国内企业10家。国外10家企业都将其隐私、数据使用及保护相关政策称为“隐私政策/声明/通知”,而国内的10家企业均没有隐私相关政策页面或内容。

(6)零售行业

此次研究样本中,零售行业共18家企业,包括国外企业9家,国内企业9家。除3家无隐私政策外,唯品会将其隐私相关政策称为“用户个人信息与隐私保护政策”,仅从名称上来看,其将用户个人信息和隐私进行了区分;华润万家称之为“隐私与安全”,其他企业则都将其称为“隐私政策/声明/通知”。

(7)管理咨询行业

此次研究样本中,管理咨询行业共 15 家企业,包括国外企业 9 家,国内企业 6 家。国外 9 家企业都将其隐私相关政策称为"隐私政策/声明/通知",而国内的 6 家企业均没有隐私相关政策页面或内容。

(二)120 家公司对个人信息的界定分析

1. 整体界定情况

此次研究涵盖的 120 家企业之中,如图 4-2-2 所示,80% 的企业使用"个人信息"这一概念,10% 的企业将其称为"个人数据",5% 在概念上没有加"个人"作为前缀,在文本中也多称之为"相关信息/数据/资料",剩下 5% 则将其称为"个人资料"。虽然各企业对隐私政策中规范的数据信息的概念规范不尽相同,但在绝大多数隐私政策的文本内容中,"个人信息"和"个人数据"并没有实质性区别,甚至有的企业在大标题上用"个人信息",而在具体内容中用"个人数据"。此外,所有对"个人信息/数据"做了进一步说明的企业都将其解释为"可

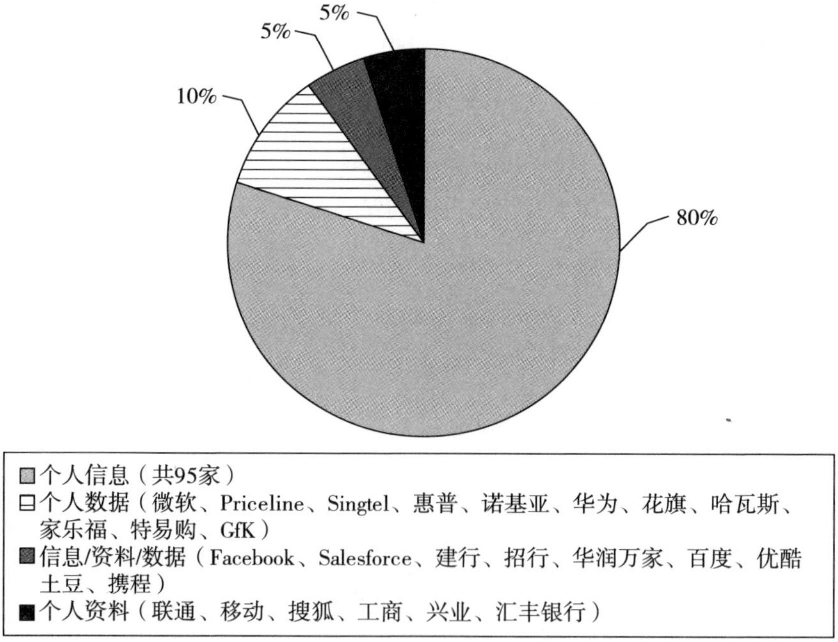

图 4-2-2 个人信息界定的总览示意

识别特定个人的信息/数据”。总体来说，将隐私政策规范中涉及的数据信息定义为“个人信息/数据”是各企业的主流行为。

2. 各行业个人信息界定的分述

（1）互联网行业

此次研究中有26家互联网企业，其中国外企业16家，国内企业10家。其中，有19家企业将隐私相关政策中涉及的数据信息定义为“个人信息”，而微软和普利斯林（priceline）隐私政策文本中的“个人数据”在某种程度上等同于“个人信息”。此外，还有5家企业仅称之为“信息/数据”，可能是想从字面上减少其涉及的相关信息的权利归属问题，从而有利于企业对该数据信息的合理利用。

（2）电信通信行业

此次研究样本中，电信通信企业共9家，包括国外企业6家，国内企业3家。其中，新加坡电信公司将隐私相关政策涉及的数据信息定义为“个人数据”；中国移动、中国联通则称为“个人资料”，这主要是因为其在中国内地的网站上没有设置隐私政策页面，只有在香港特别行政区的网站上才有，而香港特别行政区《个人资料（私隐）条例》中将相关数据信息定义为“个人资料”，中国移动、联通的隐私相关政策是根据该条例制定的。其余企业均称之为“个人信息”。

（3）信息技术行业

此次研究样本中，信息技术行业企业共14家，包括国外企业9家，国内企业5家。除惠普、诺基亚、华为将隐私政策相关信息数据定义为“个人数据”之外，其余企业均称之为“个人信息”。

（4）银行业

此次研究样本中，银行企业共18家，包括国外企业7家，国内企业11家。其中，国外7家企业全部采用的“个人信息”的说法。在11家国内企业中，中国建设银行、招商银行使用的是“相关信息”；中国工商银行、汇丰银行则用的“个人资料”，中国银行、民生银行、兴业银行采用的是“个人信息”的说法，还有4家银行没有隐私相关政策。

(5)广告传媒行业

此次研究涉及广告传媒行业共20家企业,包括国外企业10家,国内企业10家。其中,国内10家企业的网站上均没有隐私政策相关页面。在国外的10家企业中,只有哈瓦斯(Havas)和阳狮集团(publicis group)采用的是“个人数据”的说法,这两家企业都位于法国巴黎,而欧盟的数据信息保护相关法律中一向使用的是“个人数据”的概念。

(6)零售行业

此次研究涉及零售行业共18家企业,包括国外企业9家,国内企业9家。在国外企业中,只有家乐福、特易购两家企业采用了“个人数据”的说法。在国内企业中,苏宁、聚美优品用的是“用户信息”,而在香港特别行政区上市的“华润万家”则采用了“资料”这一概念,除3家(上海百联、当当、国美)没有隐私政策的企业外,其余的均使用了“个人信息”这一概念。

(7)管理咨询行业

此次研究涉及管理咨询行业共15家企业,包括国外企业9家,国内企业6家。其中,国内6家管理咨询相关企业的网站上没有隐私政策。在国外9家企业中,只有捷孚凯(GfK)使用了“个人数据”这一说法,其余的都采用的是“个人信息”的概念。

(三)国外企业隐私政策名称及个人信息界定的综合分析

在此次研究所覆盖的66家国外企业中,绝大部分企业是美国企业,小部分欧盟国家的企业,如法国的哈瓦斯、阳狮、家乐福,德国的捷孚凯(GFK),以及韩国、新加坡的企业,即乐天、新加坡电信公司。从图4-2-3和图4-2-4可以看出,将隐私、数据使用及保护相关政策文本名称命名为“隐私政策”,将数据信息概念定义为“个人信息”,是国外企业的主流做法。

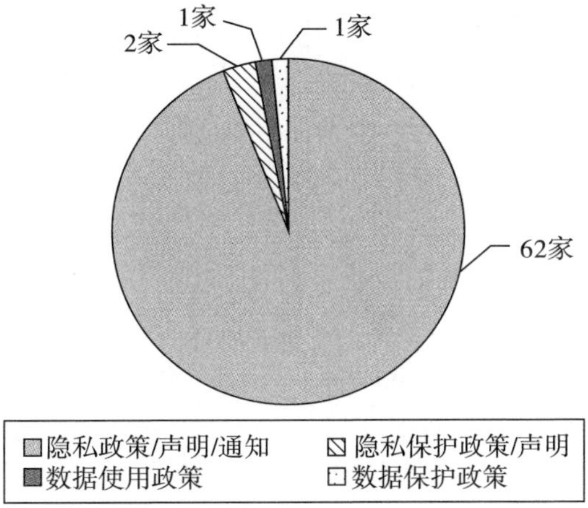

图4－2－3　国外企业隐私政策名称界定分布

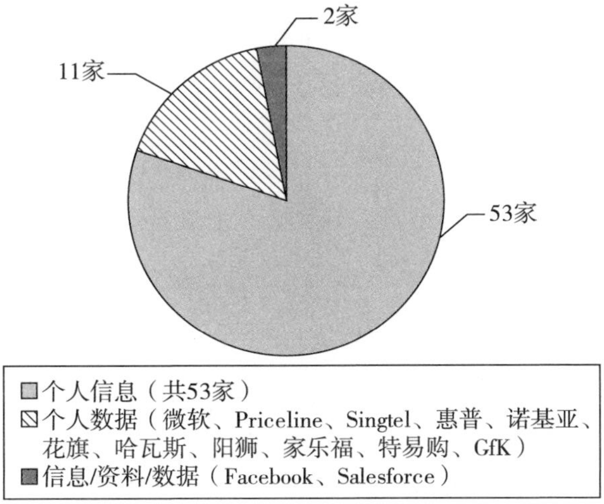

图4－2－4　国外企业个人信息界定分布

(四)国内企业隐私政策名称及个人信息界定的综合分析

在此次研究所覆盖的54家国内企业中,有23家企业没有隐私政策,主要是广告传媒行业、银行业、管理咨询行业的企业。从图4－2－5和图4－2－6可以看出,在有隐私政策的31家企业中,将隐私、数据使用及保护相关政策文本名称定命名为“隐私政策”,将数据信息概念定义为“个人信息”,是主流做法。

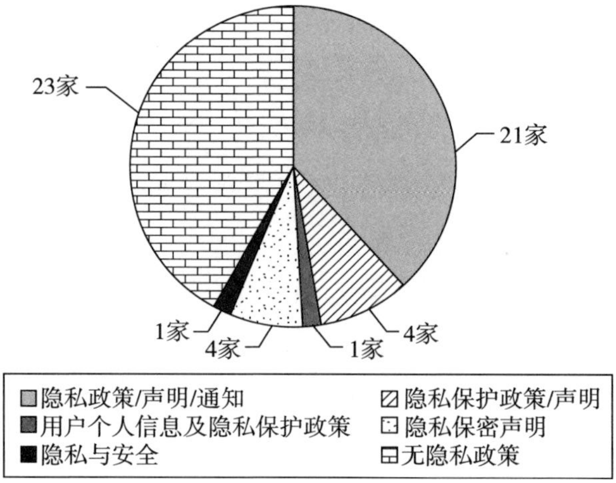

图 4-2-5　国内企业隐私政策名称界定分布

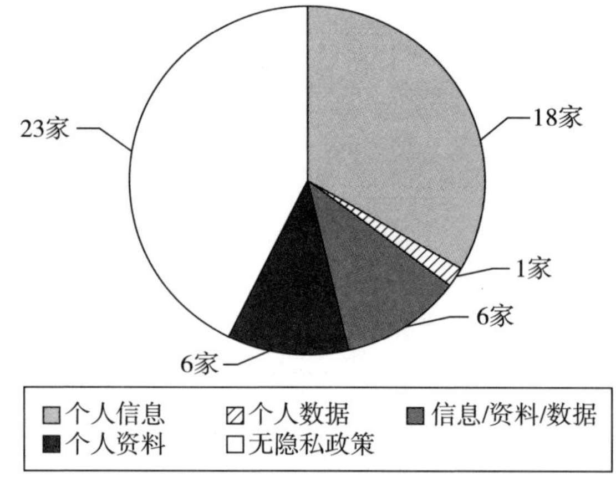

图 4-2-6　国内企业个人信息界定分布

二、全球互联网业服务类 80 个产品隐私政策命名的综合分析

此次研究还筛选出全球互联网业服务中的 17 个类别，共 80 个互联网服务类产品做了进一步测评，以更进一步了解在隐私政策命名这一问题上所呈现的特点。这 80 个互联网服务类产品的总览如表 4-2-2 所示。

表 4-2-2　本次研究涉及的互联网服务类产品的总体分布情况

编号	类别名称	测评数量（个）	测评产品/服务					
1	综合社交类	5	人人网	新浪微博	Facebook	照片墙（Instagram）	腾讯即时通信软件（QQ）空间	—
2	即时消息类	5	韩版微信（line）	讯佳普（Skype）	微信	腾讯即时通信软件（QQ）	WhatsApp	—
3	旅行类	5	携程	去哪儿	阿里旅行	艺龙旅行网	爱彼迎（Airbnb）	—
4	打车类	4	滴滴出行	优步（Uber）	神州专车	易到用车	—	—
5	租车类	2	一嗨租车	神州租车	—	—	—	—
6	职业社交类	5	大街网	智联招聘	前程无忧	邻客音（LinkedIn）	脉脉	—
7	婚恋社交类	4	世纪佳缘	百合网	珍爱网	导火线（Tinder）	—	—
8	云存储服务	6	360云盘	谷歌云盘（Google drive）	多宝盒（DropBox）	爱云（iClould）	腾讯微云	百度云
9	金融理财类	6	支付宝	京东金融	微众银行	苹果支付（apple pay）	贝宝（Paypal）	财付通
10	电子邮箱类	5	网易邮箱大师	雅虎邮箱（Yahoo-mail）	腾讯即时通信软件（QQ）邮箱	谷歌邮箱（Gmail）	微软邮件管理（outlook）	—
11	浏览器类	6	360浏览器	火狐浏览器（Firefox）	UC浏览器	手机百度	谷歌浏览器（Chrome）	苹果浏览器（Safari）

续表

编号	类别名称	测评数量（个）	测评产品/服务					
12	外卖类	4	饿了么	百度外卖	美团外卖	到家美食会	—	—
13	网购类	6	淘宝	京东	网易考拉海购	亚马逊（Amazon）	易贝（Ebay）	唯品会
14	地图类	3	百度地图	高德地图	Google 地图	—	—	—
15	视频播放器	6	爱奇艺	腾讯视频	哔哩哔哩（Bilibili）	油管（You Tube）	妮可妮可妮（NiconicoNi）	优酷土豆
16	快递类	5	顺丰	圆通	天天快递	联邦快递（FedEx）	中国邮政快递（EMS）	—
17	团购类	3	美团	大众点评	糯米	—	—	—

（一）互联网业服务类 80 个产品的个人信息政策的命名分析

1. 80 个互联网服务类产品的命名情况总体分析

本次研究按各产品对其隐私、数据使用及保护相关政策（统称个人信息政策）文本的不同命名情况进行了分类。根据图 4－2－7 可以看出，除去 10 个无隐私政策或者无法打开链接的产品，74% 的产品的隐私相关政策名称均为“隐私（权）政策/声明”；其次就是“隐私（权）保护声明”，占 10%；“个人信息保护政策”的说法也占 4%；其余则是一些比较有产品特点的名称。Facebook 将其相关政策命名为“数据使用政策”，突出其对数据的合理使用；支付宝采用了“信息授权协议”的说法，强调该协议是以用户信息为标的的授权合同；网易邮箱称其隐私相关政策为“用户隐私权保护和个人信息利用政策”，将对用户的隐私权保护和对其个人信息的利用区分开来；唯品会也采取了类似的方式，即“用户个人信息及隐私保护政策”，从标题上将个人信息和隐私进行区分。总体来说，大多数产品还是采用了“隐私政策”这一较传统的说法。

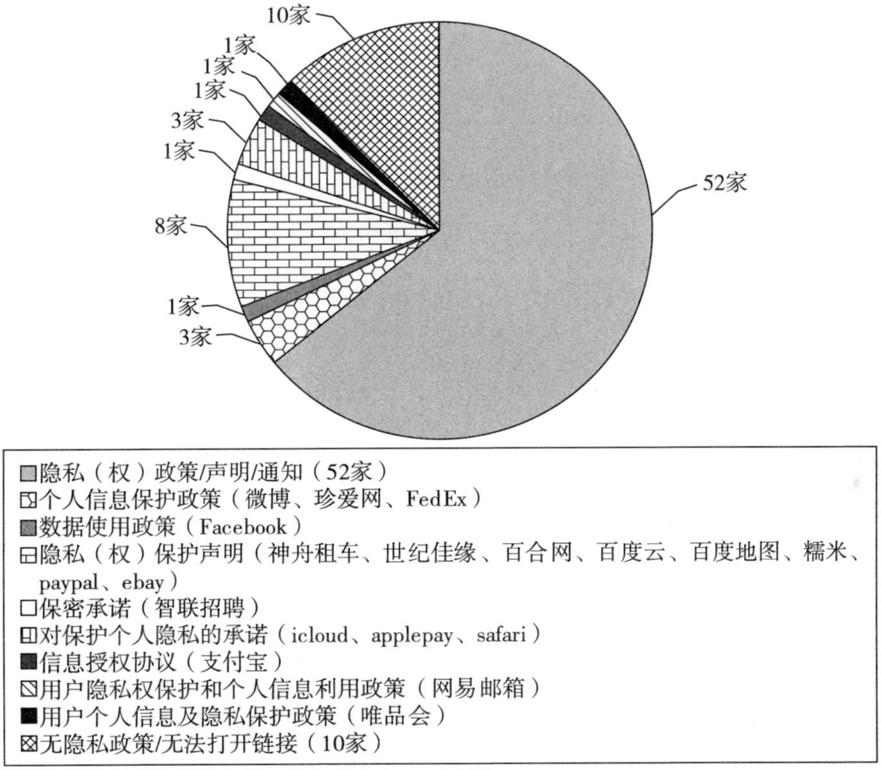

图4-2-7　80个互联网服务类产品的命名分布

2. 各类产品分述

第一,综合社交类。本研究覆盖综合社交类产品共5个,其中国内产品3个,国外产品2个,命名上选择“隐私政策/声明”的有3个。

第二,即时消息类。本研究涉及即时消息类产品共5个,国外产品3个,国内产品2个。除WhatsApp无法打开链接外,其他4个产品(line、Skype、QQ、微信)均采用了“隐私政策/声明”的说法。

第三,旅行类。本研究覆盖旅行类产品共5个,其中携程和艺龙旅游网没有单独的隐私政策页面,但是在其服务协议和法律声明中的隐私相关部分的标题也用了“隐私制度”“用户隐私”。

第四,打车类。本研究覆盖打车类产品共4个,其中优步是国外产品,无法打开网页链接,另外3个国内产品(滴滴出行、神州专车、易到用车)均没有隐私政策。

第五,租车类。本研究覆盖租车类产品共 2 个,均是国内产品,其中神州租车采用了“隐私保护声明”的说法,一嗨租车没有隐私政策。

第六,职业社交类。本研究覆盖职业社交类产品共5 个,其中国外产品1 个,国内产品 4 个。除智联招聘称其隐私相关政策为“保密承诺”之外,其他 4 个产品(大街网、前程无忧、linkedin、脉脉)均称为“隐私政策/条款”。

第七,婚恋社交类。本研究覆盖婚恋社交类产品共4 个,其中国外产品1 个,国内产品 3 个。除珍爱网采用“个人信息保护政策”的命名外,其他均采用“隐私政策”的命名。

第八,云存储服务。本研究覆盖云存储服务产品共6 个,其中国外产品 3 个,国内产品 3 个。百度云和爱云(icloud)的隐私政策名称均加入了“保护”这一动词,分别使用“隐私保护声明”“对保护个人隐私的承诺”,强调其对用户隐私的保护。

第九,金融理财类。本研究覆盖金融理财类产品共6 个,国外产品 2 个,国内产品 4 个。其中比较特殊的是支付宝,其称其隐私相关政策为“信息授权协议”,强调用户对其信息的授权行为。

第十,电子邮箱类。本研究覆盖电子邮箱类产品 5 个,其中国外产品 3 个,国内产品 2 个。网易邮箱大师将其隐私相关政策命名为“用户隐私权保护和个人信息利用政策”,在标题上将对用户隐私的保护和对个人信息的利用区分开来。

第十一,浏览器类。本研究覆盖浏览器类产品共6 个,其中国外产品 3 个,国内产品 3 个。6 个均是从隐私这个角度予以命名。

第十二,外卖类。本研究覆盖外卖类产品共 4 个,3 个(饿了么、百度外卖、美团外卖)采用隐私政策/条款的方式,到家美食会无隐私政策。没有国外产品。

第十三,网购类。本研究覆盖网购类产品共 6 个,国外产品 2 个,国内产品 4 个。其中较为特殊的是唯品会将其隐私相关政策命名为“用户个人信息及隐私保护政策”,从某种程度上将个人信息和隐私进行了区分。

第十四,地图类。本研究覆盖地图类产品 3 个,国外产品 1 个,国内产品 2 个,均是采用隐私政策/条款的命名方式。

第十五，视频播放器。本研究覆盖视频播放器产品共6个，国外产品2个，国内产品4个，大多选择从隐私角度进行命名。

第十六，快递类。本研究覆盖快递类产品共5个，国外产品1个，国内产品4个。天天快递、中国邮政速递无个人信息政策，联邦快递与其他快递公司不同，采用个人信息保护政策命名。顺丰、圆通采用隐私政策/条款的命名方式。

第十七，团购类。本研究覆盖团购类产品共3个，没有国外产品。均是选择从隐私角度命名。

（二）17类80个互联网服务产品的个人信息界定分析

1. 80个互联网服务类产品的个人信息界定总体分析

如图4－2－8所示，按各产品的隐私、数据使用及保护相关政策中对数据信息的不同定义进行了分类可以看出，除去10个无隐私政策或者无法打开链接的产品，73%的产品将隐私政策中规范的数据信息称为“个人信息”，10%的产品将其称为“用户信息”，7%将其称为“个人资料”，其余少数则称其为“个人数据”“信息”“隐私/隐私信息”。此外，所有对“个人信息/数据/资料”进行了进一步说明的产品都将其解释为“可识别特定个人的信息/数据/资料”。总体来说，将隐私政策规范中涉及的数据信息定义为“个人信息/数据”是各产品的主流行为。

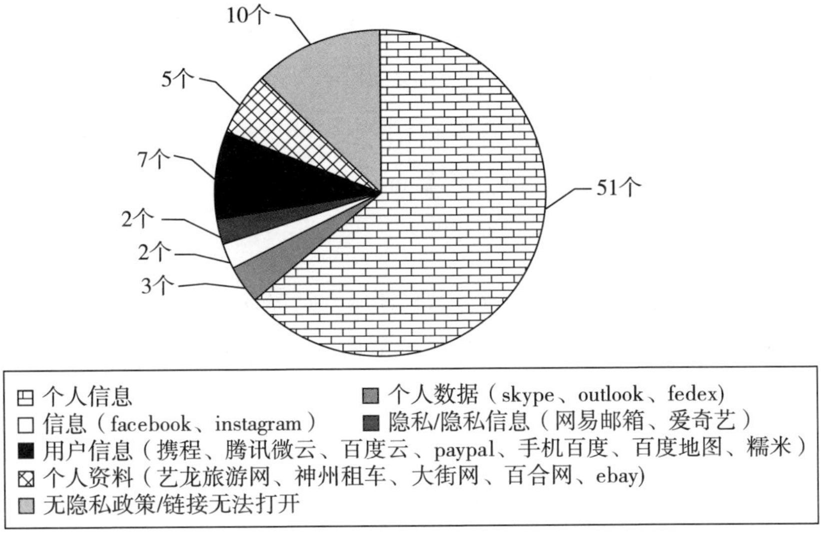

图4－2－8　80个互联网服务类产品的个人信息界定总览

2. 各类产品分述

第一,综合社交类。本研究覆盖综合社交类产品共5个,其中国外产品2个,国内产品3个,均从信息角度命名。人人网、新浪微博、QQ空间采用“个人信息”的说法,Facebook、Instagram采用“信息”的说法。

第二,即时消息类。本研究涉及即时消息类产品共5个,国外产品3个,国内产品2个。除WhatsApp无法打开链接,讯佳普(Skype)采用了“个人数据”的说法外,其他3个产品(line、微信、QQ)均采用了“个人信息”的说法。

第三,旅行类。本研究覆盖旅行类产品共5个,国外产品1个,国内产品4个。除艺龙旅游网采用“个人资料”这一界定,其他无论是界定为“个人信息”还是“用户信息”,都是从信息角度予以界定。

第四,打车类。本研究覆盖打车类产品共4个,其中优步是国外产品,无法打开网页链接,另外3个国内产品(滴滴打车、神州专车、易到用车)均没有隐私政策。①

第五,租车类。本研究覆盖租车类产品共2个,均是国内产品,其中神州租车采用了“个人资料”的说法,一嗨租车没有隐私政策。

第六,职业社交类。本研究覆盖职业社交类产品共5个,其中国外产品1个,国内产品4个。除大街网称相关信息数据为“个人资料”之外,其他4个产品(智联招聘、前程无忧、Linkedin、脉脉) 均称之为“个人信息”。

第七,婚恋社交类。本研究覆盖婚恋社交类产品共4个,其中国外产品1个,国内产品3个。除百合网采用个人资料界定,其他(世纪佳缘、珍爱网、Tinder)均界定为个人信息。

第八,云存储服务。本研究覆盖云存储服务产品共6个,其中国外产品3个,国内产品3个。百度云和腾讯微云将相关信息数据定义为“用户信息”,其余(360云盘、Google Drive、DropBox、icloud)都称之为“个人信息”。

第九,金融理财类。本研究覆盖金融理财类产品共6个,国外产品2个,国内

① 本书中提到无隐私政策仅指研究当时的状况。

产品4个。除微众银行、QQ财付通无隐私政策，大多产品选择从信息角度进行界定。

第十，电子邮箱类。本研究覆盖电子邮箱类产品5个，国外产品3个，国内产品2个。网易邮箱大师将相关数据信息定义为“隐私”，并进一步解释为隐私是用户在注册账号时提供的个人身份信息。雅虎邮箱、QQ邮箱、Gmail称其为“个人信息”，outlook称其为“个人数据”。

第十一，浏览器类。本研究覆盖浏览器类产品共6个，国外产品3个，国内产品3个，均是从信息角度进行界定。

第十二，外卖类。本研究覆盖外卖类产品共4个，没有国外产品。到家美食会无隐私政策，其他均界定为个人信息。

第十三，网购类。本研究覆盖网购类产品共6个，国外产品2个，国内产品4个。除易贝（Ebay）将相关数据信息定义为“个人资料”外，其余产品都将其定义为“个人信息”。

第十四，地图类。本研究覆盖地图类产品3个，国外产品1个，国内产品2个，均是从信息角度进行界定。

第十五，视频播放器。本研究覆盖视频播放器产品共6个，国外产品2个，国内产品4个。其中，爱奇艺将相关数据信息定义为“隐私信息”，并进一步解释为能对用户进行个人辨识的信息。其余5个，除妮可妮可妮（Niconico Ni）无法打开链接外，都将其定义为“个人信息”。

第十六，快递类。本研究覆盖快递类产品共5个，国外产品1个，国内产品4个。在有隐私政策的3个产品中，联邦快递采个人数据界定，顺丰、圆通采个人信息界定。

第十七，团购类。本研究覆盖团购类产品共3个，没有国外产品。美团、大众点评将相关数据信息称为“个人信息”，糯米将其称为“用户信息”。

（三）国外产品隐私政策名称规范及个人信息界定的分析

从图4－2－9和图4－2－10可以看出，将隐私、数据使用及保护相关政策文本名称命名为“隐私政策”，将相关数据信息定义为“个人信息”，是国外各类产品的主流做法。

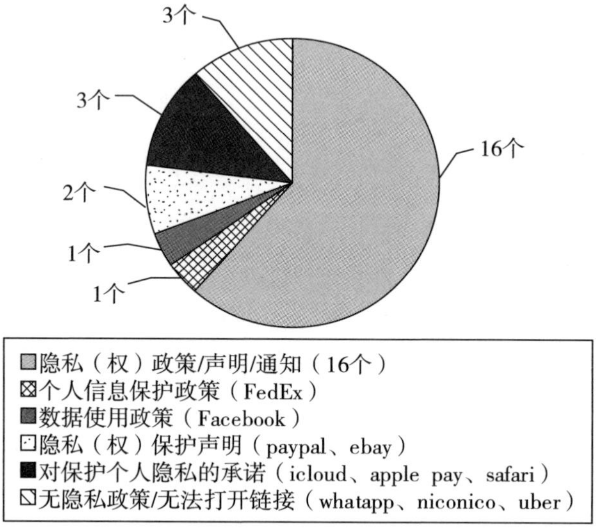

图4－2－9　国外产品隐私政策名称界定分布

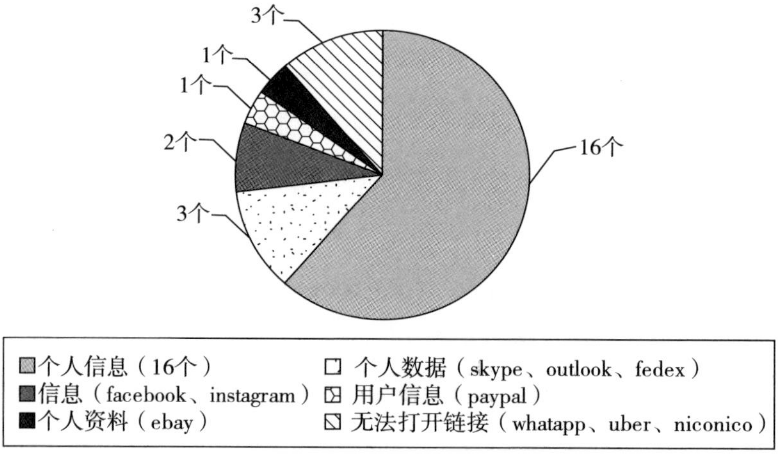

图4－2－10　国外产品个人信息界定分布

（四）国内产品隐私政策名称规范及个人信息概念规范分析

如图4－2－11和图4－2－12所示，研究覆盖的54个国内互联网产品中，有7个产品没有隐私政策，主要是打车类、租车类以及金融理财类的产品。从以下两个图中可以看出，在有隐私政策的44个产品中，尽管有一些产品有不同的隐私相关政策名称以及个人信息概念，但是将隐私、数据使用及保护相关政策文本名称命名定为“隐私政策”，以及其中的将相关数据信息定义概念定为“个人信息”，是主流做法。

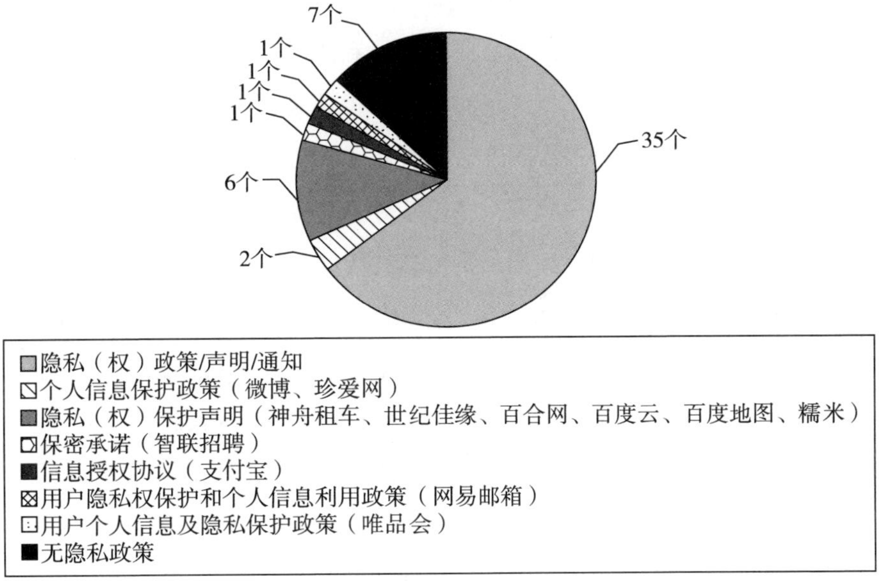

图 4－2－11　国内产品隐私政策名称界定分布

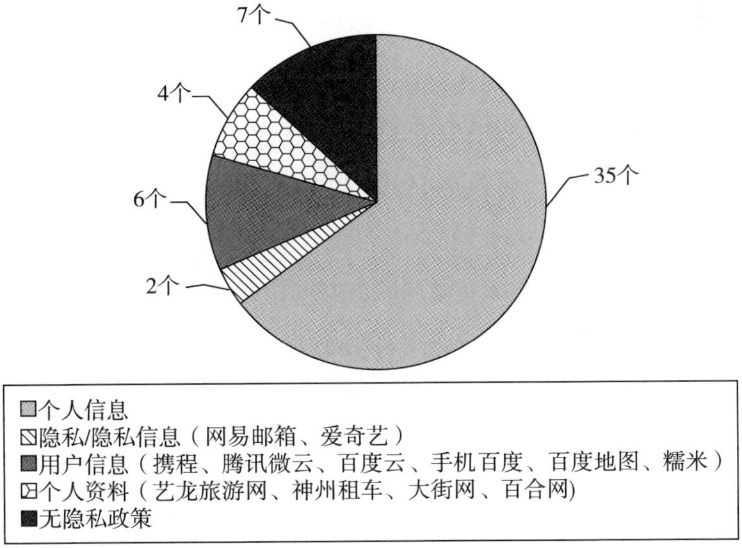

图 4－2－12　国内产品个人信息界定分布

(五)小结

综合上述报告可知,目前在全球范围内,无论是互联网服务类产品还是各大行业的企业,目前的主流还是将隐私相关政策名称定为“隐私政策/声明”,将相关数据信息定义为“个人信息/数据”。但是,随着大数据时代的发展,企业意识到用户的个人信息产生的巨大效益,同时法律和用户也意识到保护个人信息的重要性,许多产品和企业认识到传统的隐私相关政策并不能平衡这二者之间的关系,因而在隐私相关政策和数据信息概念上寻求突破。例如,Facebook 将其隐私相关政策取名为“数据使用政策”,突出其对用户信息的合理使用,在内容中也放弃了传统的“个人信息”概念,而是将信息进行具体分类,以减少用户对其信息产生的归属感。再如,网易邮箱大师将其隐私相关政策取名为“用户隐私权保护和个人信息利用政策”,将对用户隐私权的保护和对其个人信息的利用分开对待,并且在其正文中也是对信息进行分类列举,没有“个人信息”这一概念,在一定程度上缓解了企业利用个人信息和用户隐私权保护之间的矛盾关系。①

三、公司个人信息保护政策名称及其改变

(一)分析对象

以上分析都是针对世界各国各行业范围内的大数据分析,涉及的都是面,并未精确到点。为了让分析更加接近企业的具体规范,我们以业界具有代表性的互联网企业——腾讯公司为例,阐发其个人信息保护政策名称。针对腾讯公司的规范特点,可以将其对个人信息保护的规范分为隐私政策或隐私声明与协议两类。

隐私政策或隐私声明具体包括腾讯即时通讯软件国际版(QQ international)隐私政策、财付通隐私声明、财付通隐私政策、腾讯公司隐私政策、腾讯社交广告隐私权政策、腾讯统一隐私政策、腾讯云隐私声明、微信隐私政策、微信隐私保护指引。

---

① 本节的第一和第二部分源于腾讯公司法务部提供的其2017年的研究报告——《隐私政策命名规范综合报告》。本书在吸收时,做了一定的修改、增删、调整。

协议则包括“腾讯即时通讯软件国际版”(QQ international)服务协议、腾讯即时通讯软件(QQ)音乐服务许可协议、腾讯游戏平台(Tencent WeGame)软件许可及服务协议、微信国际版(WeChat)服务条款、财付通服务协议、腾讯地图服务协议、腾讯公司服务协议、腾讯课堂服务协议、腾讯社交广告服务协议、腾讯统一服务协议、腾讯邮箱用户服务协议、腾讯游戏许可及服务协议、微信软件许可及服务协议、微信支付服务协议以及微信支付商户平台使用协议。

不过,我们只对隐私政策进行分析,不对服务协议进行完整分析,最多只是对隐私政策所没有规定的内容进行借鉴。例如,《腾讯统一服务协议》在第三部分“用户个人信息保护”里涉及隐私政策。① 根据此点,服务协议中的隐私政策都是以独立的隐私政策即《腾讯统一隐私政策》为准,一旦产生冲突也是以专门的隐私政策作为解释基础。

可见,虽然众多的服务协议中存在专门的隐私条款,但这些条款并不具有真正的独立价值,而是起到一个指引作用,即指引阅读服务条款的用户去看独立的隐私政策。所以,我们只对独立的隐私政策进行分析。

(二)隐私政策分析的典型样本

我们拟分析的典型隐私政策样本为《腾讯统一隐私政策》和《微信—隐私政策》。通过这些典型样本所规范的内容,想要表明这些隐私政策规范的是否只是

---

① 为了方便阅读,将这些内容放在脚注里作参考,原文内容如下:“三、用户个人信息保护。3.1 保护用户个人信息是腾讯的一项基本原则。腾讯将按照本协议及《隐私政策》(链接地址:http://www.QQ.com/privacy.htm)的规定收集、使用、储存和分享您的个人信息。本协议对个人信息保护规定的内容与上述《隐私政策》有相冲突的,及本协议对个人信息保护相关内容未作明确规定的,均应以《隐私政策》的内容为准。3.2 您在注册帐号或使用本服务的过程中,可能需要填写一些必要的信息。若国家法律法规有特殊规定的,您需要填写真实的身份信息。若您填写的信息不完整,则无法使用本服务或在使用过程中受到限制。3.3 一般情况下,您可随时浏览、修改自己提交的信息,但出于安全性和身份识别(如号码申诉服务)的考虑,您可能无法修改注册时提供的初始注册信息及其他验证信息。3.4 腾讯将运用各种安全技术和程序建立完善的管理制度来保护您的个人信息,以免遭受未经授权的访问、使用或披露。3.5 腾讯不会将您的个人信息转移或披露给任何非关联的第三方,除非:(1)相关法律法规或法院、政府机关要求;(2)为完成合并、分立、收购或资产转让而转移;或(3)为提供您要求的服务所必需。3.6 腾讯非常重视对未成年人个人信息的保护。若您是18周岁以下的未成年人,在使用腾讯的服务前,应事先取得您家长或法定监护人(以下简称‘监护人’)的书面同意。”

我们所理解的隐私保护内容。

《腾讯统一隐私政策》在宏观结构上分为引言、我们可能收集的信息、我们可能如何使用信息、您如何访问和控制自己的个人信息、我们可能分享的信息、信息安全、您分享的信息、您分享的敏感个人信息、我们可能如何收集信息、广告服务、我们可能向您发送的邮件和信息、隐私政策的适用例外、未成年人使用我们的服务、隐私政策的适用范围、变更。

《微信—隐私政策》的宏观结构为简介、本隐私政策的范围与应用、对本隐私政策的变更、我们收集的信息、我们透过微信收集信息的方式、我们使用您的信息的方式、关于共享信息的保证、来自我们的通讯、关于敏感个人信息的保证、第三方服务与您的信息、年龄限制、您个人信息的转移、储存和安全性、个人信息的使用期限、存取、更新、修改或移转个人信息、国际资料转移、追踪技术、行动分析、联系方式。

上述两个样本规范的内容表明，与其说这些隐私政策在规范我们所理解的隐私，不如说是在规范个人信息公开后个人对信息的支配性问题。易言之，这些隐私政策主要在于规范和调整个人信息收集、存储、使用和处理问题，主要不是涉及个人是否决定公开。事实上，《信息安全技术：个人信息安全规范》(GB/T 35273)的附件D提供了《隐私政策模板》，虽名为“隐私政策”，但通篇我们会看到采用的是“个人信息”这一表述，如“我们如何收集和使用您的个人信息”“我们如何共享、转让、公开披露您的个人信息”“我们如何保护您的个人信息”“我们如何处理儿童的个人信息”“您的个人信息如何在全球范围转移”。可见，本质上，所谓隐私政策在该标准中，其实质是个人信息保护政策。

显然，从法理上及名称与内容的匹配上，大量的隐私政策名称存在名实不一致的情况。若顾名思义，隐私政策必然是采用隐私权模式来保护个人信息的，但这显然涵盖不了以隐私政策之名实质希望达到的广泛目的——除通过该政策在数据采集阶段获得用户许可，以后一系列的数据储存、分享、使用、流转等行为都需要取得用户的许可。基于此，虽然“隐私政策”这一称谓已约定俗成，但从更严谨的角度，有必要结合所在国家的法律保护制度模式来定义保护政策名称。如果在美国等采纳隐私保护模式保护个人信息的国家或地区,企业采用隐私政策或者隐私声明等保护个人信息,不会让人因望文生义而产生误解。若企业所在国并未采用隐私模式保护个人信息,而是通过个人信息保护法来予以保护的,则不宜再在保护政策上使用隐私保护模式,否则容易让人误解为企业保护的就是与个人信息不同的个人隐私。为了让企业保护个人信息政策的名称名实相符,有必要从名称上进行规范,进而使内容做到与名称相匹配。Facebook 将其隐私相关政策取名为"数据使用政策",网易邮箱大师将其隐私相关政策取名为"用户隐私权保护和个人信息利用政策",在一定程度上就是一种名实相符的探索。

第三节　隐私政策典型样本的结构解析

一、动因

个人数据对自然人个体与企业而言都极其重要。通过个人数据,尤其是网络环境下的个人数据整合,他人不但能干扰私人的生活安宁,进而利用个人信息侵犯具体人格权如姓名权、肖像权、名誉权或者荣誉权等,还能完整地塑造出个人的数字化人格,使个人无法根据自己的自由意愿独立发展,迫使个人花费精力甚至大部分精力应对外部环境的反映。同时,个人数据尤其是个人数据的集合具有极强的财产性,数据收集、利用和交易所产生的巨大商业价值,更使数据成了市场主体争夺的主要资源。如此种种,个人在享受网络带来的巨大便利同时,也需要为网络的繁荣承担代价。但作为信息行业的互联网领域而言,没有个人信息这些信息基础的存在,信息大厦顷刻间便会失去地基。

在确保互联网领域繁荣发展的同时保障个人信息的安全,不但是对当前立法、行政管理和司法裁判的考验,更是对企业经营管理的严苛要求。怎样在个人信息保护与信息产业发展间寻找平衡,这是当前社会每个成员和组织体的责任,当然更是一门艺术。而这种平衡,最主要的体现形式就是个人信息保护合同(也称隐私保护政策),而数据资产运营中的数据的采集、存储、传输、处理、使用等也均离不开对该合同所确立的规则的遵守。

为弄清个人信息保护主合同的框架和要点,我们选取了几家典型互联网企业的隐私政策协议作为样本,进行解析。它们分别是《阿里巴巴私隐政策声明》《网易隐私政策》《微信—隐私政策》《苏宁易购隐私声明》《唯品会隐私政策》《百度隐私保护声明》,①同时,也会同时参考其他隐私政策。我们的分析模式为先行展现其结构,然后呈现其框架类型与内容。

二、典型样本的宏观结构解析

1.《网易隐私政策》。该隐私政策由10个部分组成,即引言、我们可能收集的信息、我们如何收集和使用信息、我们可能分享、转让和披露的信息、我们如何保留、储存和保护信息、如何管理您的信息、第三方服务、年龄限制、通知和修订以及如何联系我们。

2.《苏宁易购隐私声明》。该声明由9个部分组成,即引言、用户信息的收集范围、用户信息的用途、用户信息的共享、披露与转让、"网络饼干"(cookie)和同类技术、个人信息的访问、更正及删除、其他网站链接、未成年人的保护以及《隐私声明》的更新。

3.《阿里巴巴私隐政策声明》。该声明由6个部分构成,即引言、个人身份识别资讯及非个人身份识别资讯的收集、使用及披露、第三方链接及相关政策、停止追踪政策以及联络我们。其中,第二部分"个人身份识别资讯及非个人身份识别资讯的收集"包括收集、目的及使用方式、"网络饼干"(cookie)和披露4个部分。

4.《微信—隐私政策》。《微信—隐私政策》的宏观结构为简介、本隐私政策的范围与应用、对本隐私政策的变更、我们收集的信息、我们透过微信收集信息的方式、我们使用您的信息的方式、关于共享信息的保证、来自我们的通讯、关于敏感个人信息的保证、第三方服务与您的信息、年龄限制、您个人信息的转移、储存和安全性、个人信息的使用期限、存取、更新、修改或移转个人信息、国际资料

① 本书撰写时,针对的是这些政策的2018年版本,不排除它们后续做过一定的版本更新。

转移、追踪技术、行动分析、联系方式。

5.《唯品会隐私政策》。该隐私政策由9个部分构成，即引言、我们如何收集和使用您的个人信息、我们如何使用“网络饼干”（cookie）和同类技术、我们如何共享、转让、公开披露您的个人信息、我们如何保护和保存您的个人信息、您如何管理个人信息、我们如何处理未成年人的个人信息、通知和修订以及如何联系我们。

6.《百度隐私保护声明》。该声明非常简短，总共由4个部分组成，即百度隐私权保护宣言、百度隐私政策总则、特定产品的隐私保护、隐私问题报告。真正的隐私保护内容出现在第二部分即“百度隐私政策总则”里。该总则由10个部分组成，即引言、我们如何收集和使用您的个人信息、我们如何使用“网络饼干”（cookie）和同类技术、我们如何共享、转让、公开披露您的个人信息、我们如何保存及保护您的个人信息、您的权利、我们如何处理未成年人的个人信息、您的个人信息如何跨境转移、隐私政策的修订以及如何联系我们。

通观上述隐私政策，隐私政策实际上由三大块内容所构成，即有关隐私政策的一般规定、公司与个人信息以及用户与个人信息。一般规定部分主要由引言、适用范围与变更部分组成。这部分旨在阐明制定本隐私政策的目的与适用范围和修订，当然也涉及适用范围例外与人群例外。公司与个人信息部分包括公司收集个人信息以及如何收集个人信息、使用个人信息（包括非常重要的广告服务与邮件推送等）、与第三方分享以及对信息安全的保障。用户与个人信息部分主要指向用户对个人信息的权利、用户对个人信息的分享，包括个人敏感信息的分享。

三、典型样本的主要内容解析

鉴于用户本就很少在接受网络服务前仔细阅读隐私政策，或者即使阅读，也很少有人能快速理出头绪，我们从清晰化角度总结隐私政策的基本结构和主要内容逻辑体系，以便用户更好、更直观、更快捷地了解隐私政策。而从上述几个样本的结构可以看出，整个业界的隐私政策主要由3个部分组成，即一般规定、公司与个人信息以及用户与个人信息。下面分别从三方面介绍现有隐私政策的内容。

（一）一般规定

该规定表明，公司对于用户个人信息保护都是以隐私模式进行保护的，即建立在个人隐私权基础上，至少是在此名义下进行的保护。这可从众多的隐私政策协议中看出（请看前面的列举）。

一般规定的"引言"部分已经表明，本隐私政策就是有关公司收集、使用、储存和分享个人信息以及公司为用户个人设计的保护自身个人信息的方式。无论如何，公司在此设定了一个逻辑前提，即公司与用户在个人信息上的权利义务分配，是由公司通过格式条款的方式决定的，而不是采取非格式条款方式协商的结果。同时，这里预设了对用户的默示行为推定，即只要使用或者继续使用，即视为同意隐私政策规定的对用户个人信息的处置。

隐私政策对象在适用上分为 3 类，即空间、时间和人。在空间上，适用于公司提供的所有服务与产品，但不能包括第三方，即使该第三方的服务为公司的服务所包括或链接，或为公司所运营。在时间上，隐私政策只适用于修订之前，一旦修订，修订内容自然作为隐私政策内容发生效力。用户的继续使用，即推定为对修订内容的同意。在对象上，一般适用于成年人。未成年人除非取得监护人同意，否则不能使用公司的服务。

可见，在一般规定内容上，隐私政策协议主要包含 4 点内容：一是隐私权模式的采取；二是格式条款上的权利义务分配；三是默示同意的推定；四是公司对第三方收集、使用个人信息的免责性。

（二）公司与个人信息

本部分一般可以分为 4 个部分，即收集、使用、分享和安全保障。收集部分包括收集的信息范围与收集的方式。这里最重要的是收集的方式。公司通过设置"网络饼干"（cookie）工具，会自动收集个人信息。这些自动收集工具不会因为用户拒绝而不收取。其实，这就是用户在享受网络服务时必须付出的代价。同时，公司会将自动收集的非个人身份信息经处理后当作资产出售。另外，公司不对第三方自动收集的行为负责。

公司对个人信息具有使用权,这些使用是多方面的,当然可以用作商业目的,即营销。用户实际上不能拒绝营销。信息安全涉及合目的性原则,即个人信息只能在收集目的必要时限内保留。在公司分享的个人信息上,逻辑虽然倾向于个人,但实际上三大例外使公司分享个人信息成为一般情况,因为公司可以与所有关联公司、合作伙伴及第三方服务供应商、承包商及代理等发生往来。

本部分的主要内容如下:(1)在是否收集、使用个人信息上,个人没有权利决定,完全由公司决定;(2)第三方通过公司服务与产品自动收集、使用用户个人信息时,公司无责;(3)在公司将个人信息分享给第三方时,无须再次征得用户同意。用户只要同意本隐私政策,即在公司分享上构成"一揽子"授权。

(三)用户与个人信息

本部分主要包括两个方面的内容,即用户的个人信息权以及用户对信息的分享。根据规定,用户享有的个人信息权为访问、更新和更正自己的注册信息或使用我们的服务时提供的其他个人信息的权利。"分享"部分实际上要解决的问题是,公司提示用户分享自己个人信息的风险,同时对个人敏感信息一样通过默示同意进行了推定。

本部分主要包括:(1)用户对个人信息的权利限定在访问、更新和更正上;(2)用户的任何分享都有风险,且风险不由公司承担;(3)对个人敏感信息未见明确的严格保护规定,且一样通过默示同意进行推定。

四、隐私政策的法律性质

很多公司在制订隐私政策时,都会产生疑问,即隐私政策究竟是合同,还是公司单方的隐私政策。由于隐私政策并不能全部融入用户同意的服务协议中,只是以简易的甚至只有一个条款或者两个条款的简易形式在该服务协议体现,大部头的隐私政策往往隐藏在单独的文本里,而无须在形式上取得用户同意,因此很容易让人误解为该政策是仅仅针对企业内部管理的单方行为。为此,我们有必要对隐私政策的法律性质进行分析。

《网易隐私政策》在引言中规定："本《隐私政策》适用于我们提供的一切网易服务。当您使用我们任何单项服务时，您同意接受本《隐私政策》以及我们在该单项服务中发出的特定隐私信息类政策条款（下列称'特定条款'）的保护，在此情况下，特定条款与本政策条款同时对您产生效力。例如，使用网易在线游戏服务的用户，同时适用本《隐私政策》以及《网络游戏用户隐私权保护和个人信息利用政策》；又如，使用网易支付的用户，同时适用本《隐私政策》以及《网易支付隐私政策》。如特定条款与本《隐私政策》条款存在同类条款的不一致约定，则在特定条款约束范围内应以特定条款为准。如我们提供的某一单项服务不适用本《隐私政策》的，该服务中会以适当方式明示排除适用本《隐私政策》。"

《唯品会隐私政策》则指出："本隐私政策与您所使用的唯品会商城服务以及该服务所包括的各种业务功能（以下统称'我们的产品与/或服务'）息息相关，希望您在使用我们的产品与/或服务前仔细阅读并确认您已经充分理解本政策所写明的内容，并让您可以按照本隐私政策的指引做出您认为适当的选择。本隐私政策中涉及的相关术语，我们尽量以简明扼要的表述，并提供进一步说明的链接，以便您更好地理解。您使用或在我们更新本隐私政策后（我们会及时提示您更新的情况）继续使用我们的产品与/或服务，即意味着您同意本隐私政策（含更新版本）内容，并且同意我们按照本隐私政策收集、使用、保存和共享您的相关信息。"

《阿里巴巴私隐政策声明》指出："您有责任查阅本私隐政策，了解当中的变化。因此每次使用本网站的时候，请查阅本私隐政策，确保您清楚了解我们处理个人资料的做法有何转变。若您继续使用本网站，即表示您接受我们的私隐政策的任何转变。"

《百度隐私政策总则》也规定："本隐私政策适用于百度平台（范围详见附录1：定义）所有产品和服务。如某款百度产品有单独的隐私政策，则该产品的隐私政策将优先适用。该产品隐私政策未涵盖的内容，以本隐私政策内容为准。"

从上述隐私政策所展现的内容来看，这些政策都通过格式条款的方式事先规定，一旦用户与网络服务者之间订立了服务协议，或者接受了网络服务者的网络服务,即视为同意了该隐私政策。因为一般网络服务合同中都会规定“隐私条款”,并指引用户去参看公司整体的隐私政策。一旦用户点击同意,即与网络服务者之间达成一致,成立合同。也就是说,虽然众多的服务协议中存在专门的隐私条款,但这些条款并不具有真正的独立价值,而是起到一个指引作用,即指引阅读服务条款的用户去看独立的隐私政策,隐私政策是对“隐私条款”的扩展,其实质仍是整个服务协议中的合同条款。

不过,有一个特殊性需要考虑,即所有的网络服务合同一般都是格式合同,相关“隐私条款”自然而然是公司事先拟定的未与用户商量的格式条款。对于这样的格式条款,能否通过这种同意的方式而得到订立?这需要根据我国《民法典》第 496 条而定。

根据《民法典》第 496 条第 2 款的规定,采用格式条款订立合同的,提供格式条款的一方应当遵循公平原则确定当事人之间的权利和义务,并采取合理的方式提示对方注意免除或者减轻其责任等与对方有重大利害关系的条款,按照对方的要求,对该条款予以说明。提供格式条款的一方未履行提示或者说明义务,致使对方没有注意或者理解与其有重大利害关系的条款的,对方可以主张该条款不成为合同的内容。

根据《民法典》第 496 条可知,法律为格式条款拟定者设定了两个义务,即“以合理方式主动提请注意”和“被动说明”的义务。但这两个义务并非无条件的,须以拟定的格式条款不公平,即免责或者加重对方责任等情形为前提。如果提供的格式条款是公平的格式条款,或者至少不会被法院认定为达到免责等情形的不公平的格式条款,即使拟定格式条款者(网络服务者)没有以合理方式提请注意或者被动说明,也不影响这些条款的成立与效力。唯其对不公平的格式条款未尽《民法典》第 496 条两项义务时,这样的格式条款才会有效力瑕疵。以此反观网络服务者的隐私政策,我们可以这样判断,只要用户与网络服务者形式上达成了意思表示一致,一般情况下认定合同成立且生效。如果用户向法院主张该隐私政策或者隐私政策中的某些条款无效,需要让法院确信网络服务者未尽到《民法典》第 496 条的两项义务,且该隐私条款为免责或者如《民法典》第

497 条意义上的不公平格式条款，[①]否则该隐私政策或者争议的隐私条款将被当作网络服务协议的一个部分，而因为同意即发生效力。

从现实的网络服务协议来看，大多数网络服务协议都会以合理范式提请注意存在隐私政策，而且对于隐私政策中的相关条款是否为不公平的格式条款也没有定论，因此，笔者认为，在一般情况下，隐私政策应当视为网络服务协议的条款而存在，自协议在用户与网络服务者之间达成一致时起，即宣告其成立和生效。

第四节　知情同意模式下的个人信息保护

随着自然人对个人信息的支配性权利日渐得到承认，互联网企业要想得到个人信息，从而形成海量信息的数据产业，在源头上便需要得到作为个人信息权利人的自然人的同意。然而，在万物互联且通过电子信息技术联通的现代社会里，数据企业往往是通过某种不为一般人所知的网络技术瞬间收集信息。一旦信息为数据企业所有，如何存储、使用与处理，已然超出了信息主体的掌控范畴。为此，法律让数据企业负担了通知的义务，需要让个人在享受互联网服务时，清楚明白自己的个人信息会被收集、利用、处理。这就是个人信息保护上的“帝王规则”——知情同意。

从前述典型隐私政策样本的解析亦可知，业界主要企业在处理有关个人数据的相关问题时，主要依托的就是通过知情同意原则获得个人对企业收集、存储、使用和处理其个人数据的授权。由此可见，数据流通中的个人信息保护主要是通过知情同意模式进行的。

---

① 《民法典》第 497 条规定：“有下列情形之一的，该格式条款无效：(一)具有本法第一编第六章第三节和本法第五百零六条规定的无效情形；(二)提供格式条款一方不合理地免除或者减轻其责任、加重对方责任、限制对方主要权利；(三)提供格式条款一方排除对方主要权利。”

一、知情同意模式的法律体现

个人信息保护上的知情同意模式为世界各国所遵循,我国也不例外。

就立法而言,《统计法》(1983 年)第 14 条规定,属于私人、家庭的单项调查资料,非经本人同意,不得泄露。《网络安全法》第 41 条第 1 款规定,网络运营者收集、使用个人信息,应当遵循合法、正当、必要的原则,公开收集、使用规则,明示收集、使用信息的目的、方式和范围,并经被收集者同意。第42 条第 1 款规定,网络运营者不得泄露、篡改、毁损其收集的个人信息;未经被收集者同意,不得向他人提供个人信息。《全国人民代表大会常务委员会关于加强网络信息保护的决定》第 2 条第 1 款规定:网络服务提供者和其他企业事业单位在业务活动中收集、使用公民个人电子信息,应当遵循合法、正当、必要的原则,明示收集、使用信息的目的、方式和范围,并经被收集者同意,不得违反法律、法规的规定和双方的约定收集、使用信息。《电信和互联网用户个人信息保护规定》第 8 条规定:电信业务经营者、互联网信息服务提供者应当制定用户个人信息收集、使用规则,并在其经营或者服务场所、网站等予以公布。第 9 条规定:未经用户同意,电信业务经营者、互联网信息服务提供者不得收集、使用用户个人信息。电信业务经营者、互联网信息服务提供者收集、使用用户个人信息的,应当明确告知用户收集、使用信息的目的、方式和范围,查询、更正信息的渠道以及拒绝提供信息的后果等事项。《信息安全技术公共及商用服务信息系统个人信息保护指南》在“4.2 基本原则”里确立了八项基本原则,即目的明确、最少够用、公开告知、个人同意、质量保证、安全保障、诚信履行和责任明确。其中作为第一原则的目的明确原则规定,处理个人信息具有特定、明确、合理的目的,不扩大使用范围,不在个人信息主体不知情的情况下改变处理个人信息的目的。公开告知原则更是明确,对个人信息主体要尽到告知、说明和警示的义务。以明确、易懂和适宜的方式如实向个人信息主体告知处理个人信息的目的、个人信息的收集和使用范围、个人信息保护措施等信息。个人同意原则也明晰了事先同意,即处理个人信息前要征得个人信息主体的同意。

在域外法上,知情同意模式也被普遍认可。经济合作与发展组织在1980年《关于隐私保护与个人数据跨界流通的指导方针》里,就收集限制和使用限制时规定了个人对自己信息的同意权。欧盟《95/46/EC》在第2章有关个人数据处理正当性的一般规则第7条规定,处理个人数据时必须征得数据主体明确同意。[①]德国《联邦数据法》、法国2004年《数据处理、数据文件及个人自由法》、英国《资料保护法》、瑞典《个人数据法》都明确,处理数据须得到数据主体同意方可进行。[②] 加拿大《个人信息保护和电子文件法》在第1章之6.1部分明确规定了“有效同意”。新加坡《个人数据保护法》第4章第1部分“数据授权”里也确定了同意原则。欧盟《通用数据保护法》在第5条明确,对个人数据的加工必须是合法的、公正的,对数据主体透明。其第6条进一步明确,数据企业要想使得数据加工行为合法,需要数据主体对为一个或多个特定目的对其个人数据的加工做出了同意的意思表示等。加利福尼亚州《消费者隐私法》第2节“立法者认定和声明”之(i)也明确了知情同意模式。

基于上述立法例,我们有理由认定知情同意模式已经成为规范个人信息保护的“帝王规则”,谁也无法撼动其支配性地位。无论是理论上的通说抑或是实践中的通行做法,众多国际组织和国家均将个人信息处理的正当性建立于同意之上。“总体而言,将同意作为个人信息处理的正当性基础已被普遍承认。”[③]传统机制建立在“知情同意”架构基础上,它要求机构在收集用户个人信息前,告知用户信息的处理状况,在网络服务的语境中通常表现为发布隐私声明,用户在阅读声明后作出同意的意思表示,作为对个人信息收集及利用的合法授权。[④]

不过,我们也有必要明确为何知情同意模式成为个人信息保护中的第一规则从而构成了个人信息保护中的基础。根据学者总结,知情同意作为个人信息

① 参见《个人数据保护:欧盟指令及成员国法律、经合组织指导方针》(中英文对照),陈飞等译,张新宝审校,法律出版社2006年版,第597页。

② 参见任龙龙:《论同意不是个人信息处理的正当性基础》,载《政治与法律》2016年第1期。

③ 任龙龙:《论同意不是个人信息处理的正当性基础》,载《政治与法律》2016年第1期。

④ 参见范为:《大数据时代个人信息保护的路径重构》,载《环球法律评论》2016年第5期。

处理正当性基础的理论依据主要有两个——信息不对称理论和个人信息权(益)。[①] 信息不对称理论之所以成为个人信息保护中的基础,在于数据企业在处理个人信息时,个人信息主体往往并不知情因而也无法表示同意,当然也容易遭受意外的危害。为了打破数据处理过程中事实上的不平衡状态,避免出现个人不可预料的意外,有必要使数据处理者负担告知义务并让其数据处理行为得到个人同意,以保护个人对自己信息的正当预期。至于个人信息权(益)之所以能够成为个人信息保护的基础,在于个人信息归根结底还是属于其自由决定的范畴。既然如此,数据企业在进行数据处理行为时,必须尊重信息主体的意愿,获得其同意,否则便侵犯了信息主体对自身信息所享有的合法权益。

笔者认为,真正作为知情同意模式基础的只有一个——个人信息权(益)。因主体对个人信息享有合法权益,因而在法律上任何他人想要获得个人信息,都必须征得权利人的同意。在征得权利人同意前,当然需要通知权利人,否则权利人无从表达自己同意的意思。因此,基于个人对自己信息的支配性权利,因而数据处理者处理数据前需要通知且得到权利人同意,其处理行为方可具有合法性。至于信息不对称理论根本不能作为知情同意模式的基础,因为信息不对称理论阐述的只是一种事实上的不平等,并不能成为法律上设定保护模式的条件。

然而,我们仍然需要明白,知情同意模式在逻辑上而言并非一个规则,而是包含了具有逻辑关系的两个规则,即知情规则和同意规则。从事实上来讲,知情规则为同意规则的前提。因为没有知情规则,信息主体无从同意。从逻辑上来讲,知情规则乃同意规则的工具。知情规则本身不是目的,其作用在于服务同意规则,让同意规则得到实现。基于此,要想阐述清楚知情同意规则,需要分开加以阐析。

二、个人信息保护中的知情规则

作为通向同意规则的桥梁,知情规则在给信息主体授予知晓个人信息权利

---

① 参见任龙龙:《论同意不是个人信息处理的正当性基础》,载《政治与法律》2016 年第 1 期。

的同时,也施加给了数据处理者以合理通知的义务。

《网络安全法》第 41 条第 1 款规定,网络运营者收集、使用个人信息,应当遵循合法、正当、必要的原则,公开收集、使用规则,明示收集、使用信息的目的、方式和范围。《电信和互联网用户个人信息保护规定》第 8 条规定,电信业务经营者、互联网信息服务提供者应当制定用户个人信息收集、使用规则,并在其经营或者服务场所、网站等予以公布。第 9 条第 2 款和第 3 款规定,电信业务经营者、互联网信息服务提供者收集、使用用户个人信息的,应当明确告知用户收集、使用信息的目的、方式和范围,查询、更正信息的渠道以及拒绝提供信息的后果等事项。电信业务经营者、互联网信息服务提供者不得收集除其提供服务所必需用户个人信息以外的或者将信息用于提供服务之外的目的,不得以欺骗、误导或者强迫等方式或者违反法律、行政法规以及双方的约定收集、使用信息。《全国人民代表大会常务委员会关于加强网络信息保护的决定》第 2 条第 1 款规定,网络服务提供者和其他企业事业单位收集、使用公民个人电子信息,应当公开其收集、使用规则,明示收集、使用信息的目的、方式和范围。

由此可见,知情规则实际上包含两个部分内容——数据处理中的通知以及通知的合理性问题。

(一)数据处理行为中的通知

数据处理者在数据处理行为中具有主动通知的义务。为了让信息主体对自己的个人信息完全知情,数据处理者不能事先实行“一揽子”通知的方式,而是需要在变化时逐一进行通知。为了细化对通知的理解,我们拟从各个阶段的数据处理行为中的通知入手予以讨论。根据《信息安全技术公共及商用服务信息系统个人信息保护指南》第 5.1 条解释,信息系统中个人信息的处理过程可分为收集、加工、转移、删除四个主要环节。下文拟分别从这四个环节予以论述。

第一,收集。所谓收集,系指对个人信息进行获取并记录。根据《信息安全技术公共及商用服务信息系统个人信息保护指南》第 5.2 条的规定,数据企业在收集个人信息时,需要通知个人信息支配者收集所基于的特定、明确、合法的目的,使信息主体清楚个人信息的使用范围(包括披露或向其他组织和机构提供其个人信息的范围)、个人信息的保护措施、个人信息管理者的名称、地址、联系方式等相关信息、个人信息主体提供个人信息后可能存在的风险、个人信息主体不提供个人信息可能出现的后果、个人信息主体的投诉渠道等。同时,数据收集者最好应当详细提供收集的个人信息清单,如姓名、地址和手机号码等,而不是使用诸如“我们收集您的个人信息”等概括性语言。

第二,加工。所谓加工乃指对个人信息进行的操作,如录入、存储、修改、标注、比对、挖掘、屏蔽等。数据加工阶段几乎不涉及知情规则的适用问题,因为只要数据收集者不违背收集阶段已告知的使用目的,采用已告知的方法和手段,能采取相应措施保证加工过程中个人信息不被任何与处理目的无关的个人、组织和机构获知,个人信息即只是封闭性地存在于数据收集者手中。只要数据没有实质性改变且没有应用(尤其是转由第三人应用),数据企业没有通知信息主体的必要。毕竟,通知的目的是告知个人信息被处理且得到其同意。既然收集中已然通知收集后个人信息的使用目的,只要没有超出收集目的,则数据加工行为具有合法性。

第三,转移。所谓转移,系指将个人信息提供给个人信息获得者的行为,如向公众公开、向特定群体披露、由于委托他人加工而将个人信息复制到其他信息系统等。《信息安全技术公共及商用服务信息系统个人信息保护指南》并未涉及转移过程中的通知问题,只是泛泛规定了不违背收集阶段告知的转移目的、向其他组织和机构转移个人信息前,评估其是否能够按照本指导性技术文件的要求处理个人信息并通过合同明确该组织和机构的个人信息保护责任等。笔者认为,个人信息转移中尤其是在转移给第三方情况下,一定要遵循透明度原则。要尽量通知个人信息支配权人,让其了解个人信息处于何人之手。因此,数据处理者应当通知信息主体是否将向第三方转移。如果将向第三方转移,其应当将该接收者的身份告知信息主体且应当通知信息主体转移个人信息的目的。在特定情况下,需要进行加强通知设计。例如,在《在线行为广告自律原则》之“透明度原则”里,第三方和服务提供商不仅应当在其网站中做出明确的、有意义的和突出的通知,告知消费者其上网数据被收集和使用于在线行为广告,而且第三方还应当加强下列通知:(1)第三方应提供关于数据收集的通知,该通知可以通过一个明确的、有意义的和突出的链接连到其收集数据的网页上所投放的广告内或者广告周围,或者在达成共识的前提下,将通知呈现于其收集数据的网页中;(2)第三方进行的广告与第三方参与行业开发网站。①

第四,删除。所谓删除,即指使个人信息在信息系统中不再可用。删除阶段并无通知的必要,因为删除这种数据处理行为不会再影响信息主体对个人信息的支配权,也不会落入任何第三人之手。

(二)通知的合理化

数据处理者的通知应当尽量合理。合理化具体体现在以下几个方面。②

第一,合理的方式。通知是告知个人信息主体的方式。鉴于数据处理行为的通知一般都是通过网络进行,因而需要借助电脑。所以,一般情况下可以通过可视化的方式进行通知。但为了方便视障者获取通知,数据处理者应当提供将可视化通知朗读出来的屏幕阅读器或者直接以音频的形式提供通知。

第二,合理的语言。数据处理者应当采取可为信息主体所理解的语言进行通知,否则不能视为尽到了通知义务。如果语言文字不能为特定信息主体所理解或方便理解时,数据处理者应当设计能为特定人士所能理解的语言进行通知。

第三,合理的频率。数据处理者进行通知时,不能过于频繁,不断地通过通知打扰信息主体私人生活安宁。因此,这需要数据处理者仔细审视其通知,尽量做到简明扼要和高度通用。

第四,合理时间与位置。一般情况下,通知应当在数据处理行为之前或者同时发送给信息主体,以便其决定是否同意。如果事后再发出通知,必然会违反个人信息主体同意原则,使数据处理行为本身变得不合法。假若通知的时间与数据处理的时间间隔很长时,处理者应当在进一步处理前再次通知信息主体,以便

---

① 参见美国《在线行为广告自律原则》(Self-Regulatory Principles for Online Behavioral Advertising)中译本,本翻译版本为腾讯公司法务部所提供。

② 该部分主要参考了《信息技术—安全技术—身份管理和隐私技术》(ISO/IEC JTC 1/SC 27/WG 5)中译本,该中译版本由腾讯公司法务部所提供。

该信息主体能够合理地识别通知与数据处理之间的联系。同时，数据处理者应当在便于个人信息主体识别的位置提供通知。适当的位置包括但不限于数据处理者网站的主页以及手机应用软件的登录页面或者启动页面。

一言以蔽之，个人信息主体的知情权应当通过数据处理者的通知义务实现。数据处理者应当合理地通知数据处理的规则、目的和方法，唯其如此，才能让个人信息对信息主体保持透明性，让其清楚明白个人信息会基于什么目的如何被处理。当然，这一通知的实质部分需要通过合理的方式、表达、时间等为信息主体知晓。

三、个人信息保护中的同意规则

正如有学者所言，个人信息的意义对本人而言，在于对其利用以实现人格发展，而自主价值和使用价值贯穿于对个人信息利用的整个过程。① 确然，自主价值与使用价值是大数据时代个人信息的价值所在。不过，在这两个价值里，自主价值是首当其冲的，而使用价值当然为次。正是基于自主价值的优位性，才使得任何对个人信息的使用在一般情况下都需要征得个人的同意。关于同意原则的意义我们在此不再阐述，只想对其细化和体系化进行分析。

（一）同意的定义与分类

根据欧盟《通用数据保护法》第4条第8项，"数据主体的同意"指的是通过任何特定的、通知性的及明确表示他或她作为数据主体的希望，即同意与他们相关的个人数据的加工，所述同意可以采取陈述的方式做出或数据由主体可以明确推断出为同意的行为做出。《信息安全技术公共及商用服务信息系统个人信息保护指南》将同意分为明示同意与默许同意。所谓明示同意，即个人信息主体明确授权同意，并保留证据。所谓默示同意，即在个人信息主体无明确反对的情况下，认为个人信息主体同意。《信息技术—安全技术—身份管理和隐私技术》（ISO/IEC JTC 1/SC 27/WG 5）也将同意区分为明确同意与默示同意。其所谓的

---

① 参见谢远扬：《信息论视角下个人信息的价值——兼对隐私权保护模式的检讨》，载《清华法学》2015年第3期。

明确同意,即信息主体以明确的确认和积极的行为表示许可。因此,其明确同意是选择使用的行为(Explicit it permission is the result of the opt-in)。默示同意则为信息主体没有作出任何确认行为的情况下,视为其已同意收集或处理其个人信息。因而这种同意并非基于明确许可,而是在语境中可推定已获取同意的情形属于这一类别。所以,默示同意通常是无须选择同意的行为(Implic it permission is typically the result of opt-out consent)。

由上可见,所谓同意即为信息主体通过自己明示或者默示的行为表达了自己对数据处理者处理数据行为的授权,通过这个授权,数据处理者使得自己的数据处理行为获得合法性,不至于因此而导致对个人信息权的侵犯。因此,根据信息主体表达方式的不同,同意可以区分为明示行为和默示行为。

(二)同意规则的适用阶段

同意规则在适用上实际应该区分两个方面,即适用的阶段和适用的方式区分。本部分只讨论同意规则的适用阶段,即适用于数据处理的哪几个阶段。笔者认为,同意规则实际上适用于数据处理的全过程。①

1. 数据收集阶段。根据《网络安全法》第41条第1款和第42条第1款规定,网络运营者收集、使用个人信息,应当经被收集者同意。网络运营者未经被收集者同意,不得向他人提供个人信息。《全国人民代表大会常务委员会关于加强网络信息保护的决定》第2条第1款规定,网络服务提供者和其他企业事业单位在业务活动中收集、使用公民个人电子信息,应当经被收集者同意。可见,在数据收集阶段,一般情况下要使数据收集行为合法,必然需要征得数据主体同意。当然,不是说数据处理者一次性获得信息主体同意即为已足,一旦数据处理者拟收集新的个人信息或者拟将已收集的个人信息用于新目的时,尤其需要重新获取同意。可见,有关收集的初次同意受到目的限制和方法限制。只要超出了当初信息主体同意的方法和目的而进行收集,此时数据处理者就有必要通知信息主体且获得信息主体授权同意,否则收集为不合法。

---

① 此部分参考了《信息技术—安全技术—身份管理和隐私技术》(ISO/IEC JTC 1/SC 27/WG 5)相关规定,该中译本由腾讯公司法务部提供。

2. 数据加工阶段。根据欧盟《通用数据保护法》第 6 条规定，对个人数据的加工首先要被认定为合法，唯有数据主体对为一个或多个特定目的对其个人数据的加工做出了同意的意思表示。如果进一步的数据加工的目的与先前收集个人数据时不符，尤其是在合同条款和一般条件发生变更的情形下，进一步的数据加工通常也需要得到同意。同时，根据欧盟《通用数据保护法》第 7 条规定，对于数据主体对数据控制者出于特定目的而为的数据加工行为作出的同意，数据控制者应承担举证责任。如果数据主体以书面声明的方式作出同意，且所述声明同时包含其他内容，则声明中要求数据主体同意的条款必须在外观上与其他条款有明确区分。

从数据收集和加工阶段可见，收集阶段的同意为数据主体的初始同意，是整个同意规则的基石。倘若在收集规则里已经清晰界定收集的数据以及可能的使用目的等，此时只要不构成对初始同意内容的违反，即视为在数据加工阶段已经得到授权支撑，无须再次得到信息主体的同意。可以说，初始同意具有奠基作用，能为以后数据处理者的数据加工行为创造合法性基础。但是，一旦数据处理者在数据加工时违背初始同意的目的和内容，构成了对初始同意的实质变更，则数据处理者的行为由于违背了同意的初始框架而溢出了合法性范畴，不再具备合法性基础。因此，只要认定数据处理者的加工行为构成对初始同意的实质变更，即需要再次获得信息主体的授权或者同意，除非有其他合法理由，否则数据处理者数据加工行为即为非法。因此，认定这里的实质变更就显得较为关键。一般而言，实质性变更包括情形变更和条件变更两大部分。情形变更一般指向变更全部服务、变更控制者、变更对个人信息的处理方法、目的等。条件变更则指向变更关于向第三方提供个人信息的相关事项、变更收集时已通知信息主体的保留期限或处置日期等。

3. 数据转让、删除阶段。数据处理阶段与数据加工阶段的同意效力如出一辙。除非在初始同意中已获得转让意思，否则不得进行转让或者不得超出初始同意框架而进行转让。第三方在获得数据处理者转让数据后，一般情况下都需要再次获得信息主体的同意方可合法使用和处理个人信息。至于删除阶段，一般都不需要个人信息主体的同意,这一点毋庸置疑。

同时,还需要明确的是,数据处理者在获得个人信息主体同意时,必须采取合理方式进行。这些合理方式至少包括采取机器可读且适当的语言表达方式,当然也包括适当的频率和时间。数据处理者应当每隔一段合适的时间即寻求确认信息主体的现有同意或者获取信息主体的新同意。如果过于频繁地请求同意,不但有扰他人生活的安宁,实际上也会使得他/她可能忽略同意的内容,并在尚未完全理解该同意内涵的情况下就开始接受,这有时被称为"点击训练"。因此,数据处理者不应当过多地请求同意,以避免此类情况的发生。另外,数据处理者在获取信息主体同意的时间上也需要特别注意,应当及时地获取信息主体的同意。倘若过早地寻求信息主体同意,可能会在主体真正选择是否同意时产生一些实际问题。

当然,既然同意作为数据处理者使用数据行为的第一合法原则,则意味着个人对自己的信息具有支配地位。作为自主的个人信息支配者,他或她既可以允许收集、加工和转让,也可以撤销这些同意。为此,数据处理者应当提供设施,使得信息主体能够访问其同意的详细信息,并在适当的情况下能够修改或撤销该同意。如果信息主体不能修改或撤销同意,则应当向信息主体解释造成该情况的原因。撤销后,原来的数据处理行为并不会因为撤销而变得无效。根据《通用数据保护法》第 7 条第 3 项规定,数据主体有权随时撤回其同意。同意的撤回不影响基于之前同意所为的数据加工行为的合法性。

(三)同意规则的区分适用

同意的方式既可为明示也可为默示。表现在网络上,实际上明示即表现为择入,而默示则表现为择出。要了解同意规则的具体适用方式,需要区分不同情形予以适用。

1. 明示同意

《信息安全技术公共及商用服务信息系统个人信息保护指南》在第 5.2.3 条明确规定:处理个人信息前要征得个人信息主体的同意,包括默许同意或明示同意。收集个人敏感信息时,要得到个人信息主体的明示同意。易言之,该指南之所以区分明示同意与默示同意,在于针对个人信息的敏感性有所不同。如果针对的是个人的敏感信息,则数据处理者需要取得信息主体的明示同意。同时,根据该指南第5.3.4条规定,未经个人信息主体明示同意,不向其他个人、组织和机构披露其处理的个人信息。《信息技术—安全技术—身份管理和隐私技术》(ISO/IEC JTC 1/SC 27/WG 5)也对此进行了明确,即当数据处理者拟收集敏感个人信息或者拟将已收集的敏感个人信息用于新目的时,尤其需要获取明确同意。《在线行为广告自律原则》也明确,公司在为行为广告收集敏感数据之前必须获得消费者的明确同意,即消费者表示其愿意接收此类广告。如其敏感数据B项规定,各主体未获得当事人同意之前,不得为在线行为广告而收集和使用金融账户号码、社会保险号码、医药处方或者特定人员的医疗记录。至于收集未成年人的个人敏感信息,一般情况下是不允许的,除非根据该指南第5.2.7条规定,征得其法定监护人的明示同意。

同时,它还规定,在某公司决定采取与公司收集数据时承诺的方式存在实质性差异的方式来使用其收集到的数据之前,应当得到那些会因此而遭受影响的消费者的明确同意。这一原则也适用于企业合并的情形中,即当合并后的公司对原先公司收集、使用和共享数据的方式作出了实质性变更时。易言之,一旦数据企业对当前隐私协议进行了实质性变更,此时便需要取得信息主体的明确同意而不是推定其不反对即同意。

由上可见,信息主体的明示同意主要发生在收集和处理个人敏感信息和对隐私协议进行实质性变更时。除此之外,数据企业进行任何数据收集、加工和转移等行为,都无须取得信息主体的明示同意,默示同意即为已足。

2. 默示同意

根据《信息安全技术公共及商用服务信息系统个人信息保护指南》第5.2.3条规定,收集个人一般信息时,可认为个人信息主体默许同意,如果个人信息主体明确反对,要停止收集或删除个人信息。由此,在收集一般的个人信息时,法律和行业标准采取的是择出机制,即除非明确表示反对否则视为同意。默示同意基本上为处理数据的常态化结构。因为如果采用一切都需要明示同意模式,则数据企业基本上无法生存或者生存成本高企不下,不利于数据企业的发展,当然也不利于信息的自由流通。因此,采用默示同意主要是在个人信息保护与数据流通之间保持一个平衡。同时,如果信息主体择出而明确表示不同意,则数据企业一般都会告知选择不同意所带来的后果,即一旦信息主体选择退出,信息主体接受的网络服务就会大打折扣而几乎会被屏蔽于互联网生活之外。基于此,一般情况下,信息主体不会也不敢对数据企业的数据处理行为表达明确不同意。另外,信息主体表达不同意的渠道较为狭窄,只能采取专门沟通的方式。这些方式的实行,当然加大了沟通的难度。为此,在默示同意上有必要针对信息主体的明确反对意思表达进行保护,有必要数据企业为信息主体明确表达不同意提供便利。

四、知情同意规则的限制、缺陷与可能的改进

知情同意规则是基于自然人个体对自己信息的支配权。既然自然人对个人信息具有排他性的支配权,当然就像自然人支配所有物一样,任何获得对物的占有、使用、收益和处分,都需要征得个体的同意。正是基于这样一种所有的支配性理论,使知情同意规则成了数据流转中颠扑不破的真理。然而,真如任何权利在行使上都要受到限制一样,自然人对个人信息的支配权也要受到诸多限制。

这些限制一般表现在以下几个方面。

第一,履约所必需。欧盟《通用数据保护法》第 6 条规定,个人数据的加工是作为合同一方的数据主体履行合同所必需的或是为了满足数据主体订立合同前或订立合同时的要求。我国《信息安全技术公共及商用服务信息系统个人信息保护指南》也特别提到的诚信履行原则也规定,按照收集时的承诺处理个人信息时,也不必征得信息主体同意。其实,严格来讲,这个限制不能算是对知情同意规则的限制,只是知情同意规则的具体化而已。毕竟,履约之约是信息主体与数据企业之间的意思表示一致,是得到了信息主体同意的。因此,这一限制就逻辑而言,并非真正的限制,反而正是知情同意规则的延伸表现。

第二,法定义务限制。欧盟《通用数据保护法》第 6 条规定,数据控制者履行

法律义务必须进行个人数据加工。《信息安全技术公共及商用服务信息系统个人信息保护指南》诚信履行原则也规定了，当数据企业为履行法律规定义务所必需时，也可以不受知情同意规则限制。当然，这一限制的前提是必须有法律的明确规定。若无法律明文，则不得援引限制知情同意规则的适用。

第三，为了保障数据主体的重大利益而进行的个人数据加工。欧盟《通用数据保护法》对此进行了明确规定。如果是为了保障信息主体重大权益而进行的加工行为，如进行匿名化或者假名化，使得他人无法借助这些信息识别个体，此时的数据加工便出于保护信息主体的重大利益目的。

第四，公共利益限制。这一限制的原理在于存在一个凌驾于个人权利之上的公共利益。在公共利益面前，个人权利必须让步。欧盟《通用数据保护法》第6条明确指出，为保障公共利益所必要的个人数据加工或数据控制者行使其享有的权力时发生的个人数据加工。同时该规则第21条更是明确了，因公共安全利益、经济公共利益包括货币、预算和税收和市场稳定性和完整性的保护以及打击犯罪（预防、调查、侦查或起诉刑事犯罪）、不遵守职业道德行为的需要。

第五，保护数据主体或第三人的权利与自由。倘若基于保护数据主体与第三人自由与权利的需要，此时尤其是在紧急情况下可不必征得同意。

然而，知情同意规则目前也带来了严重的问题。有学者专门为此指出了5个难题：（1）为用户与机构均带来沉重负担；（2）个人信息保护范围有限；（3）目的限定原则已然不合时宜；（4）多方主体责任难以认定；（5）严重影响数据的跨境运输。[①] 甚至有学者主张，同意已经不再是个人信息处理的正当性基础了。"对个人信息处理行为是否具有正当性的考量，应当设置责任规则，采取事后判断的方式，全面考察信息主体的个人信息处理行为是否符合事先声明的特定目的，超出特定目的的处理行为是否采取了必要的匿名化措施……"[②]笔者认为，知情同意规则在目前确实遭遇了困境，其困境主要体现在以下方面。

第一，用户同意名存实亡。知情同意架构设立的初衷，在于让信息主体完全

---

① 参见范为：《大数据时代个人信息保护的路径重构》，载《环球法律评论》2016年第5期。

② 任龙龙：《论同意不是个人信息处理的正当性基础》，载《政治与法律》2016年第1期。

控制信息的流通，从而确保自身的人格利益。正是基于这种理念，数据企业往往都遵照法律的要求制定出冗长、晦涩难懂的隐私声明。一般而言，用户在使用网络时，并不会真正仔细阅读这些声明，往往只是进行系列的“点击训练”。有研究表明，用户仅阅读一年中使用的网络服务的隐私声明就要花费 244 小时的时间。另外，即使用户仔细阅读后对某些条款有不同的意见也于事无补，因为这些条款与其他条款一道构成了声明的整体。用户要么全盘接受协议，要么不接受网络服务。在互联网时代，不接受网络服务是不可能的，因而最终只能是用户妥协选择接受。显然，这些看上去美好的东西实际上只是海市蜃楼。一系列的保障用户权利的隐私声明存在，最终导致的是完全架空了用户权利，使得用户的同意成为一个不具备实质意义的“花瓶”。同时，传统的知情同意框架建立在用户与网络服务者的二维关系上，因而一对一的控制变得较为现实。但现在的网络系统里，处理信息的主体已呈现多元化、复杂化趋势，尤其是数据中间商的大量存在，使得信息主体无法真正控制自己信息的流转。

第二，基于个人信息类型化区分下的不同同意模式，实际上不能让信息主体真正控制个人信息。通过将个人信息区分为一般个人信息和敏感个人信息从而适用不同的同意方式，其实不利于个人信息的保护。由于事先已经设定了在收集、处理过程中的某些信息是一般的个人信息，因而只需要默示同意即可，不必明确同意。但一般个人信息与敏感个人信息之间的区分并不如隐私声明和法律规定那样明显。在海量信息背景下，诸多的一般个人信息的集聚有可能发生质变，从中推导出敏感信息。事先的敏感信息与一般个人信息区分将当时收集的零碎信息全部归入一般个人信息名下，带来的后果只是将敏感信息处理的责任全部推卸而由信息主体自行承受。匿名信息与非匿名信息的区分也同样如此。所谓匿名信息与非匿名信息的区分，只是局限于当时的语境下，或者在零碎信息收集背景下，或者在某个信息域范围内处分时是匿名的，但一旦与其他信息结合则有可能变得不匿名，而成为可以识别个人的个人信息。因此，匿名信息和个人信息之间很容易转化，并没有理论上区分得那么彻底，毕竟理论上的区分是完美主义下的不可逆的匿名与个人信息的区分。基于此，匿名信息的处分不需要征得个人同意,必定带来个人信息不受个人控制的风险。

第三,知情同意规则不利于数据的自由流通。知情同意规则使得数据的自由流通成为不可能,因为一切信息流通都需要取得信息主体同意,在大数据时代海量信息涌动的背景下,不但使个人不胜其烦,也严重妨碍了信息的自由流通。

正是基于上述原因,有学者认为,知情同意的传统架构遭遇严重冲击的根本原因在于,其根植于“前信息时代”的框架,与大数据时代个人信息生态系统的新格局格格不入。知情同意架构的设计初衷在于保障用户对其个人信息的控制,然而大数据时代信息收集分析能力的飞跃式发展使用户陷入显著的不利局面,大大削弱了用户对其个人信息的权利,同时加重了用户和机构的负担,限制了个人信息的流通开发及创新应用,因此,知情同意作为保障个人信息的基础性机制已经走向“穷途末路”。由于缺乏实质意义上的用户控制及透明机制,传统个人信息保护架构在当下社会已经失灵。欲实现隐私保护与数据价值开发的共赢,急需破旧立新,因势利导,摆脱传统知情同意架构的局限,转而探索顺应技术发展的新路径。① 该学者的精彩论述表明,知情同意确实遭遇了前所未有的困境。其根源在于适用的情景发生了彻底改变。如果在大数据的新时代适用,则需要考虑知情同意规则本身的使命。笔者认为,知情同意规则的根本任务在于让个人始终支配个人信息,不至于因为在大数据背景下丧失自我而抛弃人格。基于此,知情同意规则本身不应该被否定,它仍然是数据处理行为的第一正当性基础。毕竟,与任何社会发展相比,人格的发展是第一位的。一旦社会发展有悖于人格的保障与发展,那么这样的社会发展就不能表明是一种进步,或者说这样的发展与人类毫无干系,而只是一种违背人性的发展。但我们也要看到知情同意规则的缺陷。究缺陷之根由,在于知情同意规则的僵硬和死板。知情同意规则的目的不在于限制信息流通,而在于在信息流通下确保个人自由。因此,只要信息流通未损及人格利益,则应当为信息主体所同意。显然,这不能通过事先的知情同意规则进行认定。数据处理行为千差万别且信息主体的人格预期也会时刻

① 参见范为:《大数据时代个人信息保护的路径重构》,载《环球法律评论》2016 年第 5 期。

发生变化。只要数据处理行为合乎一般人的人格预期,即应当视为对知情同意规则的扩展,理应包含在知情同意规则范围之内。为此,我们有必要对知情同意规则进行合理延伸,即只要符合数据处理行为下个人的预期,即符合知情同意规则,从而使得数据处理行为具有合法性基础。

第五章　数据不正当竞争的法律规制

数据不正当竞争，亦称"涉数据不正当竞争"，是司法实务中，对与数据相关的不正当竞争行为的约定俗成的简称，并非一个公认的法律术语，亦无准确、严谨的法律界定。就涉及数据的环节而言，广义上，数据不正当竞争涵盖数据采集、存储、传输、处理、使用、交易、运营全流程中每一环节出现的所有不正当竞争行为；狭义上，则仅指数据采集、使用中的不正当竞争行为。

第一节　国内部分典型案例梳理

"大数据"一词虽然最早出现在 1980 年阿尔文·托夫勒所著的《第三次浪潮》一书中，但直到 2008 年《自然》杂志推出了名为"大数据"的封面专栏后，"大数据"才开始崭露头角；2009 年"大数据"才成为信息技术行业中的热门词汇；2011 年麦肯锡咨询公司发布研究报告《大数据：下一个创新、竞争和生产力的前沿》，最早提出"大数据时代已经到来"。至此，才真正引发全球大数据发展热潮。而数据不正当竞争正是大数据发展的新生伴随现象，因此，为准确把握我国在数据不正当竞争规制上的现状,本书着重梳理2010年以来国内数据不正当竞争领域内的典型案例。

一、国内部分典型案例

(一)上海汉涛信息咨询有限公司与爱帮聚信(北京)科技有限公司不正当竞争纠纷案

此案原告为上海汉涛信息咨询有限公司(以下简称汉涛公司),被告为爱帮聚信(北京)科技有限公司(以下简称爱帮科技公司)及爱帮聚信(北京)信息技术有限公司。法院适用《反不正当竞争法》第2条、第9条、第20条作了判决。

原告经营的大众点评网(www.dianping.com)主要为其用户提供各大城市的餐饮、休闲、娱乐等商户介绍及点评信息,其商户介绍和用户点评已经成为中国消费者选择相关商家和服务的重要参考资料,并为其取得了良好的社会效益和经济效益。被告是爱帮网(www.aibang.com)的经营者。爱帮网与大众点评网在受众人群、盈利模式、经营范围、客户群落等方面完全重合,构成同业竞争。其所展现的用户点评中,除了该站用户所发表的内容,还包括通过垂直搜索方式从其他网站(大众点评网、饭统网、新浪网等)获取注册用户所发表的内容。2007年11月原告曾向被告发送法务公函,要求其停止对大众点评网所享有权利的内容(UCG信息)进行爬取与使用,并在2009年再发声明要求爱帮网公开身份标识,使任何不愿被爱帮网“垂直”搜索的网站可以屏蔽其“爬虫”。但被告仍大量抓取大众点评网站内容。对此,原告认为被告构成侵权,获取不当的浏览量和竞争优势,遂诉至法院。本案经一审、二审两审法院审理,主要的争议焦点为:利用垂直搜索技术获取并使用大众点评网商户的简介和用户点评数据,是否构成不正当竞争?

一审及二审法院认为,被告作为提供搜索、链接服务的网络服务商,应遵守法律规定和相关行业规范,对于特定行业网站的信息的利用,须控制在合理的范围内。垂直搜索在实施过程中仍须遵守反不正当竞争法的相关规定。该技术本身并不具有违法性,但技术的合法性并不表明垂直搜索网站在使用该技术时可以不受任何限制。使用垂直搜索技术的网站对于特定行业网站的信息的利用,应控制在合理的范围内。但爱帮网对大众点评网的点评内容使用,已达到了网络用户无须进入大众点评网即可获得足够信息的程度,超过了适当引用的合理限度,事实上造成爱帮网向网络用户提供的涉案点评内容对大众点评网的相应内容的市场替代,对汉涛公司的合法利益产生实质性损害。对于大众点评网的商户简介和用户点评,爱帮科技公司未付出劳动、未支出成本、未做出贡献,却直接利用技术手段在爱帮网上展示,并以此获取商业利益,属于反不正当竞争法理论中典型的"不劳而获"和"搭便车"的行为,违背了公认的商业道德,扰乱了网络环境下的经济秩序,对市场竞争产生了损害,已构成《反不正当竞争法》所禁止的不正当竞争行为。①

(二)上海钢联电子商务股份有限公司诉上海纵横今日钢铁电子商务有限公司等不正当竞争纠纷案

此案原告为上海钢联电子商务股份有限公司,被告为上海纵横今日钢铁电子商务有限公司和上海拓迪电子商务有限公司。法院适用《侵权责任法》第 8 条、第 15 条及《反不正当竞争法》第 2 条、第 20 条作出了判决。

原告通过其运营的"我的钢铁网"(www. mysteel. com),为客户提供钢铁及相关商业信息服务。原告组建资讯采集团队近千人,建立起了完善的信息采集体系,通过长期的实践与积累,形成了钢铁行业内最详细完整的钢材、特钢、炉料等各项数据库。原告现拥有注册会员 40 余万,其中付费会员约为 4.5 万,对注册付费会员收取信息服务费是原告的主要收入来源之一。原告经调查发现,两被告在其运营的今日钢铁网(www. todaysteel. com)上发布与原告数据信息内容相同的数据信息。原告认为,该数据信息为原告的经营成果,原告对于其数据信息的投资以及由此而产生的正当利益应当受到法律保护,被告行为构成侵权,遂诉至法院。本案主要争议焦点有两个:第一,原告对其主张的数据信息是否享有合法权益?第二,两被告的行为是否构成对原告的不正当竞争?

首先,对于第一个争议焦点,法院认为:原告对钢铁数据信息的采集、编排、

① 参见北京市海淀区人民法院民事判决书,(2010)海民初字第 24463 号;北京市第一中级人民法院民事判决书,(2011)一中民终字第 7512 号。

制作付出了大量投资并承担了投资风险,该数据信息系原告劳动所获得,其经济价值在于较强的即时性。为此,原告与收费会员单独签订技术服务合同,并约定未经许可不得转载或向第三方传播数据信息。原告通过向会员实时发布综合性的钢铁价格信息而获取收益,已经形成了原告所特有的经营模式。其次,原告的数据信息并非其他市场主体能够容易获得的信息。原告信息取得主要是来自其会员单位,这些信息虽是无偿取得,但却是原告长期经营与积累的结果。再次,原告的数据信息具有较强的实用性和商业价值。原告将单个的、分散的市场钢铁价格信息收集整理,对于数据库的使用者而言,能够同时获得大量的钢铁价格综合信息,具有较强的实用性,这也是原告的信息比原始的单个市场钢铁价格信息更具价值的重要因素。同时,原告的数据信息能为原告带来较高的商业利益,对会员收取信息服务费是原告的主要收入来源之一。最后,原告相关钢铁信息数据在新华网、第一财经等权威媒体上进行发布,具备较强的社会影响力和市场知名度,体现了原告的竞争优势。综上,本院认为,原告的数据信息系原告通过付出大量劳动所获得,该数据信息能够为原告带来利益,体现了原告的竞争优势,故原告对其数据信息享有合法权益。

对于第二个争议焦点,法院认为:反不正当竞争法保护的是诚实经营和公平竞争的市场经济秩序,禁止不劳而获的“搭便车”给他人的合法权益造成损害的行为。本案中,两被告未经原告许可,为商业目的向其客户提供原告拥有合法权益的数据信息牟利,是一种不正当利用他人劳动成果获取竞争优势的“搭便车”行为。两被告的行为违反了经营者在市场交易中应当遵守的诚实信用原则和公认的商业道德,损害了原告对其数据信息所享有的合法权益,共同构成对原告的不正当竞争。①

(三)上海汉涛信息咨询有限公司诉北京百度网讯科技有限公司等不正当竞争纠纷案

本案原告为汉涛公司,被告为北京百度网讯科技有限公司和上海杰图软件

① 参见上海市第二中级人民法院民事判决书,(2012)沪二中民五(知)初字第130号。

技术有限公司。法院适用《反不正当竞争法》第2条、第5条第2项、第9条第1款、第20条作出了判决。

原告是大众点评网的经营者,大众点评网为网络用户提供商户信息、消费评价、优惠信息、团购等服务,积累有大量消费者对商户的评价信息。被告在其经营的百度地图和百度知道中大量使用了大众点评网的点评信息。原告认为被告构成侵权,遂诉至法院。本案经一审、二审法院审理,主要的争议焦点为:第一,原被告之间是否存在竞争关系?第二,原告是否因被告的竞争行为而受到损害?第三,被告的行为是否具有不正当性?

对于第一个问题,一审与二审法院认为:反不正当竞争法所调整的竞争关系不限于同业者之间的竞争关系,还包括为自己或者他人争取交易机会所产生的竞争关系以及因破坏他人竞争优势所产生的竞争关系。竞争本质上是对客户即交易对象的争夺。被告通过搜索技术从大众点评网等网站获取信息,并将搜索引擎抓取的信息直接提供给网络用户,其和大众点评网一样都向网络用户提供商户信息和点评信息,它不仅是搜索服务提供商,还是内容提供商,可以认定原被告间存在竞争关系。

对于第二个问题,一审及二审法院认为:虽然被告在百度地图和百度知道产品中使用涉案信息时,提供了跳转链接,但基于日常消费经验,消费者逐一阅读所有用户评论信息的概率极低,对于相当数量的消费者而言,在百度地图和百度知道中阅读用户评论信息后,已经无须再跳转至大众点评网阅看更多的信息。被告的行为已对大众点评网构成实质性替代,这种替代必然会使原告的利益受到损害。

对于第三个问题,一审和二审法院认为,在判断被告的行为是否违反商业道德时,应综合考虑以下几个因素:(1)被告的行为是否具有积极的效果。(2)被告使用涉案信息是否超出了必要的限度。被告通过搜索技术抓取并大量全文展示来自大众点评网的信息,已经超过必要的限度,理由在于:首先,如前所述,这种行为已经实质替代了大众点评网的相关服务,其欲实现的积极效果与给大众点评网所造成的损失并不符合利益平衡的原则。其次,被告明显可以采取对原告损害更小,并能在一定程度上实现积极效果的措施。事实上,百度地图在早期版本中所使用的来自大众点评网的信息数量有限,且点评信息未全文显示,这种使用行为尚不足以替代大众点评网提供用户点评信息服务,也能在一定程度上提升用户体验,丰富消费者选择。(3)超出必要限度使用信息的行为对市场秩序所产生的影响。被告超出必要限度使用涉案信息,这种行为不仅损害了原告的利益,也可能使其他市场主体不愿再就信息的收集进行投入,破坏正常的产业生态,并对竞争秩序产生一定的负面影响。同时,这种超越边界的使用行为也可能损害未来消费者的利益。消费者利益的根本提高来自经济发展,而经济的持续发展必然依赖于公平竞争的市场秩序。就本案而言,如果信息投入者的利益获取不能得到有效保护,则必然使进入这一领域的市场主体减少,消费者未来所能获知信息的渠道和数量亦将减少。(4)被告所采取的"垂直搜索"技术是否影响竞争行为正当性的判断。垂直搜索技术作为一种工具手段在价值上具有中立性,但这并未意味着技术本身可以作为豁免当事人法律责任的依据。无论是垂直搜索技术还是一般的搜索技术,都应当遵循搜索引擎服务的基本准则,即不应通过提供网络搜索服务而实质性替代被搜索方的内容提供服务,本案中被告使用涉案信息的方式和范围已明显超出了提供网络搜索服务的范围。因此,被告行为违背公认的商业道德和诚实信用原则,构成不正当竞争。①

(四)北京微梦创科网络技术有限公司诉北京淘友天下技术有限公司等不正当竞争纠纷案

本案原告是北京微梦创科网络技术有限公司,被告是北京淘友天下技术有限公司和北京淘友天下科技发展有限公司。本案经历一审、二审法院审理,两审法院意见一致。法院适用《反不正当竞争法》第 2 条、第 14 条、第 20 条及《民事诉讼法》第 64 条第 1 款进行判决。

原告经营新浪微博,既是社交媒体网络平台,也是向第三方应用软件提供接口的开放平台。二被告经营的脉脉软件是一款移动端的人脉社交应用软件,上

---

① 参见上海市浦东人民法院民事判决书,(2015)浦民三(知)初字第 528 号;上海市知识产权法院民事判决书,(2016)沪 73 民终 242 号。

线之初因为和新浪微博合作,用户可以通过新浪微博账号和个人手机号注册登录脉脉软件,用户注册时还要向脉脉上传个人手机通讯录联系人,脉脉根据与原告的合作可以获得新浪微博用户的身份标识号码(Identity Document,ID)、头像、昵称、好友关系、标签、性别等信息。原告后来发现,脉脉用户的"一度人脉"中,大量非脉脉用户直接显示有新浪微博用户头像、名称、职业、教育等信息。后双方终止合作,原告关闭向脉脉软件的开放平台的应用编程接口(OpenAPI),①但被告仍利用爬虫技术抓取和使用前述新浪微博用户的相关数据。原告认为被告侵权,遂诉至法院。本案,一审和二审反映出的主要焦点为:(1)被告获取并使用新浪微博用户的职业信息和教育信息的行为是否构成不正当竞争?(2)被告获取、使用脉脉用户手机通讯录联系人与新浪微博用户对应关系的行为是否构成不正当竞争行为?对于这两个问题,一审和二审法院虽在技术事实认定上有差异,但整体立场和最终结论是一致的。

对于第一个问题,二审法院认为,被告获取的新浪微博用户数据包括两种,一是既是新浪微博用户又是脉脉用户的数据,二是只是新浪微博用户而非脉脉用户的数据。从《开发者协议》的内容来看,对于后者,用户通过新浪微博账号登录脉脉应用时,其在新浪微博上填写、登记、公布、记录的信息将被脉脉所收集并使用,但并不能得出脉脉软件可以直接收集并使用非脉脉用户的微博信息。对于前者,被告虽然可以出于应用程序运行及功能实现之目的事先取得用户同意,就所需的用户相关信息按照开放平台的应用程序接口(OpenAPI)的接口规则要求取得,但并无通过《开发者协议》获得读取新浪微博用户的职业信息和教育信

---

① 开放平台的应用编程接口(Open API)是服务型网站常见的一种应用,网站的服务商将自己的网站服务封装成一系列 API 开放出去,供第三方开发者使用,这种行为称作开放网站的 API,所开放的 API 被称作 Open API。OpenAPI 是互联网新的应用开发模式,这种网络应用开发模式能够更好地发挥数据资源价值,实现开放平台方和第三方应用方之间的合作共赢。OpenAPI 通过《开发者协议》来约定双方的权利义务,同时,亦通过该协议来实现保护用户数据信息。OpenAPI 的权限控制和安全权限控制由 OpenAPI 的提供方通过技术手段来控制实现,应用开发者必须在满足相应权限的前提下才有可能访问到相关资源。应用开发者通过 OpenAPI 平台调用数据,平台系统可通过检测响应时间和 Http 响应的状态码,获得相应时间和可用性,同时通过综合可用性的历史信息,得到该 OpenAPI 当前的稳定性指标。

息的权限。此外,《开发者协议》约定“用户同意”与“获得的是为应用程序运行及功能实现目的而必要的用户数据”是并列的两个条件,而非选择性条件。第三方通过开放平台的应用程序接口(OpenAPI)获得用户信息时必须取得用户的同意,用户的同意必须是具体、清晰的,是用户在充分知情的前提下自由做出的决定。关于获取的用户信息应坚持最少够用原则,即网络运营者不得收集与其提供的服务无关的个人信息,即收集信息限于为了应用程序运行及功能实现目的而必要的用户数据。而被告对于用户数据信息的获取以技术的最大能力为范围,对技术的应用不加人为理性地控制,不仅忽视双方之间的《开发者协议》约定的内容及开放平台的应用程序接口(OpenAPI)合作模式的基本原则,还涉及对于用户数据信息的不当利用。在获取用户职业信息和教育信息时明知或应知需要“高级接口(需要授权)”的情况下仍放任技术的抓取能力而获取相应信息,不仅破坏了基于《开发者协议》建立起来的开放平台的应用程序接口(OpenAPI)合作模式,还容易引发“技术霸权”的恶性竞争,即只要技术上能够获取的信息就可以任意取得,从而破坏了互联网的竞争秩序。而且开放平台的应用程序接口(OpenAPI)开发合作模式中数据提供方向第三方开放数据的前提是数据提供方取得用户同意,同时,第三方平台在使用用户信息时还应当明确告知用户其使用的目的、方式和范围,再次取得用户的同意。因此,在开放平台的应用程序接口(OpenAPI)开发合作模式中,第三方通过开放平台(OpenAPI)获取用户信息时应坚持“用户授权+平台授权+用户授权”的三重授权原则。虽然由于原告对于开放平台的应用程序接口(OpenAPI)开放接口权限管理、检测、维护等方面存在技术及管理等问题,导致被告可以通过技术手段获取用户的职业信息和教育信息,但是,被告并没有基于《开发者协议》在取得用户同意的情况下读取非脉脉用户的新浪微博信息,其获取前述信息的行为没有充分尊重《开发者协议》的内容,未能尊重用户的知情权及自由选择权,一定程度上破坏开放平台(OpenAPI)合作开发模式,也违反了是否取得用户同意以及是否保障用户的自由选择这一公认的商业道德,构成不正当竞争。

对于第二个问题,首先,根据被告所使用的协同滤波算法的计算原理,挖掘某一类型数据，只能依据同类型基础数据进行计算。即使其进行协同计算的事实成立，其使用的基础数据仍是从新浪微博非法获取的用户信息。其次，被告将对应关系进行展示亦不属于行业惯例。最后，在数据资源已经成为互联网企业重要的竞争优势及商业资源的情况下，互联网行业中，企业竞争力不仅体现在技术配备，还体现在其拥有的数据规模上。大数据拥有者可以通过拥有的数据获得更多的数据从而将其转化为价值。对社交软件而言，拥有的用户越多将吸引更多的用户进行注册使用，该软件的活跃用户越多则越能创造出更多的商业机会和经济价值。新浪微博作为社交媒体平台，月活跃用户数达到上亿人次，平均日活跃用户数达到千万人次，原告作为新浪微博的经营人，庞大的新浪微博用户的数据信息是其拥有的重要商业资源。用户信息作为社交软件提升企业竞争力的基础及核心，新浪微博在实施开放平台战略中，有条件地向开发者应用提供用户信息，坚持“用户授权 + 新浪授权 + 用户授权”的三重授权原则，目的在于保护用户隐私的同时维护企业自身的核心竞争优势。被告非法获取并展示对应关系的行为损害了公平的市场竞争秩序，也在一定程度上损害了原告的竞争利益。①

(五)淘宝(中国)软件有限公司诉安徽美景信息科技有限公司不正当竞争纠纷一案

本案原告为淘宝(中国)软件有限公司(以下简称淘宝公司)，本案被告为安徽美景信息科技有限公司，由杭州铁路运输法院一审判决，法院依据《反不正当竞争法》第 2 条、第 17 条，《网络安全法》第 22 条第 3 款、第 41 条、第 42 条、第 76 条，《最高人民法院关于审理不正当竞争民事案件应用法律若干问题的解释》第 17 条及《民事诉讼法》第 64 条第 1 款进行判决。

原告系阿里巴巴卖家端“生意参谋”零售电商数据产品的开发者和运营者。淘宝公司通过“生意参谋”面向淘宝网、天猫商家提供可定制、个性化、一站式的商务决策体验平台，为商家的店铺运营提供数据化参考。“生意参谋”提供的数据内容是淘宝公司经用户同意，在记录、采集用户于淘宝电商平台(包括淘宝、天

① 参见北京市海淀区人民法院民事判决书，2015 年海民(知)初字第 12602 号；北京市知识产权法院民事判决书，(2016)京 73 民终 588 号。

猫)上进行浏览、搜索、收藏、加购、交易等活动所留下的痕迹而形成的海量原始数据基础上采取脱敏处理,在剔除涉及个人信息、用户隐私后再经过深度处理、分析、整合,加工形成的诸如指数型、统计型、预测型的衍生数据。被告系“咕咕互助平台”软件、“咕咕生意参谋众筹”网站的开发商与运营商,以提供远程登录“生意参谋”数据产品淘宝用户电脑的技术服务为招揽,通过组织、帮助他人利用已订购“生意参谋”数据产品服务的淘宝用户所提供的子账户的分享、共用,获取“生意参谋”数据产品中的数据内容。原告认为被告构成侵权,遂诉至法院。本案主要争议焦点为:(1)淘宝公司收集并使用网络用户信息的行为是否正当?(2)淘宝公司对于“生意参谋”数据产品是否享有法定权益?(3)被诉行为是否构成不正当竞争?

对于问题一,法院认为:“生意参谋”数据产品所涉网络用户信息主要表现为网络用户浏览、搜索、收藏、加购、交易等行为痕迹信息以及由行为痕迹信息推测所得出的行为人的性别、职业、所在区域、个人偏好等标签信息。这些行为痕迹信息与标签信息并不具备能够单独或者与其他信息结合识别自然人个人身份的可能性,故其不属于网络安全法中的网络用户个人信息,而属于网络用户非个人信息。网络用户行为痕迹信息不同于其他非个人信息,这些行为痕迹信息包含有涉及用户个人偏好或商户经营秘密等敏感信息。因部分网络用户在网络上留有个人身份信息,其敏感信息容易与特定主体发生对应联系,会暴露其个人隐私或经营秘密。因此,对于网络运营者收集、使用网络用户行为痕迹信息,除未留有个人信息的网络用户所提供的以及网络用户已自行公开披露的信息之外,应比照《网络安全法》第41条、第42条关于网络用户个人信息保护的相应规定予以规制。原告在网络上已公示了《淘宝平台服务协议》与淘宝隐私权政策,淘宝隐私权政策明确宣示了收集、使用用户信息的目的、方式、范围,其收集、使用各类网络用户信息与所提供的服务能相互对应,符合“必要与最少限度”的要求。涉案“生意参谋”数据产品所使用的网络用户信息经过匿名化脱敏处理后已无法识别特定个人且不能复原,公开“生意参谋”数据产品数据内容,对网络用户信息提供者不会产生不利影响。并且“生意参谋”数据产品中的部分用户信息虽然来源于天猫网用户，但符合“用户授权网络运营者 + 网络运营者授权第三方 + 用户授权第三方”的三重授权许可使用规则。因此，从规则公开方面来看，原告已向淘宝用户公开了涉及个人信息、非个人信息收集规定的《法律声明及隐私权政策》；从取得用户同意方面来看，淘宝公司在其用户注册账号时通过服务协议、法律声明及隐私权政策的形式取得了授权许可；从行为的合法正当性来看，淘宝公司经授权后收集使用的原始数据均来自淘宝用户的主动提供或平台自动获取的活动痕迹，不存在非法渠道获取信息的行为；从行为必要性来看，淘宝公司收集、使用原始数据的目的在于通过大数据分析为用户的经营活动提供参谋服务，其使用数据信息的目的、方式和范围均符合相关法律规定。因此，原告收集、使用网络用户信息以及“生意参谋”数据产品公开使用网络用户信息的行为符合法律规定，具有正当性。

对于问题二，法院认为：涉案“生意参谋”数据产品中的数据内容虽然源于原始用户信息数据，但经过原告的深度开发已不同于普通的网络数据。首先，该产品所提供数据内容不再是原始网络数据，而是在巨量原始网络数据基础上通过一定的算法，经过深度分析过滤、提炼整合以及匿名化脱敏处理后而形成的预测型、指数型、统计型的衍生数据。其次，该产品呈现数据内容的方式是趋势图、排行榜、占比图等图形，提供的是可视化的数据内容。“生意参谋”数据产品将巨量枯燥的原始网络数据通过一定的算法过滤，整合成适应市场需求的数据内容，形成大数据分析，并直观地呈现给用户，能够给用户全新的感知体验，其已不是一般意义上的网络数据库，而已成为网络大数据产品。对于网络运营者而言，网络大数据产品已成为其拥有的一项重要的财产权益。另外，网络数据产品的开发与市场应用已成为当前互联网行业的主要商业模式，是网络运营者市场竞争优势的重要来源与核心竞争力所在。原告对于“生意参谋”数据产品享有竞争性财产权益。

对于问题三，法院认为：“咕咕互助平台”与“生意参谋”，两者经营的网络服务内容及网络用户群体完全相同，具有高度重合性。原被告之间具有直接竞争关系。被告未付出自己的劳动创造，仅是将“生意参谋”数据产品直接作为自己获取商业利益的工具,其使用“生意参谋”数据产品也仅是提供同质化的网络服务。此种据他人市场成果直接为己所用,从而获取商业利益与竞争优势的行为,明显有悖于公认的商业道德,属于不劳而获“搭便车”的不正当竞争行为。技术本身虽然是中立的,但将技术作为不正当竞争的手段或工具时,该行为即具有可罚性。被告以营利为目的,组织、帮助他人利用已订购“生意参谋”数据产品服务的淘宝用户所提供子账户,擅自获取“生意参谋”数据产品数据内容,损害了淘宝公司的商业利益与商业模式,其并非单纯的技术提供者,而是不正当竞争行为的直接实施者。被告构成不正当竞争。①

(六)深圳市谷米科技有限公司诉被告武汉元光科技有限公司等不正当竞争纠纷一案

本案原告是深圳市谷米科技有限公司,被告是武汉元光科技有限公司和邵某某、陈某、刘某红、刘某朋、张某,法院依据依照《反不正当竞争法》第2条及《民事诉讼法》第64条第1款的规定进行判决。

原告发布并运营一款名称为“酷米客”的实时公交应用程序。该实时公交应用程序的运行需要后台大量汽车实时公交位置数据的支持。为此,原告通过与公交公司合作在公交车上安装定位器以获得海量数据。2015年11月左右,被告公司为了提高其开发的智能公交“车来了”应用程序在中国市场的用户量和信息查询的准确度,公司法定代表人被告邵某某授意被告陈某指使被告刘某红、刘某朋、张某等人利用网络爬虫软件获取原告公司服务器内的公交车行驶信息、到站时间等实时数据。其中,本案5个自然人被告已被深圳市南山区人民法院(2017)粤0305刑初153号刑事判决认定构成非法获取计算机信息系统数据罪。本案的主要争议焦点是:(1)被告公司利用网络爬虫技术获取“酷米客”软件的实时公交信息数据的行为,是否构成对原告的不正当竞争?(2)5个自然人被告的行为是否构成对原告的不正当竞争?

第一个问题,法院认为:首先,“酷米客”软件实时公交数据不属于公共信息。

① 参见杭州市互联网法院民事判决书,(2017)浙8601民初4034号。

其次,即使被告公司获得案外人的许可,可以大量使用“酷米客”软件的数据,其亦未提交证据证明该案外人已经获得原告使用该软件的数据的许可,且该被许可人可以再授权他人使用。再次,“酷米客”软件实时公交信息数据虽然系免费提供公众查询,但公众获取数据的方式须以不违背该软件著作权人即原告意志的合法方式获取,即应当通过下载“酷米客”手机应用程序或者登录原告网站等方式来查询,而非未经原告许可,利用网络爬虫技术进入原告的服务器后台的方式非法获取,故被告以原告的数据可自由访问来证明其获取方式合法性的主张不能成立。最后,在市场竞争环境中,用户黏性强弱是衡量产品或服务竞争力的重要评价指标。某项产品或服务即使推出之时是免费的,但随着用户对产品依赖度稳步提升,经营者往往后续会推出相应增值服务或衍生产品,这在市场实践中并不鲜见。被告公司利用网络爬虫技术大量获取并且无偿使用原告“酷米客”软件的实时公交信息数据的行为,实为一种“不劳而获”“食人而肥”的行为,已构成不正当竞争。即使被告“车来了”应用程序确如被告而言在案发时的行业排名高于原告“酷米客”应用程序,也不能以此否定被告案涉被诉行为的可责难性。这是因为,不正当竞争行为的认定与具有竞争关系的商品或者服务其本身的市场份额占有率并不具有直接关系,是否构成不正当竞争,其评定标准是竞争方式是否符合同业者遵循的商业惯例、是否违背公认的商业道德,不能排除在某时期市场占有率高的一方采取不正当行为方式针对市场占有率低的一方实施竞争行为的可能性,更不能排除市场占有率高的原因是以不正当手段谋取自身竞争优势所致的可能性。

第二个问题,法院认为:5 个自然人被告在被诉行为发生时均系被告公司员工。南山区人民法院 153 号刑事判决书已认定该 5 人采用网络技术手段获取原告实时公交数据信息属于单位犯罪,其行为利益归属于被告公司,5 个自然人被告均不构成不正当竞争行为。①

---

① 参见深圳市中级人民法院民事判决书,(2017)粤 03 民初 822 号。

(七)深圳市腾讯计算机系统有限公司、腾讯科技(深圳)有限公司诉浙江搜道网络技术有限公司等不正当竞争纠纷一案

本案原告是深圳市腾讯计算机系统有限公司、腾讯科技(深圳)有限公司,被告是浙江搜道网络技术有限公司、杭州聚客通科技有限公司。法院主要适用《反不正当竞争法》第2条、第12条进行判决。

原告系微信软件的著作权人和微信产品的经营者,被告开发、运营的"聚客通群控软件",利用"艾克斯坡势得"(Xposed)外挂技术将该软件中的"个人号"功能模块嵌套于个人微信产品中运行,为购买该软件服务的微信用户在微信平台中开展商业营销、管理活动提供帮助。主要表现为自动化、批量化操作微信的行为,包括朋友圈内容自动点赞、群发微信消息、微信被添加自动通过并回复、清理僵尸粉、智能养号;监测、抓取微信用户账号信息、好友关系链信息以及用户操作信息(含朋友圈点赞评论、支付等)存储于其服务器,攫取数据信息。两原告认为被告的行为妨碍微信平台的正常运行,损害了其对于微信数据享有的数据权益,遂诉至法院。本案的争议焦点主要为:(1)平台数据权益与用户个人数据之间的关系如何界定?(2)被控侵权软件擅自收集微信用户数据,存储于自己所控制的服务器内的行为是否构成不正当竞争?

对于第一个问题,法院认为:两原告主张数据权益的微信平台数据,可以分为两种数据形态,一是数据资源整体,二是单一数据个体。网络平台方对于数据资源整体与单一数据个体所享有的是不同的数据权益。就微信平台数据资源整体而言,微信产品数据资源系两原告投入了大量人力、物力,经过长期经营积累聚集而成的,该数据资源能够给两原告带来商业利益与竞争优势,两原告对于微信产品数据资源应当享有竞争权益。就微信平台单一数据个体而言,原告所主张其享有数据权益的数据是指微信用户账号数据、好友关系链数据、用户操作数据。该部分数据只是微信平台的原始数据,并非微信产品所产生的衍生数据。对于原始数据,数据控制主体只能依其与用户的约定享有有限使用权。由于网络资源具有"共享"的特质,单一用户数据权益的归属并非谁控制谁享有,使用他人控制的用户数据只要不违反"合法、正当、必要、不过度、征得用户同意"的原则,一般不应被认定为侵权行为。因此,原告对于某个特定的单一微信用户数据并不享有专有权。

对于第二个问题,法院认为:被控侵权软件具有收集、存储及监控微信产品数据功能,即便两被告经过了微信平台中相关经营性用户的授权许可或者经营性用户对于自己提供于微信平台的信息享有数据携带权,但上述微信数据并非相关经营性用户单方信息,还涉及微信平台中作为经营性用户微信好友的其他微信用户个人账号数据以及经营性用户与其微信好友通过相互交集而共同提供的用户数据。两被告擅自将该部分并不知情的微信用户的数据移作由自己存储或使用,不符合用户数据可携带的基本要求,构成了对微信用户信息权益的侵害。另外,两原告的个人微信产品作为社交平台,其主要功能是帮助用户与其他用户相互交换信息、交流情感进行交际。由于社交活动具有较多私密性,且微信用户数据具有用户社交信息与用户身份信息一并记录的特点,微信用户对于其个人微信数据具有很高的敏感性及安全性要求。微信产品使用过程中社交信息安全性的用户体验获得,直接关系到用户使用微信产品的意愿,构成了微信产品经营生态的底线要求。两被告的被诉行为已危及微信产品用户信息安全,势必导致微信用户对微信产品丧失应有的安全感及基本信任,减损微信产品对于用户数据流量的吸引力,进而会恶化两原告既有数据资源的经营生态,损害两原告的商业利益与市场竞争优势,实质性损害两原告对于微信产品数据资源享有的竞争权益。因此,两被告通过被控侵权软件擅自收集微信用户数据,存储于自己所控制的服务器内的行为不仅危及微信用户的数据安全,且对两原告既有数据资源竞争权益构成了实质性损害,两被告此种利用他人经营资源损人自肥的经营活动不仅有违商业道德,也违反了相关法律规定,属于违反《反不正当竞争法》第 2 条规定的不正当竞争行为。[①]

二、典型案例反映出的特点

通过对前述典型案例的研读、分析可见,数据不正当竞争案件呈现如下几个

---

① 参见杭州互联网法院民事判决书,(2019)浙 8601 民初 1594 号。

特点。

第一,数据抓取、使用问题上,矛盾突出。前述7个典型案例,被告都是因为抓取了原告控制的数据,并将相应数据使用到自己的商业活动中而引发诉讼。这也是由数字经济"得数据者得天下"的特点所决定的,抓取是利用的前提。事实上,国外的数据不正当竞争案例同样也是围绕数据的抓取、利用而展开的,如易贝诉投标利刃公司(Ebay v. Bidder's Edge)案①、Facebook诉动力网(Facebook v. Power. com)案②、克雷格列表网诉三拍公司(Craigslist v.

① 被告是一家通过自动收集多个拍卖网站信息并向其用户提供拍卖列表的数据库的网站,原告是一家网上拍卖公司。在1998年,原告允许后者将关于豆豆娃玩具(Beanie Babies)和菲比精灵玩具(Furby)的拍卖信息挂在被告的网上。但1999年4月24日,其宣称被告已经通过"爬虫"抓取其数据90天。双方曾试图通过和解获取正式的授权,但因为技术争议而失败。此后,被告从其他网站获取拍卖资源。(其中仍有69%的数据来源于原告。)易贝(Ebay)称仅在被告被用户请求使用时,被告才能获授权访问,这样能增加被告提供数据的正确性,也能减少原告的网页负担。(被告每天利用爬虫访问易贝网近10万次,占了原告每天数据量的1.53%。)1999年在易贝公司电话禁止被告抓取拍卖信息后,被告停止数据抓取。但在发现其他拍卖网站仍旧使用易贝公司的相关数据后,便继续抓取易贝网的相关数据。随后,易贝公司在书面通知被禁止抓取数据后,通过关闭互联网协议(Internet Protocol,IP)地址试图阻止被告访问其网页。但被告利用技术手段"代理服务器"(proxy serves)规避互联网协议地址封锁。在本案中,被告所抓取的在网页上公开的商业信息,被告认为虽然在无授权的情况下抓取数据,但是由于没有造成实质损害而不能视为侵害行为。但是法院却认为该行为属于"侵害动产"中的"擅自处置他人动产",并且基于"被告以复制原告拍卖信息数据库为目的,利用爬虫访问原告的电脑或者网站"为由,针对被告的行为发布了临时禁令。

② 动力投资(Power ventures)运营着一家汇集用户在其他社交网站、通信服务上广泛传播的数据(包括领英、推特、雅虎等)。其聚集方式展现在它的宣传语"将所有朋友聚在一起"中,被告想要为其用户提供一个网址以可见所有的朋友。被告试图使其用户在该网站上访问Facebook上的个人资料,而Facebook允许第三方提出申请与其社交服务进行互动,前提是这些申请需遵守标准协议与程序(由Facebook单方拟定),即第三方必须同意原告的服务条款、使用条款以及其他的应用政策。同时"如果第三方网站使用原告的联外通服务,Facebook将与第三方专有的数据进行交换"。在双方试图达成协议失败后,2008年12月底,被告通知原告其将会在不使用联外通情况下运营网站,但将继续抓取原告采取了技术措施封锁访问的网站。被告随后为其Facebook账户签署接受了服务条款,接着询问其成员中的Facebook用户提供他们的用户名和密码,以便获得他们个人信息的访问和抓取他们的个人数据。在本案中,所抓取的为用户生成内容(User-generated Content,UCG)信息。但是针对这类信息,被告仅在获得用户授权之后进行抓取。而法官认为Facebook单方拟定的种种使用协议可以成为抗辩第三方进行数据抓取的事由,一旦Facebook采用技术安全措施禁止动力网抓取数据,后者就没有授权进行该行为。

3TAPS）案[①]、医疗保健机构诉哈丁事务所（Healthcare v. Harding）案[②]等。有人根据菜鸟与顺丰之间的数据之争事件，[③]认为数据不正当竞争在数据交易或共享领域亦有体现，并且更加复杂。因为该事件中，无论是哪一方的单方面断开数据接口或回转，所涉及的行为并没有直接的非法数据抓取或者使用，但是关闭数据接口的同时可能排除顺丰速递与其他同业竞争者之间的公平竞争，而且彼此屏蔽物流信息的直接受害者之一便是广大的消费者——致其不能及时发送货物与获取物流信息。不过，该事件是否可以定性为数据不正当竞争，尚待商榷。既云

① 原告克雷格列表网（Craigslist）是一家致力于为用户提供发布和浏览房屋分类广告平台的网站，被告三拍公司（3TAPS）是一家致力于对收集公共数据库的数据抓取运营公司。而派德迈普（Padmapper）则是一家致力于房屋广告浏览的网站。通过数据抓取，后两者合力为浏览原告广告提供了一个可选择的用户界面。2012 年 7 月原告发出了一份书面的勒令停止信，并采用关闭用户接口的技术手段来阻止这一行为。在关闭接口后，被告依旧用技术手段抓取原告数据。2012 年 7 月原告改变其服务条款，宣称其对用户发表信息的排他性权利。但在美国电子前沿基金会（Electronic Frontier Foundation，EEF）的施压下取消了这一改变的服务条款。而三拍公司（3TAPS）也将其抓取的数据共享给派德迈普（Padmapper）。在本案中，被告所抓取的数据为公共信息。被告称其业务系基于公共网站（尤其是广告类，目的在于传播与推广），而任何人都有授权访问该网站，但是法院认为当原告收回授权时，被告则为无授权访问，并且勒令停止信与关闭 IP 时充分的网络侵权通知。

② 医疗保健机构（Healthcare）是一家与患者医院合作并对患者进行评估的组织。2013 年 6 月原告提出对其竞争者的商标权侵权诉讼。被告为一家从事知识产权方面案件，并为原告在 2003 年竞争一案中的代理律师。在庭前调查阶段，被告运用第三方网站"互联网时光机"（Wayback Machine）来浏览原告网站中 2003 年纠纷以前的内容。被告浏览并打印了原告网站的快照档案，并且在 2003 年用该内容为其客户抗辩。原告运用了一种"爬虫协议"（robot. txt）的安全技术手段来防止向"互联网时光机"（Wayback Machine）这样的网站进行网页快照。其通过安装爬虫协议，在类似"互联网时光机"（Wayback Machine）网站在浏览其网页时，通知其拒绝公众浏览该内容。在执行该程序后，原告宣称不允许公众进行"网页快照"。但是原告在运用的过程中，"互联网时光机"（Wayback Machine）出现了故障不能识别爬虫协议，因此，一些原告的网页快照能够被公众浏览。所以被告对曾经的网站内容进行了浏览和打印。在本案中，涉及数据为公开的商业数据。但是原告通过技术手段"爬虫协议"对其内容设置了一定的权限要求。本案的争议在于当出现技术故障使得不能读取原告所设置权限时，继续访问与数据抓取是否构成超越访问权限。被告首先在访问前对访问内容进行申请，由"互联网时光机"（Wayback Machine）直接发送内容链接。法院认为，技术措施的故障就等于并由进行权限设置，被告在没有规避任何爬虫协议情形下（无论主观是否知情），则不属于超越权限的数据抓取。

③ 菜鸟网络科技有限公司是阿里巴巴集团牵手其他快递公司所建立的一个共享数据平台。2017 年 6 月 1 日凌晨，菜鸟宣称顺丰速递关闭了对其自提柜数据的信息回转。随后，顺丰速递宣称，"菜鸟基于自身商业利益出发，要求提供与其无关的客户隐私数据，此类信息隶属于客户，本着'客户第一'的原则，拒绝这一不合理要求，菜鸟随后单方面于 2017 年 6 月 1 日 0 点切断丰巢信息接口"。很快，国家邮政局召集菜鸟网络和顺丰速运高层来京，就双方关闭互通数据接口问题进行协调。双方表示将从讲政治顾大局的高度出发，积极寻求解决问题的最大公约数，共同维护市场秩序和消费者合法权益，并同意从同年 6 月 3 日 12 时起，全面恢复业务合作和数据传输。

"交易""共享",显然二者之前是有合意的,不论是什么原因,一方要中断或双方要互相中断交易、共享,关闭数据接口的行为,更应由合同法调整;如果这种交易、共享或者要求交易、共享损害到用户个人的数据利益,则对于用户而言,要维护自身的权益,更应由消费者权益保护法或其他数据安全、管理方面的法律来调整,就算交易、共享的某一方打算为用户"仗义出头",也与反不正当竞争法无关。

第二,《反不正当竞争法》一般条款被高频适用。《反不正当竞争法》第2条规定是一般条款,其规定:"经营者在生产经营活动中,应当遵循自愿、平等、公平、诚信的原则,遵守法律和商业道德。本法所称的不正当竞争行为,是指经营者在生产经营活动中,违反本法规定,扰乱市场竞争秩序,损害其他经营者或者消费者的合法权益的行为。本法所称的经营者,是指从事商品生产、经营或者提供服务(以下所称商品包括服务)的自然人、法人和非法人组织。"该条不仅在互联网其他不正当竞争案件的审理过程中被高频使用,在数据不正当竞争案件的审理中,亦是如此。即使是在2017年《反不正当竞争法》第12条专设了互联网不正当竞争条款后,其仍然使用得极为频繁。可以说,该条款已成为审理包括数据不正当竞争在内的互联网不正当竞争案件的首选适用。这一方面,暴露出该法第12条①将互联网不正当竞争行为局限在有限的几种技术手段层面的不足;另一方面也反映出在不断发展的互联网经济中,新兴的技术手段和商业模式层出不穷,一般条款的弹性较大,可以用于灵活解决新手段、新模式带来的新问题。

第三,三重授权原则的提出和重视。在新浪诉脉脉一案中,首次提出的"用户授权+平台授权+用户授权"的三重授权原则影响甚大,并在淘宝(中国)软件有限公司诉安徽美景信息科技有限公司不正当竞争纠纷一案中,被再次强调。三重授权原则具体含义有3层:首先,利用个人信息必须有用户明确、清晰的授

---

① 《反不正当竞争法》第12条规定:"经营者利用网络从事生产经营活动,应当遵守本法的各项规定。经营者不得利用技术手段,通过影响用户选择或者其他方式,实施下列妨碍、破坏其他经营者合法提供的网络产品或者服务正常运行的行为:(一)未经其他经营者同意,在其合法提供的网络产品或者服务中,插入链接、强制进行目标跳转;(二)误导、欺骗、强迫用户修改、关闭、卸载其他经营者合法提供的网络产品或者服务;(三)恶意对其他经营者合法提供的网络产品或者服务实施不兼容;(四)其他妨碍、破坏其他经营者合法提供的网络产品或者服务正常运行的行为。"

权。其次,相关的平台服务者基于自己的运营行为而获得的数据信息,属于自己核心的商业资产,受到法律保护。第三方需要利用相关的数据信息时,也同时必须获得平台明确的、清晰的授权。最后,个人信息获取范围进一步扩大或变化时(或是应用于数据合作领域时),仍然需要再次获得用户的授权。该原则的审判思路在《著作权法》关于演绎作品的"双重许可"的规定中,其实可见一定端倪。《著作权法》第12条规定:"改编、翻译、注释、整理已有作品而产生的作品,其著作权由改编、翻译、注释、整理人享有,但行使著作权时不得侵犯原作品的著作权。"其第34条规定:"出版改编、翻译、注释、整理、汇编已有作品而产生的作品,应当取得改编、翻译、注释、整理、汇编作品的著作权人和原作品的著作权人许可,并支付报酬。"将这两条结合起来,类比套用到数据不正当竞争中去,演绎者①(平台)要取得原作品作者(用户)的同意,第三方要使用演绎作品(平台数据),需征得演绎者(平台)、原作品作者(用户)的同意。二者都是要求第三方如要使用演绎作品(平台数据),不论从原始层面还是衍生层面,都要获得相关权利人或权益人的同意,确保来源的合法性。事实上,如果继续回溯案例,在2006年的安客诚信息服务(上海)有限公司与上海辰邮科技发展有限公司等侵犯商业秘密纠纷案的审判思路中,亦已为三重授权原则的提出埋下了土壤。在审理该案时,法官对诉争数据或数据集进行了来源合法性审查,②虽然该案只审查了用户与平台之间这一层的数据来源合法性问题。

第四,技术虽然中立,但使用技术的方式不能越过合理、必要范围。相较于传统的不正当竞争,经营者通常需要在互联网技术支持下实施具体的数据不正

---

① 即改编、翻译、注释、整理、汇编作品的著作权人。

② 根据(2006)沪高民三(知)终字第92号判决书,该案的亮点在于上诉法院的法官虽然认定原告的数据属于商业秘密,但由于其取得数据的过程不合法,法院最终没有支持认定原告侵犯商业秘密的诉求。法院认为:对于商业秘密侵权纠纷案件来讲,权利人的商业秘密能够受到法律的保护,前提条件就是其诉称的该商业秘密具有合法性。所谓合法性,即当事人对该技术信息和经营信息的获取、使用等均不违反法律的规定以及不损害他人的合法权益。经查,由于本案所涉的有关数据信息涉及公民个人的有关信息,与其他技术信息和经营信息相比,其具有较大的特殊性。如果不经过合法程序而对这些个人信息进行获取和使用将会造成对公民个人权利的损害。因此,上诉人对其主张的有关数据信息商业秘密,应当举证证明其取得及使用这些有关数据信息具有合法的依据。否则,上诉人要求保护的商业秘密就不能受到法律的保护。

当竞争行为。因而,在认定相关行为的不正当性时,往往还需要考虑技术所扮演的角色。技术中立往往成为被告抗辩的理由,但技术中立不等于使用技术的方式必然合法。前述典型案例中,凡涉及技术的论证时,法院都是首先推定技术是正当的,接下来再分析行为人使用技术的程度、目的是否合理、必要。

第五,用户个人信息保护方面的利益成为重要考虑因素。仔细研读前述典型案例的判决书,在《反不正当竞争法》一般条款的适用上,仍是遵循最高人民法院在(2009)民申字第1065号山东省食品进出口公司等与青岛圣克达诚贸易有限公司等不正当竞争纠纷再审案①中提出,适用《反不正当竞争法》第2条认定构成不正当竞争应当同时具备以下条件:(1)法律对该种竞争行为未作出特别规定;(2)其他经营者的合法权益确因该竞争行为而受到了实际损害;(3)该种竞

---

① 被告马某某于1986年进入原告山东省食品进出口公司(以下简称山东食品)工作,2006年12月劳动合同自行到期终止。在2006年9月,被告青岛圣克达诚贸易有限公司(以下简称圣克达诚公司)成立,该公司法定代表人为马某某的外甥、监事为马某某的配偶,马某某离职后便任职于该公司。山东食品等4家公司自2001年起便获得了中国粮油食品进出口(集团)有限公司(以下简称中粮集团)所分配的特定区域产海带出口日本的数量配额。前述配额下达后,主要由马某某代表山东食品与日本东海水产贸易(株)等公司签订《贸易合同》,办理海带出口业务。2007年1月10日,中粮集团下属中粮国际(北京)有限公司分别向山东食品以及圣克达诚公司发出《关于报送海带经营计划的通知》,要求两公司报送海带出口工作计划,并据此决定海带出口经营公司,随后中粮国际(北京)有限公司对两公司分别进行了考察。2007年2月14日,中粮国际(北京)有限公司决定将2007年威海海带出口日本业务交由圣克达诚公司执行,最终,圣克达诚公司获得310吨威海地区产海带出口配额,山东食品获得320吨威海地区产海带出口配额。原告诉至法院。一审法院认为:如果正当经营者通过自身的努力获得了某种竞争优势,而其他经营者通过不正当手段获取了该竞争优势并给正当经营者造成了损失,扰乱了社会经济秩序,符合《反不正当竞争法》第2条原则性条款的,应当属于不正当竞争行为。本案中,对日出口海带贸易的机会并非任何一个具有进出口业务资格的企业可以自主通过申报计划书等方式从公开的途径获得,山东食品获得的这种竞争优势是通过公平方式获取的;尽管从形式上来看,圣克达诚公司获得对日出口海带贸易机会是通过申报出口海带计划并接受相关单位考察后获得的,但是没有证据显示圣克达诚公司是通过公平竞争的方式获取到该贸易机会;而圣克达诚公司获取了对日出口海带贸易的机会,与山东食品形成了直接的竞争,并造成了山东食品经济损失,故马某某、圣克达诚公司的行为构成不正当竞争,并据此判决两被告在3年内不得经营对日出口海带贸易,同时赔偿原告200余万元经济损失。两被告不服一审判决,向山东省高级人民法院提起上诉。山东省高级人民法院认为:马某某被控行为没有违反诚实信用原则,也没有违反公认的商业道德,其行为不具有不正当性,不构成不正当竞争。山东食品与马某某没有保守商业秘密的约定,也不存在法定和约定的竞业限制,山东食品不能依据《反不正当竞争法》第2条的规定限制其自由竞争,获得特殊保护,原审判决依据《反不正当竞争法》第2条对涉案行为进行保护属于适用法律错误。故此撤销一审判决,驳回山东食品的全部诉讼请求。山东食品向最高人民法院提起再审申请,最高人民法院最终驳回了山东食品的再审申请。

争行为因确属违反诚实信用原则和公认的商业道德而具有不正当性。基于互联网行业中技术形态和市场竞争模式与传统行业存在显著差别,为保障新技术和市场竞争模式的发展空间,法院认为在互联网行业中适用《反不正当竞争法》第2条更应秉持谦抑的司法态度,在满足上述3个条件外,还需满足另外3个条件才可适用。也就是说:(1)该竞争行为所采用的技术手段确实损害了消费者的利益,例如,限制消费者的自主选择权、未保障消费者的知情权、损害消费者的隐私权等;(2)该竞争行为破坏了互联网环境中的公开、公平、公正的市场竞争秩序,从而引发恶性竞争或者具备这样的可能性;(3)对于互联网中利用新技术手段或新商业模式的竞争行为,应首先推定其具有正当性,而不正当性需要证据加以证明。也就是说,双方是否具有竞争关系、原告对数据是否享有合法权益、被告行为是否具有可责难性,是被告行为是否构成数据不正当竞争的主要考虑因素。其中,行为可责性判断时,除了考虑经营者利益是否受损外,随着2017年的《反不正当竞争法》修改,消费者利益亦应当纳入一般条款适用应当考虑的因素。而在数据这一领域,消费者利益显然主要指用户个人信息保护方面的利益。不论是平台对数据进行采集、使用、交易、处理的过程中,还是第三方对平台数据的抓取、使用过程中,都不可避免地涉及用户个人数据的权益问题。正因如此,前述典型案例中,对于用户个人信息保护方面的利益是否受损,在判决中才会被经常分析。

第二节　美欧在数据不正当竞争规制上的做法

不同的竞争法体系会导致针对数据不正当竞争行为进行规制时所适用的规则各有特点。[①]

---

① 本节第一和第二部分主要吸收了张梦瑶《数据不正当竞争行为的认定研究》(西南政法大学2019年硕士学位论文)的部分内容。张梦瑶在笔者主持的“数据资产运营中的法律问题”课题研究中,作为研究助手之一,为课题组做过较多国外资料的翻译、整理、综述工作。

一、美国的主要做法

尽管不同案件中违法行为的表现形式略有不同,但原告所援用的法案具有较高的相似性。在大部分案件中,原告以违反《计算机欺诈与滥用法》(Computer Fraud and Abuse Act,CFAA)、《数字千年版权法案》(Digital Millennium Copyright Act,DMCA)、《联邦贸易委员法》为由提出诉讼请求的居多;①同时,在易贝诉投标利刃公司(Ebay v. Bidder's Edge)一案中,法院还曾用"侵害动产说"对该行为进行推论。总之,法院对数据相关行为的不当性主要是从以下 4 个方面进行分析。

(一)经营者在公开网站上的数据受法律保护

法院基本认可了公开网站上的数据或信息虽然面向大众,但并不当然可被抓取与使用的观点。

首先,从《计算机欺诈与滥用法》角度而言,尽管数据对外公开,但对采取了技术安全措施的网站而言,无授权的数据抓取可能涉及计算机安全问题,属于违法行为,②这也是诸多法院认为公开网站数据受保护的原因之一。不难看出,无论数据控制者是否对网站上的数据享有著作权、竞争利益或其他利益,一旦其采取了安全技术措施,就都属于《计算机欺诈与滥用法》所保护的法定利益。

其次,从《数字千年版权法案》角度而言,法院认为数据控制者对其公开网站的数据内容可以有条件地享有著作权。法院所认可的受《数字千年版权法案》保护的网站需在美国著作权局进行注册,并认定在网页上进行公开的行为属于该法所保护的复制权。

最后,从"侵害动产学说"角度而言,法院认为网站公开的数据是属于控制者

---

① 根据《计算机欺诈与滥用法》(CFAA)第 1030(2)条的规定:如果行为涉及州际或者国外的通信,在没有获得授权,或者超越授权情况下故意访问计算机,并且从任何受保护的计算机上获取信息属于违法行为。

② Ebay v. Bidders_edge, Case No. C-99-21200 RMW.

的动产，未经许可的抓取行为剥夺了数据控制者对其财产处分的权利。[①] 值得注意的是，当网络平台仅为数据的收集、处理者而非创造者时，是否能赋予网站运营商以具有排他权效力的财产权尚存争议。尽管加州最高法院驳斥了本案对"侵害动产说"的应用，但其仅是因为在本案中被告对原告并没有造成实质性损害，而没有否认公开网站数据属于运营商私有财产的性质。

综上所述，公开网站上的数据是否受法律保护最重要的因素在于网络运营商是否采用安全技术措施以防止他人的访问与抓取，而赋予经营者享有数据财产权需要特定的要件。

（二）数据抓取、交易不正当性分析——"未经授权"之判定

"是否获得授权"在很大程度上决定了数据抓取、使用、交易的侵权行为是否成立。而"未经授权"的主要表现形式分为两种。

首先，未经网络平台授权。若经营者采取了以下两种技术措施，一为在侵权行为发生前所设置的技术安全设施，例如，在网站中设置爬虫协议（robots. txt）进行注明；二为在侵权行为发生后的救济行为，例如，关闭互联网协议地址与数据接口等。行为人规避技术措施则属于"未经授权"。若经营者明确提出禁止访问与抓取的书面或口头意思表示，一是为经营者在服务条款（或使用条款）中明确的"未经授权不得……"之表示；二是为经营者发现侵权后，口头传递的"禁止抓取"或者书面的"停止侵权函"之表示。行为人违背经营者意思表示则属于"未经授权"。从判决书中可以发现，大多数的法院基本认可了以上任意一种"未经授权"的判定方式。

其次，未经数据主体授权。美国联邦贸易委员会自 1995 年欧盟发布个人数据保护的指令以来，基本采用"通知—同意"策略保护个人数据。[②] 即使这一策

---

① 这一说法确立于易贝诉投标利刃公司（Ebay v. Bidder's Edge）一案，也是法院首次将这一学说应用于网络侵权行为。法院认为，将"侵害动产"应用于未经授权使用远程电话线一案有相似性，被告通过电子信号的行为足以支持"动产侵害"，因而其将原告公布在网站上的拍卖信息类比为网站运营者的动产（或者财产）。

② 参见周学峰、李平主编：《网络平台治理与法律责任》，中国法制出版社 2018 年版，第 13 ~ 15 页。

略表面上充分保护了数据主体的知情权与选择权,但实际操作中格式条款的应用仍使“同意”流于形式。在美国捷威公司(Gateway)[①]改变隐私政策一案中,该公司表示,“若用户要求不同意对外出售个人数据,需要提出明确反对”,但联邦贸易委员会认为这属于不公平的商业行为,这样的服务条款不能视为用户“同意”。由此可见,经营者对用户个人数据的采集、使用与交易需要用户的明示且积极授权,而不能通过默示、消极授权的方式,否则经营者的行为将视为“未经用户授权”。

(三)损害认定

在这些案件中,被侵害人遭受损害也是判定与数据相关行为违法性的要件之一,其主要是从经营者与消费者两个层面进行损害分析。

首先,经营者的损害认定分为以下 3 类。

一为止损支出。其中包括为控制因侵权行为导致的损害扩张,并尽可能地挽回损失所采取手段的合理费用,包括恢复数据与计算机系统的费用;防止第三方继续侵害而采取技术措施等所支出的费用;为了寻求法律救济支出的诉讼费等。

二为实质损害。其属于直接给经营者带来的经济贬损,可被分为直接损失与间接损失。直接损失首先包括用户数量或者用户访问量的降低。对于当下大部分的网络运营商而言,其运作模式通常为面向最广大群众提供免费服务以吸引流量,并在此基础上吸引广告商、开发新的增值服务等获取经济收入。因此,用户数量或者访问量的流失极可能会直接影响该类企业的经济效益。间接损失是行为人为经营者带来的负面效应。例如,在易贝诉投标利刃公司(Ebay v. Bidder's Edge)一案中,由于原告的爬虫协议自动抓取行为,每天在原告网站上抓取 10 万次左右,因而导致网络用户对网站减慢的浏览速度进行投诉。

三为潜在损失。在易贝诉投标利刃公司(Ebay v. Bidder's Edge)一案中,法院在使用“侵害动产”时,对损害的认定因素之一便是潜在损失。被告承认其抓

---

① 该公司是一家 1985 年成立于美国艾奥瓦州的公司,现成长为美国知名的个人电脑品牌,2007 年 10 月被我国台湾宏碁公司以 7.1 亿美元收购。

取了原告之数据，但仅仅为极小一部分，对原告并没有造成实质的经济损害。然而，法院认为，若不禁止这样的行为，那么类似这样的中小型网站将会效仿这种行为，因而会给原告造成难以挽回的损失。但加州最高法院在英特尔诉哈咪蒂公司（Intel v. Hamidi）一案中否定了这种推论，认定这属于逻辑谬误。①

所以，在损害认定中，通常可通过止损支出与实际损害认定行为的危害后果，而潜在损失不能成为认定“侵害动产”的衡量标准。但这并不意味着潜在损失不能成为判断“不公平商业行为”与否的影响因素，是否将潜在损失作为损害后果的认定标准，还需结合个案与相关规定。

其次，消费者的损害认定。根据《联邦贸易法》的规定，“不公正的商业行为”被限定为“给消费者带来严重损害，且不存在其他更重要的有利于消费者或竞争者的益处”。② 在数据引发的不当商业行为中，主要的消费者损害表现为对个人数据隐私的侵害。近 20 年来，美国联邦贸易委员会对包括谷歌公司、亚马逊公司、Facebook 在内的多家互联网企业进行了大量的调查和处罚，以保护消费者在数据隐私上免受侵害。

（四）数据抓取中的豁免事由

其主要是指由技术故障所产生的豁免事由，以判断相关行为是否因规避或者破坏技术安全措施而具有违法性。在医疗保健机构诉哈丁事务所（Healthcare v. Harding）一案中，被告通过第三方的数据抓取行为仅是由于技术故障无法识别被侵权人的“授权内容”导致。在判断行为人是否规避技术措施时，首先，就主观故意而言，由于技术故障使行为人难以立即发现未经授权的数据抓取行为，甚至不知情，因而难以构成主观故意。其次，就客观行为而言，行为人事实上并没有实施经营者所禁止的规避技术手段的数据抓取行为，而是由于技术失误无法识别，因而造成其对“未经授权”的数据抓取难以控制。法院在进行事实推定时认为，当出现技术故障时，即可视为并没有设置技术安全措施，被告的行为则不应当认为是规避安全措施的行为，而应属于事实上没有“未经授权”的抓取行为。

① 参见杨华权：《论爬虫协议对互联网竞争关系的影响》，载《知识产权》2014 年第 1 期。

② 15 U. S. C. A. § 45(n).

由于这一事由将豁免行为人的法律责任，故在适用时应当遵守严格的条件限制，但法院并未就此详细说明。

二、欧盟的主要做法

欧盟为了实行统一的竞争规则，在 2009 年对《里斯本条约》进行了修订。修订后的《欧盟运行条约》和《欧盟条约》成为欧洲国家通用的竞争条款，以两者为原则制定的与竞争政策相关的法规（Regulations）、指令（Directives）和决定（Decisions）等则作为欧盟竞争法体系中的二级或三级立法形式。[①] 其中，《不正当商业行为指令》（以下简称《行为指令》）作为一般法可对数据相关的商业行为进行调整。除此之外，数据的保护规则还体现为对个人数据的保护，如《隐私保护和电子通信指令》《电子商务指令》《通用数据保护法》等。在欧盟，与数据相关的商业行为性质的认定上具有以下特点。

（一）数据竞争或交易不再局限于价格

"数据市场"中的竞争行为不再类似于传统行业对产品和服务进行价格竞争，互联网的发展模式更多地体现为提供免费服务以吸引更多用户流量。欧盟委员会也发现要判断不正当竞争中的相关市场的关键因素在于网络服务提供商的商业模式。一般而言，"免费经济"的商业模式更加容易受到消费者的偏爱，因而在界定相关市场时，对于互联网之间的合并时的交易行为不再局限于用价格购买产品或者服务，而同样可能是产品或者服务之间的交易行为，如数据交易。

（二）数据相关商业行为的不当性

结合《行为指令》与司法实践，数据相关商业行为的不当性主要表现为商业行为"实质扭曲或者可能实质地扭曲该行为所针对的一般消费者"。[②] 因而商业

---

① 参见刘建贤：《欧盟反不正当竞争法及其对我国反不正当竞争法修订的启示》，华中科技大学 2008 年硕士学位论文，第 8 页。

② 根据欧盟《不公正商业行为指令》"一般条款"在第 5 条第 1 款及第 2 款的相关规定，"不正当商业行为应当被禁止"。一个商业行为应当被认定为不正当的，如果"它与职业注意程度的要求是相反的，并且它实质地扭曲或很可能实质地扭曲关于商业行为到达或致辞的一般消费者或者当商业行为直接针对一个特定的消费群体时的一般群体成员的对产品的一般经济行为"。

行为是否侵害了消费者对数据的相关利益就成为行为不当性分析的重点，其主要分为以下四种：

首先，限制数据主体的数据便携。在 2018 年正式实施的欧盟《通用数据保护法》中明确肯定了数据用户的可便携权。但由于不同国家对“用户数据可便携”的判定方式不同，导致事实上仍存在通过服务条款和使用条款禁止用户对数据进行转移的情形。当网络运营商对用户的数据便携设限时，用户将数据从同一个平台转向另一个平台需要付出“转换成本”，有学者认为“当转换成本足够高昂时，将会引起不正当竞争问题”。[①] 联邦贸易大数据委员会与欧盟委员会在调查谷歌时便提到该行为可能导致市场竞争秩序的扭曲。[②] 限制数据便携可能导致市场圈定，将原本用户亦享有法定权利的数据牢牢地把控在自己手中，禁止外泄。当转换成本足够高时，这一行为可能变相导致网络运营商对其控制的数据产生竞争法域外的排他性权利。

其次，过度的用户数据采集与使用。一般而言，用户在数据采集与使用的授权过程中极少会花时间去仔细阅读，甚至根本不知道经营者对数据采集、使用与公开的内容、方式、范围等。有学者将“过度收集与使用数据”类比于“支付过高费用”，[③]尽管该行为不会直接导致价格增加、服务质量降低或者排除消费者选择，但会导致滥用，是对消费者自私的利用。[④] 例如，谷歌公司对用户数据的收集受到国家数据保护部门的调查，被认为其在数据收集的相关说明中并没有明确告知用户收集数据的类型、目的与明确的工具以控制数据的整合。因而要求被

---

① Konstantina Bania, *The Role of Consumer Data in the Enforcement of EU Competition Law*, European Competition journal, 2018, Vol. 14, p. 40 – 42.

② European Commission, Ryanair/Are Lingus Case.

③ Damien Geradin, ‘*Data Porablity and EU Competition Law*’ at 3 (BITS conference, Brussels, 24 April 2014), access at 22 Sept. 2019, https://www.cullen-international.com/asset/? location =/content/assets/training--conferences/conferences/2014/04/damien-geradin---data-portability-and-eu-competition-law.pdf/damien-geradin---data-portability-and-eu-competition-law.

④ 参见刘建贤：《欧盟反不正当竞争法及其对我国反不正当竞争法修订的启示》，华中科技大学 2008 年硕士学位论文。

告提高数据收集与处理过程中的透明度。①

再次,企业合并导致的数据共享。其带来的主要问题为企业是否可能通过合并致使用户数据被交易。竞争监管部门认为企业在合并时,应当受到合约中不得向第三方披露相关约定条款的限制。例如,在谷歌公司(Google)收购网络广告服务商"双击公司"(DoubleClick)中,监管部门与消费者都十分担心在企业合并后,谷歌通过数据集合获得用户的相关数据,并借此在广告中间市场中占有极大的优势。该种合并限制大多需要联系网络用户所采取的保密(或者隐私)政策,不同的隐私政策在判断不正当竞争行为时应当有着不同的结果,即保密等级越高,被判定为不正当竞争的可能性越高。

最后,改变数据保护政策。在《欧洲委员会对不公正商业行为指导》中强调"当总的评估商业行为的不公正性时,应当考虑对数据保护的违反,尤其是在贸易者违反数据保护要求处理数据的情况下"。②

综上所述,从欧盟《通用数据保护法》以及欧盟委员会、竞争监管部门的关注点来看,数据不正当竞争行为首先应当考虑是否充分保护数据主体的隐私权益与数据相关的控制权。

三、我国数据不正当竞争的规制路径与美国更类似

我国尽管针对数据不正当竞争尚未出台正式的指南或司法解释、司法建议,但前述典型案例已经反映出一定的司法倾向,从这种倾向来看,我国对数据不正当竞争的规制,从司法层面上与美国路径类似。这主要体现在以下方面。

从规制模式上,不同于欧盟是以不正当竞争行政调查为主,更多偏向行政监

---

① European Commission, *Guidance on the Commission's Enforcement Priorities* in Applying Article 82 of the EC Treaty to Abusive Exclusionary Conduct by Dominant Undertakings, 2009 OJ C 45/2, para 7.

② European Commission, *Guidance on Implementation/Application* of Directive 2005/29/EC on Unfair Commercial Practices, *Brussels*, 25.5.2016, SWD (2016) 163 final.

管执法机制,因此,如果行为人行为构成不正当竞争,一般是处以行政罚款;①而中美则以不正当竞争之诉为主,更多的是偏向民事争端解决机制,如果行为人的行为构成不正当竞争,则一般是判决赔偿。

在对原告对数据是否享有合法权益,以及如何在反不正当竞争法体系下认识经营者的数据竞争利益与用户个人的数据权益这一问题上,中美不约而同地都将数据资源系互联网平台企业投入了大量人力、物力,经过长期经营积累聚集而成的,该数据资源能够给数据控制人带来极大的商业利益与竞争优势作为论证逻辑。而反观欧盟,则更多的是在用户个人的数据权益上,浓墨重彩分析。中美也会在判决或法令中,指出消费者的数据权益应当是需要考虑的重要因素,但与欧盟更侧重于用反不正当竞争法来维护用户个人的数据权益不同,中美在反不正当竞争法体系下,互联网平台的竞争利益与用户个人的数据权益是并行的,只有在经营者利益受损启动诉讼或调查时,才一并考虑行为人行为是否还损害了用户个人,也就是消费者的利益,而且往往在论证中,倾向于认为行为人的行为损害了经营者的竞争利益,也通常会损害到消费者的利益。如果只是单纯发生用户个人的数据利益受损,则基本不适用反不正当竞争法,而是适用人格权或者消费者权益保护法体系下的诉讼。

在考察行为人抓取、使用数据时是否不正当时,欧盟更多考虑是否获得用户授权,而中美更多从技术或平台政策、协议层面考虑互联网平台单方设置的数据获取、使用权限。例如,在美国,即使用户许可第三方平台进行数据获取,但互联网平台依然可以通过《计算机欺诈和滥用法案》(CFAA)禁止第三方平台对已经采取技术措施的数据,如采取了技术安全措施、技术关联措施的数据进行抓取;在深圳市腾讯计算机系统有限公司、腾讯科技(深圳)有限公司诉浙江搜道网络技术有限公司等不正当竞争纠纷案中,法院也认为在平台通过技术或协议进行

---

① 根据欧洲数据保护委员会(European Data Protection Board,EDPD)对GDPR执行一周年情况的报告(First Overview on the Implementation of the GDPR and the Roles and Means of the National Supervisory)显示,相比于《通用数据保护法》中完整的行政规制体系,欧盟对司法救济的态度仅仅停留在认可阶段。实践中行政监管的投诉案件,也只有1%左右会上诉到法院,考虑到维权的时间和经济成本、维权的灵活性等问题,绝大多数的数据主体会主动选择行政规制模式。

单方设限的情况下，大量抓取该平台用户的关联用户信息，[①]亦应禁止。[②]

法律是一种平衡的艺术，中美在数据不正当竞争的规制上，选择与欧盟不同的路径，并不是没有欧盟重视消费者的数据利益。无论是我国的《民法典》《网络安全法》《数据安全法（草案）》《个人信息保护法》等法律法规，还是本章第一节所介绍的7个典型案例中的判决书，都将消费者的数据利益、用户的信息安全置于极高的地位，并予以高度关注。

中美与欧盟在数据不正当竞争规制上的路径差异，亦不是因为在互联网经济中，中美无论是技术水准、经济规模还是创新模式、产业链完整度方面，均已大幅度超越欧盟，所以对互联网平台的数据竞争优势特别看重。其实在一定程度上，保护用户个人信息与维持互联网平台的竞争优势是相辅相成的。在后《通用数据保护法》时代，越来越多的互联网公司意识到它们不仅是用户数据的采集者，还是用户数据的"管家"。建立和维护客户对其信息安全保护能力的信任，正在成为这些依赖数据而生的互联网公司取得成功的关键因素之一。互联网行业是一个非常有危机感的行业。一方面，不进则退，如中华网、亿唐、3721、博客中国、FM365、中国人（Chinaren）、饭否、熊猫直播、小黄车（ofo）等，都曾红极一时，却很快归于湮灭。另一方面，"黑马"频出，美团、拼多多、抖音、今日头条、滴滴、快手、趣头条等，都是近几年崛起的新势力。在这样的残酷局面下，即使是那些已经获得巨大成功的企业，如腾讯、阿里巴巴、京东、百度、新浪、网易等也不敢松懈，因为稍有不慎，就可能被取而代之。而在后欧盟《通用数据保护法》时代，当用户的个人信息保护已经在全球层面受到政府、用户的关注时，谁更有能力保护

---

① 虽然在网络社交环境下，每一个用户都会与其他用户发生交集，当某一个用户同意第三方平台获取其数据时，与该用户交集的其他用户也会被发现，例如，什么昵称的用户与该用户加了微信好友。但发现不等于可以大量抓取其他用户的数据。

② 当然，数据可携权目前在我国立法中，尚未赋予用户；而且法院在判决此案时，亦注意到这种技术、协议上的单方设限，特别是协议虽以合意形式表现，但也需要考虑到互联网平台可能通过这种设限方式变相达到排除竞争的效果。因此，在此案判决书中，法官在分析完被告行为是否构成不正当竞争之后，又特意写了一段："本案的处理法院始终坚持审慎包容的态度，以促进创新竞争和有利于消费者的长远利益为指引，在网络平台、数据用户和同行业竞争者之间予以利益平衡。在给予网络平台方权利保护的同时，也对其权利加以必要限制，以防止其滥用权利限制用户信息权益，形成数据垄断。"

用户的个人信息,谁将更容易赢得用户的青睐。如果在个人信息保护上,让用户怨声载道,就算基于一时的支配力地位,用户因为离不开公司提供的相应互联网服务而“被迫同意授权”,但只要有新的可替代“黑马”出现,极有可能出现大规模的用户流失。因此,互联网企业,包括类似于腾讯、阿里巴巴这样的互联网头部企业,一方面,是感受到了个人信息保护和数据合规的沉重压力;另一方面,它们也更清醒地意识到用户对个人信息保护的强烈需求。它们比以往任何时候都更有动力满足用户的这种期望。保护好用户的个人信息,不仅是一个合规问题,更是一个能在行业中保持优势地位的核心竞争力,而且是一个维持竞争优势的问题。

中美与欧盟在数据不正当竞争行为的规制上,都是为了保护消费者的数据利益,以及促进互联网产业的健康、有序发展,从本质上并无差别。路径上的差异,不过是中美与欧盟都看到了,在互联网环境下,用户以个人之力是很难发现自己的数据被非法抓取、使用,或即使发现,维权时,往往也存在举证困难的情况,为此,中美更多选择通过维护互联网平台数据竞争利益,同时一并维护用户个人的信息安全,而欧盟则更多选择利用行政调查来维护用户个人的数据利益以及互联网的正常市场秩序而已。虽路径不同,但殊途同归,没有最好,只有最适合。

第三节 利用《反不正当竞争法》一般条款进行规制的尺度

一、《反不正当竞争法》一般条款的适用确有必要

虽然数据可以因成为商业秘密而受到保护,并且部分数据控制人确实也曾提起过商业秘密侵权之诉并胜诉。但是,很多数据不正当竞争中的抓取、使用行为,往往不符合《反不正当竞争法》第9条所规定的侵权行为方式;有些数据,也难以满足商业秘密的构成要件,因此,选择不正当竞争之诉的更多。

仍以2011年的周某某与衢州万联网络技术有限公司侵犯商业秘密纠纷上诉案和2006年的安客诚信息服务(上海)有限公司与上海辰邮科技发展有限公

司等侵犯商业秘密纠纷案为例。前者针对游戏网站中的50多万个注册用户名字段、注册密码字段和注册时间字段等信息，侵权人是原告公司的雇员；后者针对15,000条适宜开展直邮业务的上海地区的时尚富有人群、社会精英的姓名、联系地址等信息，原告公司曾因业务关系在签订保密合同的基础上，向侵权人提供过前述信息。

而《反不正当竞争法》第9条第1款所规定的侵犯商业秘密的行为包括："（一）以盗窃、贿赂、欺诈、胁迫、电子侵入或者其他不正当手段获取权利人的商业秘密；（二）披露、使用或者允许他人使用以前项手段获取的权利人的商业秘密；（三）违反保密义务或者违反权利人有关保守商业秘密的要求，披露、使用或者允许他人使用其所掌握的商业秘密；（四）教唆、引诱、帮助他人违反保密义务或者违反权利人有关保守商业秘密的要求，获取、披露、使用或者允许他人使用权利人的商业秘密。"显然，前两个案例中的行为属于该条第三项所规制之行为。但类似本章第一节所介绍的7个典型案例中，被告方与原告方并适用该款的规定；虽然不少被告方也采用了技术手段，但更多的是中立技术而非黑客技术，也不符合盗窃、贿赂、欺诈、胁迫、电子侵入。

而能成为商业秘密需要满足的条件之一，就是"不为公众所知悉"，也就是"不易被相关领域的人员普遍获悉和容易获得"，而类似微信昵称、头像、大众点评上用户定的点评，尽管这些海量信息的积累也是不容易获得的，但它们都是公开的。这些公开的海量信息不具备周某某与衢州万联网络技术有限公司侵犯商业秘密纠纷上诉案中用户游戏密码以及游戏密码与用户间形成的对应关系、安客诚信息服务（上海）有限公司与上海辰邮科技发展有限公司等侵犯商业秘密纠纷案中适宜开展直邮业务的用户信息那样的非公知性。

当然，民事诉讼的原告方在权衡举证难易度、论证角度、胜诉率等因素后，也可以在商业秘密之诉与不正当竞争之诉之间，选择提起更偏好或者认为把握更大的诉，而法院遵循不告不理原则，在当事人提起不正当竞争之诉后，不再分析诉争数据是否构成商业秘密，更不会论证是否构成商业秘密侵权。

而数据不正当抓取、使用行为，与《反不正当竞争法》第12条规定的前三种行为，即“未经其他经营者同意，在其合法提供的网络产品或者服务中，插入链接、强制进行目标跳转；误导、欺骗、强迫用户修改、关闭、卸载其他经营者合法提供的网络产品或者服务；恶意对其他经营者合法提供的网络产品或者服务实施不兼容”都无关，可以适用的也就只有“其他妨碍、破坏其他经营者合法提供的网络产品或者服务正常运行的行为”这一兜底条款。而兜底条款的适用，显然离不开对一般条款的理解。这也正是本章第一节所列的 7 个典型案例中，法院在判决依据中，将第 12 条作为适用法条之一时，仍主要是围绕第 2 条在论证的原因。

综上所述，数据不正当竞争作为伴随大数据产生的一种新的不正当竞争行为，商业秘密保护并不适用于所有数据抓取、使用的情形，而且我国《反不正当竞争法》第 12 条未作出明确的规定，适用该法一般条款解决争议，确有必要。

二、一般条款适用时应当注意的问题

尽管在数据不正当竞争的规制中，一般条款以其兜底性和灵活性成为重要的裁决依据，但其灵活性也意味着尺度的把握相对于特别条款更有弹性。一般条款的适用是为了在维护公平竞争秩序的同时，还应尽量给予市场经营者自由的空间来促进行业未来的发展。因此，针对数据的抓取、使用行为，适用一般条款来判断该行为是否构成不正当竞争时，应注意如下问题。

（一）违反行业惯例是否必然是商业上的不道德

在评价经营者行为的正当性时，法院通常会采用这样的逻辑方式：行为违反了行业惯例→因而违反了公认的商业道德→进而行为具有不正当性。这是因为行业惯例是被大多数的人所接受认可的，在没有法律规则进行引导与约束的情况下，行业惯例在一定程度上指导着行业的发展与经营者的行为，属于对整个行业的价值审视。①

应当说，绝大多数“行业惯例”与“商业道德”是同一的，违反“行业惯例”也就违反商业道德。但是将二者完全画上等号，是危险的。原因有两点。第一，既

---

① 参见张梦瑶：《数据不正当竞争行为的认定研究》，西南政法大学 2019 年硕士学位论文。

然是“行业惯例”,显然它是大多数经营者之间的默契,但“商人重利”,行业惯例也不排除可能在“利益同盟”之下,变质为“行业潜规则”,如对热门车型的加价提车惯例。第二,经营者有大有小,其在行业的话语权也就有强弱之分。通常主导行业惯例的情形有两种:一是由行业协会牵头制订并推出的,如《互联网行业自律公约》《互联网搜索引擎服务自律公约》;二是由行业内的知名企业率先采用,其他经营者纷纷效仿的,如爬虫协议(Robots 协议)。但是,应当看到,如果在行业惯例的形成、认可过程中,具有竞争优势的经营者通过其影响力向有利于自己的方向引导,行业惯例也就有可能成为减少或阻止新的竞争者进入的“高门槛”。那么,这样的“行业惯例”可能本身就是违反公平原则的、反竞争的。因此,违反行业惯例并不必然违反商业道德,在适用一般条款对行为人的数据抓取、使用行为进行评价时,涉及违反行业惯例的,首先需要考虑该行业惯例本身是否合理。

(二)违反平台协议是否必然是违反诚实信用原则

本章第一节所述的 7 个典型案例反映出,被告对平台协议的违反通常会被认为具有不正当性,这是由于协议是“意思自治”的体现,守约是诚实信用原则的重要体现之一。不过,鉴于平台协议基本上都是由一方经营者拟定的格式合同,与通过双方商洽后形成的协议还是有很大区别的。因此,不排除该格式合同本身也存在法律缺陷的可能,比如,部分条款违反了合同法、反不正当竞争法、数据保护法上的相关规定,从而带有限制性、歧视性、不公平性条款或者违反了知情同意规则。对于这样的平台协议,基于格式合同的特点,平台的用户或接入平台的其他经营者是没有谈判空间的,只有接受或拒绝、进入或不进入的选择。因此,当行为人违反平台协议进行数据的抓取、使用时,还应对该平台协议本身是否合规进行审查。

事实上,立法者、司法者已经关注到这一问题。在欧盟发布的修订版《通用数据保护法》实施指南中,就明确规定,《通用数据保护法》应与欧盟《不公平条款指令》(the Unfair Terms Directive,以下简称 UT 指令,或 EC 93/13/EEC 号指令)交叉引用,更特别地规定预先制定的同意声明必须尊重 UT 指令中针对不公平合同条款的相关规定，以确保平台预先制作好的关于采集用户个人数据的格式合同能被用户易于获取、理解，并使用清晰、简明的语言进行描述，以确保数据采集、处理得合法、公平、透明。UT 指令中，公平的合同包括形式公平和实质公平两层意思，实质公平包含"诚信"和"平衡"，[①]显然，包括不公平的平台协议在内的格式合同，本身就被认为是不诚信的。[②] 欧盟发布的《数字内容指令（草案）》（Digital Content Directive）中，也规定了包括平台拟定在内的格式数字内容提供协议的适约性判断标准，以进一步帮助审核平台协议的合理性、合法性。在深圳市腾讯计算机系统有限公司、腾讯科技（深圳）有限公司诉浙江搜道网络技术有限公司、杭州聚客通科技有限公司不正当竞争纠纷一案中，法官认为："对于网络平台中的单个原始数据，应突出强调用户信息提供者的控制权与使用许可权，不应过分维护网络平台方的控制权。首先，从数据创立主体考量，原始数据只是用户信息转换为电子符号的外在形式，数据采集主体在此过程中虽然付出了一定的劳动，但并未提供创造性劳动成果，故数据采集、控制主体只能依其与用户的约定享有原始数据的有限使用权。其次，从实践角度理性考量，过分强调网络平台方对于原始数据的控制权，赋予其对于原始数据使用许可权，不仅会阻碍网络用户信息权益的实现，造成相关主体间权利义务关系的失衡，同时也易形成数据垄断，窒碍数据信息的流通。联系本案而言，擅自使用他人控制的数据是否构成侵权，重点在于审查其是否征得了用户同意，数据控制者不能仅因其他网络经营者擅自使用了其控制的数据，径行主张求偿权。"换个角度理解，其隐含着，如果平台协议有限制竞争的排他性条款、未遵循个人信息保护法或数据保护法方面关于个人数据采集规定的条款，则其他网络经营者擅自使用了其控制的数据，未必当然构成不正当竞争。

---

① 例如，《欧盟不公平条款指令》（UT 指令）第 3 条第（1）款规定：如果一个合同术语与诚信要求相反，导致双方在合同下产生的权利和义务严重失衡，损害消费者的利益，则该术语将被视为不公平。

② See Damian Clifford, Inge Graef & Peggy Valcke, *Pre-formulated Declarations of Data Subject Consent-Citizen-Consumer Empowerment and the Alignment of Data, Consumer and Competition Law Protections*, CiTiP Working Paper 33/2017, KU Leuven Centre for IT & IP Law.

（三）经营者利益受损是否必然意味行为可责

《反不正当竞争法》一般条款第 1 款、第 2 款，分别规定了判断某行为是否构成不正当竞争，也就是行为是否具备可责性上的行为标准和结果标准。行为标准是看行为是否“遵循自愿、平等、公平、诚信的原则，遵守法律和商业道德”，结果标准是看该行为的后果是否实质上“损害其他经营者或者消费者的合法权益”。

既云“不正当”，显然行为本身是否违反自愿、平等、公平、诚信的原则，是否违反法律和商业道德，才是关键。通常行为不正当必然会带来损害结果。但也不排除此时其他经营者的利益受损还未显现，只是应然层面，还没到实然层面，也就是说，此时只是一种推理上的预期利益可能受损，还未形成行为可责性中的对经营者利益造成实质上的损害。而且经营者利益与消费者利益并不是一荣俱荣，一损俱损的关系，正如上海汉涛信息咨询有限公司诉北京百度网讯科技有限公司等不正当竞争纠纷案法院判决书中所写：“互联网等新兴市场领域中的各种商业规则整体上还处于探索当中，市场主体的权益边界尚不清晰，某一行为虽然损害了其他竞争者的利益，但可能同时产生促进市场竞争、增加消费者福祉的积极效应。”可见，即使经营者利益受到实质性损害，也并不等于消费者利益也必然随之受损。

更何况，有竞争必然有输赢，虽然在正常的市场竞争中，双赢是最佳状态，但一方压倒另一方，更为常见。因为输掉竞争，而企业市场份额缩减，利润下滑、失去竞争优势，甚至破产倒闭的，不在少数。市场竞争的大潮席卷之下，潮起潮落，有兴起，有衰落，乃是不可避免。因此，某一方经营者利益有实质上的损害，并不是不正当竞争所带来的独有后果。

综上所述，在判断数据不正当竞争行为是否成立时，尽管都会论证被告方的数据抓取、使用行为是否给数据控制人带来了实质上的损害，但这并不意味着实质上的损害必然意味着行为可责性。该行为是否构成不正当竞争，应当着重结合其行为目的、行为方式来判断，而经营者利益受损作为结果标准宜作为行为可责性的辅助判断标准。并且如果行为构成不正当，则除了判决侵权人停止侵权行为,还可根据经营者利益的实质受损情况确定赔偿金额。

(四)不能将知识产权领域适用《反不正当竞争法》一般条款的经验照搬到数据领域

虽然知识产权的保护对象作品、发明创造、商业标志等,与数据一样,同是重要的信息资产,但二者毕竟不同。知识产权是明确的法定权利,是一种典型的绝对权。而数据控制人对数据享有的这种利益,并非如此。它既未上升到权利高度,更不具有强烈的独占性,恰恰相反,数据共享与数据保护的呼声同样高。

随着创新生态日趋复杂,新的传播模式、创作模式、商业模式、使用场景不断出现,近年来,在知识产权审判领域,《反不正当竞争法》一般条款在知识产权保护中的适用越来越频繁,如关于体育赛事节目的北京新浪互联信息服务有限公司与北京天盈九州网络技术有限公司著作权侵权与不正当竞争纠纷案①、游戏赛事直播的上海耀宇文化传媒有限公司与广州斗鱼网络科技有限公司著作权侵权及不正当竞争纠纷案②、游戏规则的暴雪娱乐有限公司等与上海游易网络科技有限公司不正当竞争纠纷案③、同人作品的查良镛与杨治等著作权侵权与不正当竞争纠纷案④等。从判决结果来说,这些案子中,原告方的诉求,即使没在著作权法、商标法等知识产权特别法中获得支持,也基本在反不正当竞争法一般条款适用中都获得了支持。

然而,在数据领域,这样的审判经验不可照搬。虽然知识产权的保护对象是作品、发明创造、商业标志等,与数据一样,同样是重要的信息资产,但二者毕竟不同。知识产权是明确的法定权利,是一种典型的绝对权,而数据控制人对数据享有的这种利益并非如此。它既没上升到权利高度,更不具有强烈的独占性,恰恰相反,数据共享与数据保护的呼声同样高。

围绕数据抓取、使用而产生的纠纷,在确认是否构成不正当竞争时,应当更

---

① 参见北京市知识产权法院民事判决书,(2015)京知民终字第1818号。
② 参见上海市浦东人民法院民事判决书,(2015)浦民三(知)初字第191号。
③ 参见上海市第一中级人民法院民事判决书,(2014)沪一中民五(知)初字第22号。
④ 参见广州市天河区人民法院民事判决书,(2016)粤0106民初12068号。

为审慎,或者说,应当从紧对该行为在反不正当竞争法语境下的可责性认定。正如上海汉涛信息咨询有限公司诉北京百度网讯科技有限公司等不正当竞争纠纷案审理中,法官所意识到的那样:当某一劳动成果不属于法定权利时,对于未经许可使用或利用他人劳动成果的行为,不能当然地认定为构成反不正当竞争法意义上的“搭便车”和“不劳而获”,这是因为“模仿自由”,以及使用或利用不受法定权利保护的信息是基本的公共政策,也是一切技术和商业模式创新的基础,否则将在事实上设定一个“劳动成果权”。

第六章　数据垄断的法律问题

随着大数据时代的到来,数据对互联网企业的重要性越来越显现,数据垄断开始有了新的含义。也就是指,拥有大数据并形成市场支配地位的企业制造数据壁垒,提高行业进入门槛,减少新加入者数量;或者滥用其数据优势,排挤、打压竞争对手,扭曲正常的市场竞争秩序等,从而损害消费者的利益和产业的健康发展。

第一节　国外涉及数据垄断的典型案例或事例

目前,在国内,无论是早先的“3Q 大战”,①还是近来

---

① 2010 年 9 月 27 日,奇虎 360 发布了其新开发的“隐私保护器”,专门搜集腾讯即时通信软件(QQ)软件是否侵犯用户隐私。随后,QQ 立即指出 360 浏览器涉嫌借黄色网站推广。2010 年 11 月 3 日,腾讯宣布在装有 360 软件的电脑上停止运行腾讯即时通信软件(QQ)软件,用户必须卸载 360 软件才可登录 QQ,强迫用户“二选一”。双方为了各自的利益,从 2010 年到 2014 年,两家公司上演了一系列互联网之战,并走上了诉讼之路。双方互诉三场,奇虎 360 已败诉。其中奇虎 360 诉腾讯公司垄断案尤为引人注目,2014 年 10 月 16 日上午,最高人民法院判定:认定腾讯旗下的腾讯即时通信软件(QQ)并不具备市场支配地位,驳回奇虎 360 的上诉,维持一审法院判决。该判决为互联网领域垄断案树立了司法标杆,也是《反不正当竞争法》出台多年以来,最高人民法院审理的首例互联网反不正当竞争案。

的顺丰与菜鸟之争①、微信支付与支付宝之争②、华为与腾讯的用户数据之争③、大数据杀熟④,虽然都引发了关于垄断的争议或质疑,但要么只是停留在口水仗阶段,要么很快偃旗息鼓,除"3Q 大战"之外,并未真正启动反垄断调查或在司法活动中涉及反垄断评估,甚至在学术界,亦缺乏足够深度的分析。而"3Q 大战"中的反垄断诉讼,主要也不是与数据垄断有关。

但是,国外对数据垄断的关注度,远高于国内。一些行业内领先的互联网公司,如 Facebook、亚马逊公司(Amazon)、优步公司(Uber)等,在商业活动中,利用其数据优势涉嫌垄断;要么已有反垄断机关介入调查,并有结论;要么在司法活动中,已开始有相应意见提交法庭;要么学术界已对此进行深度剖析。

一、Facebook 德国反垄断调查案

2014 年全球最大的社交网络平台 Facebook 以 190 亿美元现金加股票收购了当红的即时通信软件 WhatsApp。2016 年 3 月德国反垄断执法机构(Bundeskartellamt)发起了针对 Facebook 的反垄断调查,指控 Facebook 可能存在滥用其在社交网络市场上的优势地位,实施了垄断行为。认为根据 Facebook 的用户服务协议,Facebook 用户被要求应附条件地使用该社交网络。所附的条件要求用户允许 Facebook 从与其账户关联的第三方网站或应用程序无限制地采集、积累各种数据,这些第三方网站或应用程序不仅包括 Facebook 旗下的 WhatsApp 和 Instagram,还包括其他接入 Facebook 的应用程序接口的网站或应用

① 菜鸟指责顺丰 2017 年 6 月 1 日凌晨宣布关闭对菜鸟的数据接口。随后,顺丰称是菜鸟率先封杀丰巢,最终目的是让顺丰由使用腾讯云切换到阿里云。两家公司"你来我往",两天后,在国家邮政局的协调下,双方全面恢复了业务合作和数据传输。

② 在线下移动支付上,微信支付与支付宝展开激烈竞争,与一方有合作关系的实体商家,可能会只接受一方的支付工具,而不向顾客提供另一种支付的选择,从而引发公众热议,后继续在线下商家,维持两种移动支付方式共存。

③ 华为推出的荣耀魔法(Magic)智能手机收集用户活动信息,以打造其人工智能功能,例如,使手机能够基于用户的短信内容推荐餐厅。其收集的信息包括微信的聊天信息。为此,腾讯认为,华为的上述做法实际上夺取了腾讯的数据,并侵犯了微信用户的隐私。而华为则指责微信调整对荣耀魔法智能手机的接口,导致该款手机用户的微信使用出现问题。

④ 大数据杀熟是指同样的商品或服务,老客户看到的价格反而比新客户要贵出许多的现象。国内的携程、去哪儿、飞猪旅行等,都曾爆出过"大数据杀熟"的投诉或新闻。

程序。当用户安装好这些应用程序或打开相关网页时,一旦接入 Facebook 的应用程序接口,数据便可以传输至 Facebook,而用户无法预知其使用 Facebook 以外的服务时,产生的相应数据亦被添加至 Facebook 账户之中。而德国反垄断执法机构的管辖依据在于,尽管 Facebook 是一家美国公司,但无论一家公司的所在地在何处,德国的反托拉斯法均可适用于所有会在德国产生影响的限制竞争情形,何况 Facebook 在德国还有一家子公司。

在调查中,德国反垄断执法机构区分了通过使用 Facebook 生成的用户数据和从第三方来源获得的用户数据。后者成为此次审查的重点,对于前者,迄今为止,尚未成为调查的主题。

德国反垄断执法机构调查发现,如果第三方网站或应用程序嵌入 Facebook,如点击"喜欢"按钮或"登录"选项或分析服务,在用户首次访问第三方网站时,数据将通过应用程序接口传送到 Facebook。这些数据可以与用户直接使用 Facebook 时所用的账户产生的数据合并,即使用户在浏览器或设备设置中阻止了网络跟踪。

2017 年 12 月 19 日,德国反垄断执法机构书面通知 Facebook 对其反垄断调查的初步法律评估结果。根据初步评估,Facebook 作为具有支配地位的企业,应该考虑到用户难以转换至其他社交平台,加入 Facebook 社交平台的用户是附加条件才能注册的,而且需要无限制地同意服务条款,那么,用户只有两种选择,一是全部接受,二是无法获得服务。从竞争法角度,当一家占支配地位的公司,只有当用户授予公司广泛许可其使用用户个人数据的条件下,才能使用其服务时,可以将其视为"剥削性商业条款"(exploitative businessterms)。[①] 同时,德国反垄

① 德国竞争法为保护相反的市场一方,使其免受占支配地位的公司的剥削使用,认为用"剥削性商业条款",或称"不公平的商业条款",是一种滥用市场支配地位的行为。在本案中,德国反垄断执法机构,认为"Facebook 的用户在缺乏选择权的情况下失去了其个人数据的控制",虽然它不会给用户带来直接经济损失,但会使用户无法控制自己个人数据将以何种方式,基于何种目的与其 Facebook 账户中的数据相结合,并用于生成精准的用户画像。由于 Facebook 在社交网络市场中的支配地位,没有其他替代品,因此,用户只能选择牺牲自身权利,同意其条款,从而使用该软件,属于剥削性商业条款。

断执法机构在评估 Facebook 的条款和条件时也考虑了数据保护法,①认为在此案中,数据保护法与竞争法具有相同的目标,即保护个人数据不受相反市场的利用。因而,Facebook 的行为既不符合数据保护原则,也不符合竞争法标准。

德国反垄断执法机构评估后认为,Facebook 的行为会对用户利益和竞争秩序造成危害。就用户的角度而言,尽管 Facebook 是免费提供服务的,它的用户并不会因为 Facebook 使用了剥削性的商业条款而遭受直接的经济损失,但用户的损失在于失去控制。他们不再能够控制他们的个人数据的使用方式,他们不知道哪些数据来自哪个来源——是使用 Facebook 时,还是使用关联的第三方网站或应用程序时。由于 Facebook 的市场地位,用户无法避免数据的合并,这也构成了侵犯用户被宪法所保护的信息自决权。就竞争的角度而言,这些用户数据拥有巨大的经济价值。Facebook 可以利用它们来优化其优惠,并将更多的用户与其网络绑定。随着数据的合并,"基于身份的网络效应"导致用户对其黏性增强,从而损害了其他社交网络提供商的利益。此外,借助所生成的用户配置文件,Facebook 能够改进其定向广告活动。因此,Facebook 对广告客户来说,也就变得越来越不可或缺,这可反映在 Facebook 过去几年里迅速增加的营业额中。这意味着,广告客户面临在广告空间占主导地位的供应商,如 Facebook 时,也可能造成潜在的竞争伤害。②

2019 年 2 月德国反垄断执法机构发布最终决议,要求 Facebook 在法律规定的范围内处理用户信息。具体包括:(1) Facebook 旗下的 WhatsApp 和 Instagram 等服务可以继续收集数据,但是只有在用户自愿同意的情况下,才能将数据关联到 Facebook 用户账户。在未经同意的情况下,数据必须保留在各自的服务中,不能与 Facebook 中的数据一起处理。(2) 只有在用户自愿同意的情况下,才能从第三方网站收集数据并将其关联到 Facebook 用户账户。这里的第三方网站既包

① 德国反垄断执法机构认为,德国数据保护立法宗旨之一在于,确保用户可以自由而不受强制地决定如何使用他们的个人数据。

② See Bundeskartellamt, "Background Information on the Facebook Proceeding", the report in 19 December 2017.

括 Facebook 旗下的 WhatsApp 或 Instagram，也包括嵌入 Facebook 应用程序接口的其他网站或移动应用程序。自愿同意的意思是，“接受 Facebook”的服务不应以用户同意以这种方式收集和组合他们的数据为前提，如果用户不同意，Facebook 就不能将他们排除在其服务之外，而是必须避免收集和合并来自不同来源的数据。

根据该决定，Facebook 需要在未来 4 个月内调整其服务条款和数据处理活动，并提交德国反垄断执法机构，该局会检查该方案是否符合要求。如果 Facebook 打算继续从社交网络外部收集数据并在未经用户同意的情况下将其合并到用户账户中，则在对收集到的数据进行处理时必须得到严格的限制。例如，(1)限制数据数量；(2)限制使用目的；(3)限制数据处理的类型；(4)增加用户的附加控制选项；(5)匿名化；(6)处理数据需要得到第三方提供商的指示；(7)限制数据存储周期。

考虑到本次执法的目的主要是为了督促企业改变自身行为以有益于竞争者和用户，并且该案不仅涉及法律问题，还涉及深刻的经济问题，德国反垄断执法机构认为行政程序的效果会优于罚款程序，因此最终没有对 Facebook 实施罚款。①

二、WhatsApp 意大利反垄断案

2017 年 5 月 11 日，意大利国家竞争和市场局（Autorità garante della concorrenza e del mercato，AGCM）裁决 WhatsApp 更新其服务与隐私政策的条款，以实现与母公司 Facebook 共享数据，在更新过程中的同意条款和特别条款，具有不公正性、侵略性，决定对 WhatsApp 罚款 300 万欧元。虽然，该裁定是依意

---

① 参见蚂蚁科技评论：《Facebook 遭德国反垄断调查及其影响分析》，载微信公众号“蚂蚁科技评论”2019 年 4 月 1 日，https://mp.weixin.qq.com/s?__biz=MjM5MTgxNjY1OA==&mid=2652572136&idx=1&sn=31bd29f14c3b92bb08bb5ab093da0dab&chksm=bd4067558a37ee43f28a6bcf773a26cce3d7723907778cc0e5524d6001dcdef572d53a5bf4c2&mpshare=1&scene=1&srcid=1007PsnxsehFyCiZAp2olnBa&sharer_sharetime=1570447396282&sharer_shareid=52310c15cca65c3aac4dc2af0fec37ef&pass_ticket=cyx0HvkacWeq5Lgdeh9j6sUyqVg1QWsvnh1fwuwJyrfylgun5feD9Q6OJpfXFoWG#rd。

大利《消费者保护法典》而作出的，但意大利国家竞争和市场局亦分析了其中的垄断因素。这说明，意大利国家竞争和市场局已关注到其中的数据垄断问题。

对于更新后的服务与隐私政策，WhatsApp 所做的提示为："WhatsApp 正在更新其服务条款以及隐私政策来响应新功能，如 WhatsApp 电话服务（WhatsApp call）。请阅读本条款与政策，了解更多的可选项。为了继续使用 WhatsApp，在阅读本条款与政策 30 日后，视为接受本条款与政策。"①

该提示为用户提供了一个显眼的"接受"键来表达其同意该更新。当用户不一定要接受全部的服务与隐私政策（尤其是在与 Facebook 共享数据上），又需要继续使用 WhatsApp 的服务时，用户需要点击上述条款中的"阅读"一词，或者点击包含在文件底部"了解更多关于条款与隐私政策的关键更新"的句子。然后，跳转到一个新的页面，该页面有一个预选好条款的复选框，该条款说明会与 Facebook 共享用户在 WhatsApp 中的账户信息，以用于提升用户对 Facebook 产品与广告的体验。相同条款阐明该信息将限于用户的元数据，确保在任何情况下"聊天与电话号码将不会与 Facebook 共享"。如果不愿共享该信息，用户要么取消该勾选复选框，然后点击确定"接受"键；要么在 30 日内，在"设置 > 账户"中通过取消勾选复选框"共享账户信息"选择撤销。

意大利国家竞争和市场局认为，这样的设置形式已超过了普通用户的"合理谨慎注意"义务，不公正且咄咄逼人。因为用户只能通过一个烦琐的操作才能修改 WhatsApp 内设的同意接受与 Facebook 共享数据的选择。而且"为了继续使用 WhatsApp，在阅读本条款与政策 30 日后，视为接受本条款与政策"这样的表述，会让用户形成一种印象——除非同意该隐私条款与政策，否则将无法继续使用 WhatsApp。而 WhatsApp 作为即时通信市场的佼佼者，具有市场支配力，②特

---

① 条款原文为"WhatsApp is updating its terms of service and privacy policy to reflect new functionalities, such as WhatsApp calls. Read the terms and the policy to know more about the availableoptions. To continue using WhatsApp, kindly accept the terms and the policy by (30 daysafter reading)"。

② 早在 2016 年 2 月，WhatsApp 就宣布其月活跃用户已经突破 10 亿，每天发送消息 420 亿条，发送图片 16 亿张，发送视频 2.5 亿段。

别是在智能手机普及、移动网络全覆盖的时代，用户对其有很强的依赖性，而这样的数据共享不仅影响了消费者的利益，而且将进一步巩固 Facebook 与 WhatsApp 两大社交网络的数据优势，在一定程度上进一步排挤了新加入竞争对手的市场空间。因此，意大利国家竞争和市场局裁定 WhatsApp 的行为违反了意大利《消费者保护法典》第 20 条（关于"不公正商业行为"条款）、第 24 条（关于"侵略性商业行为"条款）及第 25 条（关于"涉及骚扰、强制或不正当影响商业行为"条款）。

三、莱福特诉优步案（Lyft v. Uber）

作为一家对全世界的乘客运输服务带来彻底改革的特立独行的公司，随着优步（Uber）的迅速崛起和全球市场扩张，其也开始与反垄断有了关联。例如，2016 年在美国纽约一个以优步为被告的集体诉讼中，原告就指控优步存在通过整合销售价格，在司机之间安排了垄断联盟的问题。[①] 此案涉及"算法合谋""劳动法与竞争法"[②]问题，并非严格意义上的数据垄断问题。在数据领域，优步尽管尚未遭遇反垄断调查，但在莱福特诉优步（Lyft v. Uber）一案中，已开始出现是否涉嫌数据垄断的质疑。

此案源于优步公司利用一个叫"地狱"（Hell）的程序，收集既使用优步，又使

---

① Spencer Meyer v. Travis Kalanick，15 Civ 9796；2016 US. Dist. Lexis 43944. 此案案情大致如下：2015 年 12 月 16 日，美国康涅狄格州的一名居民斯宾塞・梅耶（Spencer Meyer），代表他自己以及类似情况的乘客，在美国纽约南区联邦地区法院向特拉维斯・卡拉尼克（Travis Kalanick，优步联合创始人及前任 CEO）提起反垄断民事集体诉讼。原告在 2016 年 1 月 29 日提出修订版起诉状，主张特拉维斯・卡拉尼克（Travis Kalanick）以及那些利用优步定价算法的司机之间达成了合谋，限制了司机之间的价格竞争，损害了包括原告在内的优步乘客的利益，违反联邦《谢尔曼法》以及纽约州《唐纳利法》（Donnelly Act，纽约州《统一商法典》第 340 条）。被告于 2016 年 2 月 8 日向法院提出动议，请求法院驳回原告的起诉。原告于 2016 年 2 月 18 日提出反对意见。被告 2016 年 2 月 25 日作出回应。2016 年 3 月 9 日双方进行了口头陈述。法院综合考虑了双方提供的材料以及陈述，于 2016 年 3 月 31 日否决了被告提出的驳回原告起诉的动议。随后，被告提起动议要求法院重新考虑是否允许原告进行集团诉讼，但是被法院拒绝。2016 年 5 月 20 日，被告又提起动议要求追加优步为被告，此动议得到法院批准。此后，优步提出动议，认为该争议应提交仲裁。一审法院拒绝了被告的仲裁请求，但上诉法院则最终同意了对该争议进行仲裁，目前该案处于仲裁程序。

② Julian Nowag, *The UBER-Cartel? UBER between Labour and Competition Law*, 2016 Lund Student EU Law Review Vol. 3.

用竞争对手莱福特的司机(有人称这类司机为“双面司机”)的个人数据,并通过给这些司机更高奖金的方法,来诱使他们仅为优步公司驾驶。为此,2017 年 4 月 24 日,莱福特将优步公司诉至美国加利福尼亚北区地方法院。

“地狱(Hell)”程序通过使用虚假的莱福特账户来收集莱福特司机的数据,并将该数据与在优步公司上提供服务的司机的数据进行联合同步。通过了解哪些司机在某一地区通过竞争者平台提供服务,并且将该信息与仅在优步公司平台上有效的司机的数据进行连接,该平台可以识别出那些可能是“双面司机”的司机。随着大数据的聚集,利用数据分析,为这些司机精确画像。然后针对其特点,提供不同幅度的奖金或提高抢单成功率。

尽管此案尚在诉讼过程中,但已经有人①以“法庭之友”②的方式,关注到其中的垄断因素:优步公司通过“地狱”程序的使用,获得的“双面司机”数据,提供并非针对所有司机的经济奖励,事实上系一种“反向回扣”(reverse rebates)。③这一方面,意味着对其他只使用优步公司平台的司机不公平;另一方面,也意味着莱福特需要支付与优步公司相当或者更多的费用给“双面司机”,才能将这些司机留住。这将增加莱福特对于这些特定的“双面司机”的成本,而且由于莱福特没有足够的数据来识别、画像出这些“双面司机”,那么,在数据不占优势的情况下,莱福特的成本甚至将会更高,因为它可能不得不对所有司机,而非仅仅是“双面司机”提供奖金,以留住司机。而成本的增长,可能会使莱福特面临两难的抉择,要么缩减赢利空间甚至亏本运营,要么提高面对终端消费者,即乘客的价格,而这两种举措都会使其降低竞争力。而鉴于优步公司的市场地位,显然它是具备相当市场支配力的,利用其数据优势,争夺司机,排挤类似莱福特这样的竞

---

① See Ignacio Herrera Anchustegui& Julian Nowag, “How the Uber & Lyft Case Provides an Impetus to Re-examine Buyer Power in the World of Big Data and Algorithms”, Lund University Legal Research Paper Series, Lund Comp Working Paper No 01/2017, Version 2, July 2017.

② “法庭之友”,是指在诉讼案件中,没有直接涉及法律利益的私人或团体,为了向法院说明其对该案件相关法律争议上的意见、澄清立法意旨、理清模糊的法律规定、通知法院关于案件事实的真实情况等目的,主动向法院提出书面报告,以协助法院更公正地做出裁决。

③ 反向回扣,是指买方向卖方提供一定的奖励措施或奖金,促使卖方为买方,相对于买方的其他竞争者而言,提供更多的货物或更好的服务。

争对手,当莱福特等公司日益势微时,不仅对司机,哪怕是那些曾经在争夺战中,获得奖金的“双面司机”而言,其可选择服务的公司也就越少,在佣金议价的能力上,回旋空间也就越小。而且对乘客来说,其利益同样也会受到损害。因此,需警惕其中的垄断因素。

四、欧盟部分国家对缤客(Booking)等在线旅游或酒店预订网站的反垄断调查系列判例

2010年9月在接到小型在线旅游或酒店预订网站“司库席”(Skoosh)投诉之后,英国公平贸易办公室(the Office of Fair Trade,OFT)发起了一项对在线酒店预订板块的初始调查。英国公平贸易办公室在2年后提出声明,宣称缤客(Booking)、亿客行(Expedia)两大网站与洲际酒店集团(InterContinental Hotels Group,IHG)违反了竞争法。尤其是英国公平贸易办公室发现缤客、亿客行各自与洲际酒店集团签订了单独的协议,该协议限制了其他在线旅游或酒店预订网站(Online Travel Agency,OTAs)向消费者提供洲际酒店集团酒店房间时的折扣率。英国公平贸易办公室认为这一行为,就本质上而言是反竞争的,可能限制在线旅游或酒店预订网站之间的价格竞争,并且增加行业进入壁垒,以及增强了其他在线旅游或酒店预订网站通过向消费者提供折扣来获取市场份额的壁垒。英国公平贸易办公室在2014年1月31日结束了调查,接受了被告提出的承诺,该承诺表示其他在线旅游或酒店预订网站(OTAs)可以自由地使用佣金,并且可以自由地为满足特定条件的消费者提供折扣。[①] 但是英国公平贸易办公室的裁定最近被竞争上诉法庭(the Competition Appeal Tribunal,CAT)撤销。该上诉由廉价航空在线搜索平台“天巡网”(Skyscanner)向英国公平贸易办公室的继任者——竞争与市场监管局(the Competition and Markets Authority,CMA)提出。

---

① 该承诺的原文表述如下:“(i)OTAs and hotels may offerdiscounts, up to the level of their commission or margin, off the headline roomrates in UK hotels to any EEA resident who has joined a ‘closed group’ and madea previous booking with that OTA or hotel at the headline rate; and (ii)OTAscannot publicize information about the specific level or extent of discountsoutside the closed group. Skyscan-ner’s appeal related primarily to this latterpublicity restriction.”

“天巡网”质疑上述承诺,并认为这些承诺可能影响竞争。① 竞争与市场监管局认为,虽然英国公平贸易办公室有权针对施加利率平价②义务可能加强或恶化了对竞争的限制、扭曲进行调查,但无权在平价条款是否违反竞争规则进行调查,且英国公平贸易办公室也没有阐明是否将在线旅游或酒店预订网站认定为真正的代理商或者经销商。

在2013年10月20日,德国反垄断执法机构禁止了全球订房网(Hotel Reservation Service,HRS)门户网站继续使用最佳价格条款,并要求全球订房网在2014年3月1日将可能影响德国境内酒店价格的条款从合同、标准条款和条件中删除。全球订房网向杜塞尔多夫(Düsseldorf)高等地方法院上诉,但法院支持了德国反垄断执法机构的裁决。德国反垄断执法机构对缤客网站亦作出过类似的裁决。

在2014年5月,意大利国家竞争和市场局展开了对缤客、亿客行两大网站的调查。该调查源于意大利酒店经营者协会(Federalberghi)对缤客、亿客行提供的最佳价格保证条款进行的投诉。意大利国家竞争和市场局认为缤客、亿客行在网上酒店预订市场中的支配地位,凭借其拥有的数据优势,增强了用户群的规模和使用黏性,向酒店要求高佣金,并且将其与酒店给其他渠道(无论是线上或者线下)的最惠待遇绑定在一起,涉嫌纵向垄断。③ 意大利国家竞争和市场局认定两家网站的最惠客户条款(Most-Favored-Customer Clause,MFNs,即MFN条款)④

---

① Skyscanner Limited v. Competition and Markets Authority, case No. 1226/2/12/14.

② 利率平价本来是一种货币对另一种货币的升值(贬值)将被利率差异的变动所抵消的现象,此处是指机酒联订时,酒店价格间的差异能被酒店价、机票价间的差异所抵消。

③ Autorità Garante della Concorrenza e del mercato (AGCM), proceeding Case No. I/779, 7.5.2014.

④ 最惠客户条款的典型表现形式是合同一方承诺其给予合同向对方的交易条件,将不会低于其给予任何第三方的交易条件,以此确保该合同向对方总是得到忧郁第三方或与第三方一致的最惠客户待遇。该条款源于国际经济贸易规则中的最惠国待遇条款实践中,亦有一些条款可能达到与最惠国待遇条款类似的效果,如“最低价格保证”“一致竞争条款”等。最惠国待遇条款及其类似条款一方面能使经营者直接享受最低价格/最优条件,使市场上看起来正从事激烈的价格竞争,并为消费者带来好处;但另一方面,该类条款的使用亦有可能作为具有市场力量的经营者排除竞争对手的一种经营策略,产生包括促进共谋、减少价格竞争、提高价格水平、封锁市场等限制竞争问题,从而引发反垄断关注。

具有反竞争性。

欧盟其他国家的竞争监管部门亦开始调查缤客、亿客行网站,同样担心平价条款可能限制其他在线旅游或酒店预订网站竞争,并且阻碍新的预订平台进入市场。为此,意大利、法国、瑞典三国的国家竞争监管部门根据《欧盟委员会合作条约》展开合作调查。缤客网站在提出了承诺(如在英国一案中的承诺)之后,经过一段时间的市场测试,又对该承诺进一步做了修改。最终的承诺明显减少了最惠客户条款中的价格、条件以及可用房间的范围,仅仅将该条款适用于酒店通过自己的线上销售渠道而公开的价格、条件,以及保留缤客、亿客行在其他在线旅游或酒店预订网站、两大网站直属的线下渠道、针对忠诚客户制定价格或条件的自由。在这些调查的结果中,缤客网站已经决定在整个欧洲落实与法国、意大利、瑞典的国家竞争监管部门达成一致的承诺。亿客行网站亦同样宣称其目的是在统一的欧洲基础上,推动承诺的执行。不仅如此,在英国,其竞争与市场监管局亦宣布其将继续监督该承诺的后续影响。

五、亚马逊(Amazon)定价策略的争议

亚马逊(Amazon)作为全球最有名的电商平台之一,其成功很大程度在于它能够通过对顾客个人数据的收集、分析、画像,改善顾客的购物体验。利用大数据,它可以预测库存、了解消费者的喜好、推荐其他互补产品等;它也可以通过收集、解读和利用大数据使大众的网络购物体验更具个性化。

然而,当这种精确、个性的服务延伸至在网络环境中向顾客提供商品和服务的价格,基于通过数据,评估每个购物者消费的意愿,使两个人能够以不同的价格在近乎相同的时间获取完全相同的产品或服务,或者同一人在不同登录时间得到不同的价格,这就会引发关于价格歧视[①]的争议。例如,2000 年亚马逊以不同的价格向不同的人出售相同 DVD,引发了公众的强烈抗议,最终导致亚马逊宣称这仅仅是一种测验,并向支付更高价格的人退款。然而,2012 年俄勒冈州的一

---

① 价格歧视实质上是一种价格差异,通常指商品或服务的提供者在向不同的接受者提供相同等级、相同质量的商品或服务时,在接受者之间实行不同的销售价格或收费标准。

家报纸报道称，消费者们再次发现亚马逊网站上的商品价格高低不一，一位消费者在购物车中加入了一套麻将，价格为 54.99 美元，几分钟后，发现她购物车里的商品价格已经涨到了 79.99 美元，当她清理了购物车并重新加入时，该商品的价格为 59.99 美元。这些实例都是消费者自身的网络消费轨迹所致，亚马逊通过数据分析预测消费者（最终用户）愿意为特定项目支付的价格，从而为他们提供不同的价格。虽然目前尚无人针对亚马逊的这种行为提起反垄断之诉，或者反垄断机构尚未对其行为展开调查，但亚马逊利用大数据，所进行的不同于传统零售模式的价格歧视，以及该价格歧视是否涉嫌垄断，已经有学者，如克里斯托夫·唐利（Christopher Townley）、艾瑞克·默里森（Eric Morrison）、卡伦·杨（Karen Yeung）等进行了深度解析，并将这种大数据下的特殊价格歧视模式称为“消费者算法价格歧视”（algorithmic consumer price discrimination, ACPD）。

通常，价格歧视被认为是一种垄断定价行为，是垄断企业通过差别价格来获取超额利润的一种定价策略。但类似亚马逊所引发的“消费者算法价格歧视”是否涉嫌垄断呢？在大数据技术应用之前，“消费者算法价格歧视”是很难实现的。然而，大数据的技术能力实质性地为网络零售商提供了更为精确的、有针对性的、动态的价格歧视形式。首先，相关的技术通过收集个人网络碎屑来监视和跟踪网络行为，使企业能够以高度个人化和细致化的水平获取用户的消费品位、消费习惯和购买偏好的详细信息。其次，大数据使企业能够进行个性化的网络战略测试，以获取用户（通过选择 A/B 的测试）的喜好、行为习性和潜在消费意愿这类信息。最后，网络环境允许企业挖掘由监视追踪等行为产生的数据，从而使每个用户的信息选择环境具有个性化，包括他们通过何种网络“区间”进行的购买。因此，现在技术上可以实现以不同的价格向不同的消费者提供相同的商品（基于预测的个人消费意愿），而不是在实实在在的物理空间中，以单一价格向顾客展示产品。由于网络消费者只能看到自己这方被“个性化”的网店，因此，他们可能并不知道价格歧视正在发生。① 而亚马逊的数据优势,使其拥有了相对于其他中小型电商而言更强大的精准个性定价能力,实现了经济学上很难实现的一级价格歧视。②

六、小结

(一)数据垄断的类型

根据对上述案例的梳理,我们可以认为,目前,数据垄断表现为以下两种类型:

一是利用数据优势开展商业行为时,涉嫌排挤、限制竞争对手,或损害消费者利益。如亚马逊利用数据优势,针对顾客实时需求,提供不同定价所引发的争议;缤客、亿客行等利用数据优势,涉嫌纵向垄断。

二是利用市场支配地位在抓取、使用数据时,涉嫌恶意排斥竞争对手或者争抢客户,从而影响终端消费者利益和竞争秩序,如莱福持诉优步案;Facebook 凭借数据优势,利用与其关联的第三方网站、应用程序,如被其收购的 WhatsApp 在消费者不知情的情况下,无限制地积累各种数据,进行数据跟踪、数据合并,既影响了消费者的知情权、信息自决权,又排挤了其他市场竞争者的生存空间。

(二)欧盟国家对数据垄断的规制更严厉

从上述案例不难看出,欧盟国家对数据垄断持更为严厉的态度。不论是 Facebook、缤客还是亿客行、WhatsApp,在欧盟都遭到反垄断调查,且都认定垄断成立。而在美国莱福持诉优步案中,尽管有"法庭之友"提出了数据垄断问题,但原告的诉求仍在侵权与不正当竞争框架之内;甚至亚马逊利用数据优势,实施价格歧视,尽管有学者研究了其中的垄断因素,但至今亦未有人就此问题提起反垄

---

① See Christopher Townley, Eric Morrison & Karen Yeung, *Big Data and Personalised Price Discrimination in EU Competition Law*, King's College London Dickson Poon School of Law, Legal Studies Research Paper Series: No. 2017 - 38.

② 一级价格歧视,指的是商家有能力对每一个消费者制定一个量身定做的价格。实质就是,商家在摸清消费者的消费习惯后,掌握了消费者愿意承受的价格,最终尽可能地侵占每个消费者的全部消费剩余。

断之诉或者接受反垄断调查。

如果将同样的案情,对比欧美两地的反垄断调查结果,这种差异就更为明显了。仍以缤客等在线旅游或酒店预订网站涉嫌纵向垄断一事为例,我们会看到,美国法院对此事的看法与欧盟差异明显,它的反垄断判例将在线旅游或酒店预订网站的最惠客户条款视为有利于竞争。这体现在 2014 年 2 月,得克萨斯州北区地方法院判决的在线旅游公司酒店预订反垄断诉讼[In re Online Travel Company(OTC)Hotel Booking Antitrust Litigation]一案中。

该案是针对美国主要的连锁酒店与在线旅游或酒店预订网站的集体诉讼,消费者诉称被告通过全行业的共谋来提高房间预订网站的利率平价,以便于消除品牌内的竞争(每一家酒店在线分布渠道内的竞争,包括酒店其自身的网站和该酒店入驻的在线旅游或酒店预订网站)。本案中有多个被告,第一组被告包括 12 家美国主导的连锁酒店;第二组被告由 9 家在线旅游或酒店预订网站组成,其中 4 家为亿客行、旅程网(Orbitz)、价格线(Priceline)、旅行城市网(Travelocity),这 4 家在 2011 年占在线旅游或酒店预订市场的份额为 94%;第三组被告是"为旅行开眼"(EyeforTravel),是一家旅游行业的新公司,原告认为该公司在年度行业会议上推动了本案中的价格共谋。关于平台,至少有两项协议证明存在共谋:首先,这些网站被告达成了统一的不彼此竞争的协议;其次,每一家酒店被告与网站被告签署了纵向价格垄断协议(也称 RPM 协议,Resak Price Maintenance),以此提供最低折扣与最惠客户条款。结果,根据纵向价格垄断协议,这几家在线旅游或酒店预订网站开始提供几乎相同的最低价格保证。要知道这是市场上唯一可选的最低价格,即使是在竞争者之间。不过,诉讼中,原告修改了其原本的诉讼主张,放弃将酒店作为被告,而仅仅起诉认为,它们主导并执行了违法的统一定价协议和不合理限制贸易的在线旅游或酒店预订网站纵向价格垄断协议。

法院驳回了该诉讼。法院认为,被告平行采用相似的商业策略并不可疑或者暗示共谋,并且从公共经济学经验的角度,也能够对酒店和亿客行、旅程网、价格线、旅行城市网等在线旅游或酒店预订网站达成类似的纵向价格垄断协议,提供一个简单明了的解释。这种协议不过是一种自我保护。对酒店而言,纵向价格垄断协议使它们能控制在线售卖酒店房间的价格;对在线旅游或酒店预订网站而言,纵向价格垄断协议包括最惠客户条款确保其必须公布的最低定价,不会被酒店或者其他在线旅游或酒店预订网站(OTAs)廉价出售。同时,法院赞同被告所辩称的,最低价格保证仅仅是为了确保其提供给消费者的价格是最低的,且与其他已公布的价格一样低廉,并且在所引用的价格不符合该保证时,为消费者提供救济。

欧美在数据垄断态度上的差异,是耐人寻味的。这种差异,一方面,是基于文化的、历史的差异。文艺复兴运动起源于欧洲,人本主义的精神影响深远,重视人的价值和尊严维护,反映在立法中,更重视人的精神利益。以著作权保护为例,欧洲国家对作者的精神利益一直非常重视,而美国版权法在很长一段时间内,只赋予作者财产权利而无精神权利。另一方面,在一定程度上,也不排除欧美在互联网经济发展上的差异。以社交网络为例,尽管德国有类似"喔城市"(WowCity)、"粉丝胸章平台"(PicBadges)这样的本土社交网络运营商,但这些社交产品对Facebook的替代性仍然有限。领英(LinkedIn)、幸网(Xing)等专业网络以及色拉布(Snapchat)、油管(YouTube)、推特(Twitter)等其他社交媒体,尽管也能提供Facebook的部分竞争替代品,但从用户的角度来看,它们更多的是提供了互补服务,而非替代服务。除了Facebook,我们看到卷入反垄断调查中的WhatsApp、缤客、亿客行也均是在所属市场具有龙头地位的美国网站。这也就不难理解,为何欧美在此问题上的宽严度有差异了。毕竟,法律在某种意义上亦是一种政策工具,以调节社会矛盾,平衡各方利益。①

① 2019年9月25日,美国司法部宣布将对Facebook展开正式的反垄断调查,以确定Facebook是否会危及消费者数据安全、降低了消费者选择权,以及是否提高了网络广告的价格,并查清Facebook在过去几年进行的大量并购交易,是否系趁对手的威胁扩大之前,通过收购进行消灭,从而损害竞争秩序。美国也有人提出建议政府分拆Facebook的WhatsApp和Instagrarn业务,避免其掌握太过庞大的消费者个人隐私。但调查结果尚未出来,美国对互联网公司的垄断认定及处置立场是否会发生转变,尚待进一步观察。

第二节　数据是如何助推垄断形成的

2016 年法国反垄断执法机构(Autorité)和德国反垄断执法机构两大竞争监管机构,展开了一项联合研究,从竞争执法者角度,共同分析数字经济和其他行业中的数据收集,对竞争可能产生的后果和挑战。根据该联合研究报告,在助推垄断形成的过程中,数据起着重要作用,主要表现在以下几个方面。①

一、数据可能是促成"市场支配力"的一个因素

数据可能是促成市场支配力的一个因素。在一个对数据的访问、收集、利用非常重要的市场竞争中,如果新进入者无法收集类似的数据或无法购买到现有数据的来源,那么,对数据的拥有情况,可能构成其市场准入的障碍,即这会提高新加入者的数据门槛。

例如,由于其庞大的用户或客户群,诸如搜索引擎或在线商店等大型已建立的在线服务,能够收集因交易和与其用户或(潜在)客户的交互所产生的非常大量的数据。要明确的是,持有大量数据本身并不是问题。

但是规模较小的公司或新进入者在特定情况下,可能无法像现有企业那样收集数据,因为他们通常很少或者甚至没有用户/交易。虽然这些公司主要还可以使用第三方数据,即由另一实体收集的数据,但实践中可能会限制第三方数据的可用性。数据通常具有高度差异化,第三方收集的数据对公司的价值可能低于其与用户和客户的互动所产生的数据。此外,第三方可能并不总是愿意共享数据或向竞争对手出售数据。

此外,数据的收集和使用通常被视为重要的市场因素,例如,搜索引擎或社

---

① Autorite de la concurrenc, Bundeskartellamt, *Competition Law and Data*, joint report, 10th May, 2016. 为快速了解联合报告的内容,亦可阅读法德两大竞争监管机构负责人合写的一个关于该报告的综述:See Bruno Lasserre, Andreas Mundt, *Competition Law and Big Data: The Enforces' View*。

交网络往往高度集中。在某种程度上,在这些情况下存在强大的规模和网络效应[①]也被描述为限制竞争的强度。这些市场上的数据收集和使用的发展,可能会加强这些市场上领先公司的力量。另外,由于差异化的数据访问,较小竞争对手的边缘化可能会得到加强。也就是说,获取更大数量的数据才可能支持更好的服务,从而吸引更多的客户——以及更多的数据,这是一个"雪球效应"。相比之下,规模较小的公司可能会吸引更少的消费者,因此数据也会较少。随着市场份额差距的增大,数据收集的差距也会加大,这将进一步拉大对客户服务质量的差距。最后,更大规模的企业所获得的更高收入,可能会推动更高的投资(如新算法、新功能、临近市场的入口等),从而吸引更多的客户和更多的数据。这样的趋势可能会损害竞争,最终导致相关数据市场的垄断。

当然,数据与企业的市场力量、竞争力之间并无绝对的因果关系。获取拥有大量的数据并不一定直接导致企业的市场支配地位,数据本身并不能独立地为企业带来优势,数据只是企业的一种资源,至于资源如何转化为利益和相关的市场份额,则需要依靠企业对数据的分析处理和科学化利用。

二、数据可以提高供应商之间的市场透明度,从而便于共谋

数据可以提高市场透明度。一方面,它可以增强供应商和客户之间的透明度,这通常会对竞争产生积极的影响。消费者可以从更高的市场透明度中获益。它可以减少消费者和供应商之间的信息不对称。消费者可以通过一种简单的方式来比较价格和查看评级,比如,像猫途鹰(TripAdvisor)、缤客、易贝(Ebay)、亚马逊这样的平台。因此,在价格和质量方面,竞争会变得更加激烈。此外,透明性可以使新的提供者获得关于客户需求和竞争性报价的信息,从而降低了市场

① 根据百度百科的解释,信息产品存在互联的内在需要,因为人们生产和使用它们的目的就是更好地收集和交流信息。这种需求的满足程度与网络的规模密切相关。如果网络中只有少数用户,则他们不仅要承担高昂的运营成本,而且只能与数量有限的人交流信息和使用经验。随着用户数量的增加,这种不利于规模经济的情况将不断得到改善,所有用户都可能从网络规模的扩大中获得更大的价值。此时,网络的价值呈几何级数增长。这种情况,即某种产品对一名用户的价值取决于使用该产品的其他用户的数量,在经济学中被称为网络外部性(network externality),或称网络效应。

准入的成本。

另一方面,数据收集增强了供应商之间的透明度。通过数据的收集和分析,某一供应商对其他供应商的定价情况、客户评价等会有更准确的了解,对业内的整体情况,如均价、行情有更清晰的认知,从而有利于及时调整己方报价和经营策略,提升经营效益。

但是,有利就有弊。在一个透明度高,但同时供应商又比较集中的市场中,这可能出现限制竞争的后果。在供应商的定价、客户反馈等信息高度透明的情况下,一个供应商很容易就能发现,在该行业中,竟然只有有限的供应商存在。同时,通过对数据进行算法分析,不仅很容易获得行情价,每一个供应商还很容易看出其他供应商的定价是否存在隐性或显性的与行情价偏离的情况。结合定价数据与客户评价数据间的联动分析,该供应商会调整己方定价,以校正其与其他供应商的偏差。在一个供应商数量有限的市场中,这会加快该市场定价趋同的态势。这就是消费者在线购物、在线订机票酒店、在线打车等时,尽管选择的平台不同,但有时会觉得,除开那些还处在"烧钱圈地"期的新平台,其实各大平台显示的价格、优惠幅度并无较大区别的原因之一。

三、数据可以成为某些反竞争行为的工具

(一)可能在并购案的反垄断评估中引发关注

收集和获取数据可能在并购案的反垄断评估中引发关注。对于公司来说,并购是一种可行的策略,通过收购或合并拥有大量相关数据的小型创新公司来获取新数据。在数据相关市场中,这样的合并可能会增加相关数据的集中度,并限制新公司的进入和扩张。例如,在 Facebook 与 WhatsApp 并购案的反垄断审查中,欧盟委员会(European Commission,EC)就审查了并购对数据访问可能性的影响,可能对利用数据投放广告的后续利用市场是否造成消极影响。在这里,欧盟委员会不仅探讨了现状,即 WhatsApp 目前没有收集任何用户数据,还审查了 WhatsApp 开始收集用户数据的假设情况。欧盟委员会发现,即使在后一种情况下,Facebook 也不会存在竞争法上所禁止的有广告相关数据的集中,因为许多其

他公司也在收集大量的数据。并购不会引发竞争问题,因此委员会认为该并购案不存在垄断风险。[①]

此外,如果合并增加了大型公司限制上游或下游竞争对手获取数据的能力和动机,数据相关市场的合并也会导致垂直或综合效应。在上述任何一种情况下,竞争的关注点更有可能使竞争对手更难获取从相关数据中提取的信息。

(二)数据的收集、利用可能违反竞争法的情形

主要包括四种情形,即拒绝竞争对手获得数据资源、歧视对待、排他性条款、数据捆绑销售。

首先,如果对数据的访问被一个以反竞争的方式主导的公司控制,则竞争可能受到限制。这种限制可以在不同情况下发展。如果数据被视为对请求访问的公司的活动"必不可少的便利",则拒绝向竞争对手提供数据可能会违反竞争法。然而,欧洲法院将数据认定为"必不可少的便利"的标准是非常严格的。在其他先决条件下,必须证明,支配性公司拥有的数据是真正独一无二的,竞争对手不可能获得提供其服务所需的数据。根据欧洲法院的判例,仅在极少的情况下,强制权利人与竞争对手分享必要的数据信息,原则上一个占市场支配地位的企业并无此项义务。欧洲法院在布朗纳(Bronner)案和微软(Microsoft)案中指出,只有当一个企业拒绝给予的行为对于一种产品而言是必不可缺的,而且拒绝行为阻碍了新产品的出现,同时客户对这种新产品有需求,并且这种拒绝没有客观合理的理由时,法院才会对企业施以强制的分享数据信息的义务。不过,由于数据具有非竞争性,因此,即使是新进入市场者,也可通过各种方式收集到数据,再加上拥有大量数据本身并不一定代表具有很强的市场优势。[②] 因此,此种情形是否涉嫌垄断,须依个案情况进行分析。

其次,如果拒绝访问数据是歧视性的话,那么,它也可能是违反竞争的。如

---

① 之所以认为没有反垄断风险,还因为Facebook在其收购通知中表示,将无法在两家公司的用户账号之间建立"可靠的自动化匹配"。当然,事后证明,这是一个误导性信息。为此,2017年5月欧盟委员会对Facebook处以1.1亿欧元罚款。

② See D. A. Balto, M. C. Lane, *Monopolizing Water in a Tsunami: Finding Sensible Antitrust Rules for Big Data*, Social Science Electronic Publishing 2016.

一个占主导地位的公司授予某些客户访问权，而拒绝给其下游竞争对手的客户以访问权，即可能被认为是歧视性的。① 更普遍地讲，纵向整合可以导致歧视性获取战略信息，从而扭曲竞争。例如，一些同时作为在线零售商和经营的市场营运商可以获得关于在该市场上销售的竞争对手的信息以及消费者的行为。通过识别全球范围内需求更大的产品，一个综合平台可以更有效地调整其销售产品的范围以及产品的定价。如果这种平台限制了竞争对手在市场上就其所参与的交易所操作的信息，该平台也可实现类似的效果。这样的信息传输和限制，使综合平台运营商比其竞争对手在市场上更有竞争力。

再次，反竞争的数据驱动策略还可能包括通过与第三方提供商签订排他性条款阻止竞争对手访问数据，通过使消费者难以采用竞争对手的技术或平台，来阻止竞争对手获得类似数据的机会。

最后，在特定市场上收集的数据可以被公司用来以反竞争的方式开发或增加其在另一个市场上的市场力量，例如，拥有有价值的数据资源的公司，通过捆绑销售的方式将这些数据和自己的数据分析服务捆绑出售。这样的搭售可能会排挤竞争对手，从而排除或限制竞争。

（三）数据可能成为导致价格歧视的手段

公司对客户的偏好和保留价格了解得越多，就越能够使价格适应个人消费群体。价格差异化本身并不一定会引发竞争问题。制定差异化价格是竞争的关键因素。客户可以从价格差异中获益，因为他们可以以较低的价格购买产品。因此，社会福利可能比没有价格歧视的情形更多。然而，价格歧视也会产生负面影响。价格歧视会加剧消费者和供应商之间的信息不对称，导致消费者的搜索成本上升。对一些消费者来说，价格歧视可能导致更高的价格。经济证据表明，价格歧视会导致“幼稚”（非理性）消费者的价格上涨，而理性消费者则不会或者

---

① 例如，在法国的塞格迪姆（Cegedim）案中，塞格迪姆是一家在相关数据市场处于主导地位的商业数据信息提供商，拒绝为使用欧里塞德（Eurisde）产品的用户出售主要的数据库，因为欧里塞德是塞格迪姆在健康行业的客户关系管理软件方面的竞争对手，但塞格迪姆却向其他用户出售数据库。因此，法国的竞争管理执法机构认定塞格迪姆的行为涉嫌歧视，而该种歧视行为会限制欧里塞德的经营发展，属于违反竞争法的行为。

更少地受到价格歧视的伤害。

因此,人们可以质疑价格歧视本身是否处于竞争法的调整范围之内。被认定是滥用主导地位或纵向限制,其对竞争的影响,而不仅仅是对消费者福利的影响,必须加以论证;是否存在任何相称的理由也必须查明。然而,根据不同国家的竞争法,情况可能会有所不同。有关单方面行为的规定,可能确实会更加严格。

(四)数据对市场份额、隐私问题间的相互影响有密切联系

对数据保护的监督尽管不是竞争主管部门的责任,然而,数据保护可能是竞争法中一个问题。德国联邦法院指出,如果争议的服务与隐私条款是基于公司的市场支配地位做出的,那么这种不符合对等的交易条件、贸易习惯而做出的合同条款,是可能存在滥用市场支配地位的情况的,在这方面,数据保护条例就可以适用于竞争诉讼中。如果商业模式主要是基于数据的收集和分析而占主导地位的公司,如大型社交网络公司涉嫌侵犯数据隐私,那么,情况将更是如此。

第三节　数据不正当竞争滑向数据垄断的边界

垄断、不正当竞争既有联系亦有区别。就目的而言,尽管保护市场公平竞争、保护消费者利益均是二者关注的重点,但反垄断规制侧重于社会公共利益,而非某一具体经营者利益的维护;[①]就主体而言,只有具有市场支配力的主体才有可能涉及垄断问题。因此,当具有市场支配力的主体滥用其地位,通过不正当手段来排斥、限制竞争,从而损害消费者利益、扭曲公平竞争秩序时,不正当竞争就会演变成垄断。结合反垄断执法主要体现在 3 个方面:一是处理针对卡特尔协议提起的诉讼;二是审查企业并购是否会妨碍竞争;三是审查一个公司是否存

① 以我国《反不正当竞争法》和《反垄断法》为例,前者立法目的是"为了促进社会主义市场经济健康发展,鼓励和保护公平竞争,制止不正当竞争行为,保护经营者和消费者的合法权益,制定本法"。后者立法目的是"为了预防和制止垄断行为,保护市场公平竞争,提高经济运行效率,维护消费者利益和社会公共利益,促进社会主义市场经济健康发展,制定本法"。

在滥用其市场支配力的行为。因此,当我们探讨数据不正当竞争滑向数据垄断的边界时,结合数据市场的特点,主要可以考虑如下因素。

一、"市场支配地位"的认定

并不是每一家体量够大或经济意义重大的公司都是《反垄断法》意义下的具有"市场支配地位"的主体。在数据垄断语境下,市场支配力取决于是否具备其他竞争者所无法比拟的获取数据的能力。因此,在认定"市场支配地位",或者说"数据优势"时,需要评估数据是稀有的,还是容易复制的,以及数据收集的规模和范围对该企业是否具有重要性。

(一)数据的稀缺性问题

首先,数据是非竞争性商品。因此,收集和使用一个特定的数据集并不妨碍其他企业建立、使用相同的数据,只要这些企业可以访问到它们。实际上,客户可以向不同的服务提供商提供类似的数据,不管他们是否是竞争对手。但是,数据的非竞争性并不一定意味着所有企业都可以访问获取。事实上,访问数据同时可能会受到不同类型的成本的影响,如收集数据的成本(建设和开发数据中心的成本),通过提出完整或创新的服务来建立足够大的客户群的成本(研发部门费用、购置成本等),分析数据的成本(开发特定算法的成本)。此外,一些法律限定也会限制某些特定用途的数据的可访问性,特别是个人数据。

其次,数据不仅是由公司单独收集的,以作为获得竞争优势的投入。数据也可以通过数据中介被收集、转售。数据中介依靠各种数据来源,包括他们自己的数据收集技术,使用跟踪技术,如"网络饼干"(cookie)、公共信息以及来自公共机构、第三方的数据。在某些情况下,从数据中介处购买,可能比自己收集数据的成本更低,特别是对于可能需要快速获得大量数据的新进入者而言。但是,数据中介提供的数据可能存在重要缺陷,比如,它们也可能是间接获得的数据,或者无法获得核心数据,或者数据更新速度较慢等。

因此,只有那些需要企业投入高沉没成本才能获得的数据,以及企业无法通过向数据中介采购获取的数据,一定程度上才具有稀缺性。一个企业,拥有的这种稀缺性数据的量越大,其"市场支配力"也就体现得越明显。

(二)有关数据规模的问题

对数据进行有意识的收集、整理、分析,以帮助企业改进产品或服务,或者更好地瞄准目标客户,并不是一种新现象。然而,在大数据时代,新的算法,新的、更强大的处理器,更高效的存储和数据传输技术的不断迭代,使高速、多途径汇聚数量庞大的数据已成为可能,从量变到质变,彻底改变了数据运用的传统方式,甚至正在实现"数据驱动创新"。包括 Facebook、微信、淘宝、油管(Youtube)、美团等,在一定程度上,它们的成功都与其拥有的海量数据规模、广泛的数据收集范围不无关系。

然而,数据的作用也不可过分高估,数据与企业的市场力量、竞争力之间并无绝对的因果关系,获取、拥有大量的数据本身并不一定直接导致企业的市场支配地位。纵观历史,拥有海量数据而失败的企业比比皆是。这首先是因为,数据的优势很容易被削弱。一方面,数据是可分的和高度差异化的。基于长尾理论的观察,不同的消费者在网络购物、在线约会、社交网络、在线旅游等场景下,往往导向更精确、更符合其需求的网络服务提供者。所以,成功的企业必须挖掘属于自己的利基市场,而不能盲目跟随领先者。差异化的竞争使得自己富有价值的数据,对其他企业可能用处寥寥。另一方面,数据本身可被替代。一家将传感器嵌入公路以收集交通拥堵数据的企业,很快就会发现,随着自动视频分析、手机导航等技术运用,其数据已沦为第二选择。[①] 那些数据规模巨大的企业,也并不是在商业活动中,无往而无不利。也就是说,拥有数据本身并不能带来商业利益,如何使用这些海量数据,从中提取出有价值的信息,才是关键。而从数据中提取信息的能力,并不完全取决于所收集的数据量,而且还取决于分析数据的技术能力,特别是当收集的数据质量良莠不齐的时候。

因此,仅仅以某一企业拥有的数据规模,来认定其是否具有"市场支配力"是不科学也是不合理的。是否具有数据意义上的垄断,需要个案认定,既要考虑数

① 参见许可:《数据垄断真的存在吗?》,载《中国信用》2018 年第 1 期。

据规模，还要考虑企业的竞争优势是否主要源于对这些数据的拥有和利用，以及这样的数据规模是否会增大新加入者进入目标市场的难度。

（三）以 Facebook 案为例进一步分析“市场支配地位”

首先，Facebook 在德国每月有大约 3000 万用户，其中 2300 万用户几乎每天都会使用 Facebook。其次，Facebook 在社交网络市场具有极高的市场份额。

最重要的是，作为社交网络，其网络效应表现为“基于身份的网络效应”或者说“个人效用网络效应”。它具有两大特点——用户的个人身份与网络关联，通常用户名是他们的真实名字、一组独特的数字或者与现实世界身份相关的某种称谓；对用户的生活或工作很重要，是其社交的一种重要方式。[①] 在这样的社交网络中，用户对平台，如 Facebook 是有黏性的，或者说用户想要与他人建立联系的需求，吸引用户愿意进入 Facebook，并且不愿轻易变更到另一平台中去，如果他的朋友、人际圈大多仍在 Facebook 上的话。这意味着，在社交网络市场上，吸纳足够多的用户，具有足够规模的数据后，新加入者要想再进入这一市场，很比较困难的。何况直接的网络效应会导致规模经济，进而导致成本节约，这使 Facebook 在战略决策方面的空间，也远远超过竞争对手。这对新加入者，不啻雪上加霜。此外，Facebook 对其用户的个人数据和其他竞争相关数据有更好的访问权限。因为社交网络是数据驱动的产品，获取这些数据是市场竞争的一个重要因素。数据与产品设计和服务货币化的可能性相关。如果其他公司无法获得类似的数据资源，这可能成为其进入市场的另一个障碍。

因此，德国反垄断执法机构认定，Facebook 在德国社交网络市场具有“市场支配力”。

二、“滥用”的认定

互联网行业大多奉行“免费商业模式”，即向用户提供免费的基础服务，在吸纳到足够用户后，利用收费的增值服务收费获利。这将传统垄断经济学上的“双

---

① See James Currier, *The Network Effects Manual*: *13 Different Network Effects and Counting*, the report of NFX, July15, 2017, https://www.nfx.com/post/network-effects-manual.

边市场”①理论推到极致。那么,用户在某一平台停留的时间越久,越活跃,平台收集到的数据也就越多,对其偏好和信息的了解就越广泛,针对性投放增值服务的空间也越大。反过来说,一个平台对用户的数据收集得越全面,对其越能提供精准、个性化服务,越能让用户愿意待在这个平台中,而不是跑去其他竞争对手的平台。因此,当一个有市场支配力的主体,不正当抓取、使用数据,或者利用数据优势,排挤、限制竞争对手,损害消费者利益就可能被认为构成“滥用”其支配力。

针对抓取、使用数据的行为,判断“滥用”,有两种情况,是比较好判断的。一是采用违法手段,如侵入或破坏计算机信息系统进行的数据抓取行为。二是违约或违背行业内的公认准则,比如,尽管双方签署了正式的合作协议或应用程序接口协议,约定数据共享,但一方超出协议范围获取抓取另一方的数据;或者违反爬虫协议(Robots 协议)抓取其他网络平台的数据等。但违反诚实信用原则或公认的商业道德进行的抓取,则在判断上具有一定的难度。需要结合涉案信息的商业价值,即能否给经营者带来竞争优势;信息获取的难易程度和成本大小;是否有损社会公众利益,如消费者利益;竞争对手使用信息的方式和范围等,进行综合考虑。

至于利用数据优势,排挤、限制竞争对手,损害消费者利益,在数据垄断的评估中,而相对复杂,主要会考虑:一方面,其相关的商业条款或商业行为,是否会构成合谋,从而排除、限制竞争对手,影响业态竞争环境。例如,缤客、亿客行等在线旅游酒店预订网站因其平价条款,而受到反垄断调查和制裁的系列案中,就涉及这一问题。另一方面,是否会剥夺了消费者的自由选择权,使其他竞争者无法有效通过自由竞争的方式,争取目标消费群体,不利于市场结构和竞争机制的合理化,既损害了消费者,又影响了竞争秩序。例如,Facebook 案、WhatsApp 案中,就其新修订的服务与隐私政策的反垄断评估中就涉及这一问题。

---

① 双边市场也被称为双边网络(Two-sided Networks),是有两个互相提供网络收益的独立用户群体的经济网络。

三、数据垄断评估要考虑数据保护问题

数据垄断与数据保护有着紧密的联系,这种联系通常表现为两个方面,一是垄断调查与数据保护诉讼往往如影随形,这在欧洲尤为明显;二是垄断调查时,数据保护将会被考虑进去,成为判断是否构成垄断的一个因素。这在Facebook案、WhatsApp案中,均有体现。现在,我们以Facebook案为例,看看这种联系。

一方面,在德国反垄断执法机构对其进行垄断调查的同时,也伴随着数据保护诉讼。当Facebook收购了WhatsApp之后,2016年8月WhatsApp更新了它的服务与隐私政策,以实现其市场目的、改进产品,并与其新的母公司Facebook共享准确的数据。这一调整引发不少用户的不满。首先,新调整打破了WhatsApp长期以来"无广告政策",即严格拒绝使用广告,其宣称"当包含广告时,你的用户就是产品"。其次,火上浇油的是,因为WhatsApp在2014年被Facebook收购后承诺不做任何改变,强调如果在定义公司及其愿景与产品的核心原则时,需要WhatsApp做出妥协让步,则其不会与Facebook合作,所以不仅是违背了收购时的承诺条件,更让许多用户感觉被出卖。此外,用户还担心WhatsApp与Facebook的数据共享,会扩大自己的个人信息的扩散范围和被利用的不可预知性。在德国,尽管2016年3月德国反垄断执法机构已经发起了针对Facebook的反垄断调查,德国消费者组织联合会(Verbraucherzentrale Bundesverband, VZBV)仍于2017年1月30日诉至法院,指控Facebook违反了德国《联邦数据保护法》。

2018年2月12日,柏林地方法院对VZBV诉Facebook一案作出判决,裁定Facebook违反了德国《联邦数据保护法案》。在判决中,柏林法院支持了德国消费者组织联合会的以下几点主张:①

1. Facebook的默认隐私设置必须得到用户的"知情同意"。根据德国《联邦

---

① 参见吴沈、括甄妮:《柏林法院判决"德国消费者组织联合会诉Facebook"案》,载一点资讯网,http://www.yidianzixun.com/article/0IPv2LqP,最后访问日期:2018年9月22日。

数据保护法案》的规定，用户的个人数据信息只有在取得数据主体的同意后才可以被收集和使用，同时为了使用户做出符合自我真实意愿的选择，服务提供者必须为用户提供清晰易懂的信息，帮助其了解被收集数据的性质、范围和目的。然而，Facebook 并没有遵守这些要求，例如，在智能手机中的 Facebook 应用程序中，位置共享服务、数据共享服务等隐私设置未经用户同意即被默认开启，使聊天的双方可以查看彼此的位置信息、账号信息等。

2. Facebook“预先拟制的同意声明”条款无效。柏林法院判决 Facebook 除隐私条款外的其他八项服务条款无效，这些条款包括“预先拟制的同意声明”条款，该条款允许 Facebook 将收集到的用户信息用于广告服务、赞助活动或其他相关活动并将所收集的数据发送到美国。柏林法院认为这种对于数据使用的同意声明太过宽泛，不能构成数据使用的有效同意。

3. Facebook 的实名制条款违法。Facebook 要求用户必须使用真实姓名和信息，该规定被柏林法院判定为违法。根据德国《电信媒体法》的规定，互联网服务的提供者们应该允许用户使用诸如笔名的匿名形式使用其服务，Facebook 的做法显然违反该规定。此外，Facebook 的“实名制”做法被认为是一种变相获取用户个人数据信息的方式，理应被认定为违法。①

另一方面，德国反垄断执法机构在对 Facebook 利用其旗下的 WhatsApp 收集用户数据行为的相关条款，进行反垄断评估时，德国反垄断执法机构仔细研究了德国《反对竞争法》(Gesetzgegen Wettbewerbsbeschränkungen，GWB)第 19 条下的竞争法条款与主要由数据保护部门执行的统一的欧洲数据保护原则之间的关

① 虽然德国消费者中心协会(Verbraucherzentrale Bundesverband，VZBV)多项诉讼主张得到了柏林地方法院的支持，但是其中“Facebook 的永久免费声明具有误导性”的这一主张并没有得到法院的支持。联合会认为 Facebook 永久免费的声明具有一定的误导性，虽然消费者们使用 Facebook 并不需要支付费用，但是用户的数据信息对于 Facebook 而言价值重大。然而，柏林地方法院认为 Facebook 的该声明是合法的，因为无形的价值考量不能被认为是一种费用支出。同时，柏林地方法院对德国消费者组织联合会递交的有关 Facebook 的其他多项隐私政策条款的诉讼请求予以驳回，表示该隐私政策仅包含公司运行程序的信息而不涉及合同条款的内容。

系,并认为:[①]当评估一个大数据商业模式与反垄断法的兼容性时,采用欧洲数据保护规则及其确保保护宪法权利的基本原则,似乎不可或缺,因此,该规则及原则在评估此商业模式的数据处理条款时,是有必要被适用的。在当前案件中,适用于竞争法评估的数据保护原则是由德国联邦法院 GWB 第 19(1)条的判例法所支持的。这个问题特别涉及联邦法院的两项裁决,其中法院裁定,GWB 第 19(1)条的一般条款也可用于确定一家公司是否正在使用"剥削性商业条款"。这在 VBL 等值二审(VBL Gegenwert Ⅱ)案和佩希斯泰因(Pechstein)案的裁决中已经适用。

根据 VBL 等值二审案的判决,"剥削性商业条款"不仅可以根据 GWB 第 19(2)条以及其中适用的比较市场概念,也可以根据 GWB 第 19(1)条的一般条款来确定。在商业条款是由具有市场支配地位或比较有市场支配力的一方企业制定的情况下,根据德国《民法典》第 307 条规定的显失公平原则,该商业条款将可以被撤销。在佩希斯泰因案中,虽然法院并未根据 GWB 第 19(1)条或第 19(2)条没有判定所使用的商业术语是否是剥削行为,但要求广泛平衡宪法利益,包括宪法所保护的权利。因此,为保护宪法权利,当出现合同一方强大到可以实质单方规定合同条款,并排除了合同相对方的自主缔约权的情况时,能够适用 GWB 第 19 条来进行规制。

根据这些原则,德国反垄断执法机构在进行反垄断评估时,明确指出将考虑适用统一的欧洲数据保护规则条款,特别是将于 2018 年 5 月生效的欧盟《通用数据保护法》,以及目前适用的 95/46/EC 数据保护指令。

不仅德国反垄断执法机构持此立场,欧盟委员会在 2016 年出台的《针对消费者的不公正商业竞争行为 2005/29/EC 指令的执行和适用指南》(Guidance on Implementation/Application of Directive 2005/29/EC on Unfair Commercial Practices)中,探讨了 2005/29/EC 指令与数据保护指令、隐私与电子通讯指令间的相互作用。其第 1.4.10 节明确指出:"当整体评估商业行为的不公正性时,应当考虑对数据保护指令的违反……尤其是存在交易方违反数据保护指令的要

---

① See Bundeskartellamt, *Background Information on The Facebook Proceeding*, Press Release, 19 December 2017.

求,对消费者数据进行处理的情形时。"①可见,欧盟委员会认为对消费者的不公正商业竞争行为的评估亦应考虑数据保护问题,而当具有市场支配力的企业实施对消费者的不公正商业竞争行为往往涉嫌数据垄断时,这意味着,欧盟委员会在评估数据垄断时,亦会支持需考虑其中的数据保护因素。

第四节　如何防范数据垄断风险

一、我国互联网企业亦需警惕被控数据垄断的风险

(一)我国法院有判断互联网不正当竞争的足够经验

如前述分析的一样,具有市场支配力的企业,利用其数据优势,进行不正当竞争,是可能滑向数据垄断的。这意味着,判断一个企业是否构成数据垄断的前提之一是,需要判断其是否存在不正当竞争。

根据第三章可知,中国法院针对互联网企业的特点,在相关市场的界定、竞争行为不正当性的理解、反不正当竞争法一般条款的适用等问题上,已积累比较丰富的审判经验,能很好地处理复杂的互联网不正当竞争案例,如新浪诉脉脉案的处理,亦不乏亮点。这说明,如果有人欲对互联网企业在经营过程中,包括数据投融资过程中出现或引发的数据垄断行为,寻求诉讼途径解决,我国法院完全有能力审理数据垄断案件。

(二)部分中国互联网企业亦有相当的"市场支配地位"

在中国境内,腾讯、阿里巴巴等互联网代表性企业,是具有相当数据优势,拥有市场支配力的企业。以下将以腾讯、阿里巴巴为例展开分析。

根据腾讯公司发布的 2017 年年报,腾讯体现的游戏业务收入为 978 亿元;QQ 月活跃账户数达到 7.83 亿,QQ 智能终端月活跃账户数达到 6.83 亿,QQ 最

---

① The European Commission, *Commission Staff Working Document*, Guidance on Implementation/Application of Directive 2005/29/EC on Unfair Commercial Practices, Brussels, 25. 5. 2016, SWD(2016) 163 final. 原文为"Data protection violations should beconsidered when assessing the overall unfairness of commercial practices (...), particularly in thesituation where the trader processes consumer data in violation of dataprotection requirements."

高同时在线账户数(季度)达到2.71亿,QQ空间月活跃账户数达到5.63亿,QQ空间智能终端月活跃账户数达到5.54亿,微信和WeChat的合并月活跃账户数达到9.89亿,收费增值服务注册账户数为1.35亿。微信的成功,与QQ强大的用户基础有着很大的关系,而QQ、微信的成功,产生了更庞大的社交群体,以海量的用户数据为基础,将流量变现,并成功引流至具有强变现能力、高变现价值的其他方向,如游戏、金融、视频等,是一种必然。可以说,用户数据是腾讯公司成功的最重要基础,通过对这些用户数据的深度挖掘、利用,能提供更精准、更个性化的服务。正如2017年年报所反映的那样,公司的网络广告业务收入同比增长49%,主要原因在于,就社交及其他广告而言,公司平台的定向能力增强令广告需求提升,借助公司合作伙伴平台令广告主数量增长,使公司的广告收入实现同比增长。微信朋友圈及公众账号以及移动联盟广告中的广告展现量亦有所增加。公司目前正在对公众账号按点击付费的广告链接进行测试,这种链接将让用户连接至广告主的小程序。

阿里巴巴公司拥有海量交易数据和信用数据,并通过投资微博、高德、优酷、饿了么等App的方式,掌握了部分社交数据、移动数据等。根据阿里巴巴公司发布的2018年财报,阿里巴巴的移动月度活跃用户达到6.17亿,较2017年3月增长1.1亿,而年度活跃消费者达到5.52亿,较截至2017年12月底的12个月增长3700万,季度内的新增年度活跃消费者数量,同样创下自其上市以来的最高值。大约有150万活跃内容创作者支持淘宝,帮助品牌商家与消费者互动;优酷日均订阅用户同比增长超过160%;41家门店新零售升级,发现近2000万潜在客户……这些消费者行为数据,使阿里巴巴公司有能力向购物者定向推送他们最感兴趣的广告,而入驻平台的商户鉴于促销的需要,也可能愿意支付更高的广告价格。通过优化后的算法,能够让阿里赚取更多的广告收入,而不必付出同等涨幅的成本。

在一片欣欣向荣的景象中,这些代表性互联网企业在商业版图扩张中,如果掌握不好度,则会存在较大的数据垄断风险。虽然我国在这一问题上并没有欧盟那么严厉,但无论是"3Q 大战"之时,还是阿里与腾讯互相封杀事件之时,①部分舆论关于其间蕴含的垄断问题的争议,就没停止过,也不是没有要求进行反垄断调查的声音。目前,我国《个人信息保护法》已经出台,对于腾讯、阿里巴巴等互联网代表性企业,非常有必要警惕被控数据垄断的风险。

在海外,腾讯、阿里巴巴等互联网代表性企业尽管没有国内这样辉煌,目前还未如 Facebook、WhatsApp、谷歌、亚马逊那样遭遇反垄断评估及调查的困扰,但在不少国家和地区,仍取得了不错的成绩。特别是在海外华人,以及与华人有较多交集的群体中,其表现尤为突出。随着海外市场的进一步扩张,腾讯、阿里巴巴等也不是没有被控数据垄断的风险的。特别是在欧洲,鉴于数据垄断评估与数据保护交织在一起,随着欧盟《通用数据保护法》的颁布和生效,随着更广的适用范围、更严格的数据保护、更高的处罚而来的,可能包括更多的数据垄断调查。因此,我国互联网企业在海外,特别是在欧洲,也是非常有必要警惕被控数据垄断风险的。

二、一些具体的防控建议

防控数据垄断风险,是一个系统工程,需要法务、市场、技术等多部门的协作,针对法务,可以考虑如下防控建议。

1. 方向:持续跟踪国内外数据垄断最新立法、司法动态,合规标准和改进方向遵循"木桶定律"。② 当一个互联网企业的服务、市场遍布全球的时候,国内外的最新立法、司法动态,都可能影响该企业的运营,及时关注是一个需长期坚持的基本工作。鉴于不同的国家、地区在数据垄断方面的立法、司法宽严度不同,

---

① 2015 年 2 月 3 日,阿里巴巴和腾讯的矛盾再次升级,多款阿里系产品被微信全面封杀。继支付宝红包上线半天被微信封杀后,微信店铺全面禁用支付宝进行收付款。此外,《北京晨报》记者从虾米音乐 CEO 王皓方面得知,阿里系的虾米音乐、天天动听也被微信全面封杀。此前,由阿里投资的"快的红包"已被封杀。此次封杀是继一年前淘宝屏蔽微信之后,微信对于阿里系屏蔽的最激烈回应。

② "木桶定律"是讲一只水桶能装多少水取决于它最短的那块木板,也可称为短板效应。任何一个组织,可能面临的一个共同问题,即构成组织的各个部分往往是优劣不齐的,而劣势部分往往决定整个组织的水平。因此,应针对"短板",采取措施予以补足。

前述对国外案例的解析已反映出,同样的事情,如缤客等在线旅游或酒店预订网站涉嫌纵向垄断一事,即使欧美不同地区之间,对它的态度也是有分歧的。但互联网产品的开发、服务的推广,不宜分地区采不同的宽严文本,一方面,这会涉嫌地区差别对待,引发相关地区用户的不满;另一方面,也不利于跨地区的数据对接、接口开放。因此,在合规时,应遵循"木桶定律",根据最新、最严厉的国家或地区的立法、司法动态,作为合规标准和改进方向。

2. 当前的重点:结合《通用数据保护法》、欧盟数据垄断新案例,体系化的重新梳理,及时修改服务与隐私条款、数据保护条款等,并做技术整改、市场推广措辞修改,以使合规意见能真正落地。根据 Facebook 案、WhatsApp 案、法德反垄断调查机构的联合研究报告、《针对消费者的不公正商业竞争行为 2005/29/EC 指令的执行和适用指南》等,数据保护与数据垄断紧密联系,互相影响,鉴于《通用数据保护法》对数据保护的高水平、严要求,可以预见必然会对全球互联网企业的隐私保护、数据保护方面的合规提出新要求。因此,有必要针对《通用数据保护法》对相关服务与隐私条款进行体系化的重新梳理,并修改相应的数据保护条款、服务与隐私条款等,以免触及雷区。同时,有必要对相应的技术措施、市场推广文本或广告等做相应的检视,避免技术遗漏、措辞不当等情况,使相应的合规意见能真正落地,而非仅仅是一系列法律文本或条款的字面修订。

3. 中期的重点:建立内部的数据垄断风险评级体系,每次重大的商业活动、数据条款修改、技术改进之前,做预评估。既然以中国部分互联网企业,如百度/阿里巴巴/腾讯(BAT)的市场地位、数据规模,被卷入数据垄断调查的风险是客观存在的,那么,进行自查,建立起内部的数据垄断风险评级体系,有针对性地做好风险点识别和排查、拟定应对预案,并在每次重大的商业活动、数据条款修改、技术改进之前,结合该评级体系做预评估,就是有必要的。

4. 远期的重点:保持与反垄断机构的良好沟通渠道,在相关法律、法规的修订中,积极发出自己的声音。内部的合规、自查、改进很重要,外部沟通与外部大环境的变化,亦对企业的运营有着很重要的影响。中国互联网企业有必要与反垄断机构保持良好的沟通渠道,并积极进行相关学术、实务探讨,在包括反垄断法在内的相关法律、法规的修订中,积极发出自己的声音。而且应当积极与消费者进行沟通,向外界传递公司非常重视数据保护,一直关注消费者数据安全的理念。

5. 注意:防控需建立法商融合理念。法务与商务间的关系,并不是泾渭分明,而是互相影响的你中有我。开展商务活动,比如,一个新的商业模式的推出、一个重大商业谈判的开展,需要法务提供支撑,做好风控。进行法务活动,也需要考虑商务因素,如条款的修改、法律声明的发布、诉讼的启动,可能会给市场、消费者信心、客户关系等带来影响。特别要注意当新规出台,在等待法务评估的过渡期,技术部门做应对上的简单化处理(如直接暂停或关闭服务),与公关部门宣传稿的简洁化(只陈述事实,不做延伸解释或说明),这可能会让消费者、客户在信息不对称下,产生不利于公司的联想或过度解读,影响公司的市场利益。

第七章　数据投融资法律问题探索

第一节　数据投融资的类型

数据投融资并没有一个统一的概念,也不算一个正式的法律术语。通常来说,它是指那些为了进入大数据市场,或为了实现数据扩张而进行的投融资。简言之,就是那些以数据作为重要驱动因素而发生的投融资。它分为以下两种类型。

第一类,为了进入大数据市场而进行的投融资。其投资主体要么是专业投资基金,要么是一些非互联网公司。投资对象大都是从事大数据业务的中小型,甚至初创企业。

2008 年随着“数据市场”“数据银行”等概念被相继提出,国外大数据交易实践正式开始。一些计算机硬件或软件公司[如国际商业机器公司(IBM)、惠普公司(HP)、甲骨文公司(Oracle)],或一些传统行业的公司[如从事房地产评估的核心逻辑公司(CoreLogic),从事咨询业的安客诚公司(Acxiom)],或一些新成立的公司[如伐克丢公司(Factual)、数据罗吉斯股份公司(Datalogix)],纷纷通过涉足大数据领域,引发数据投融资热潮。如数据罗吉斯股份公司是一家通过收集和分析消费者线下购买数据，向广告商提供消费者在线购买习惯、预测的营销数据分析公司，由风投公司“通用催化合伙”（General Catalyst Partners）于2007年创立，后与一家名为“下个行动”（NextAction）的公司合并，此后又获得了多次融资，每次规模均在千万美元左右。2015年1月23日，被甲骨文公司收购。收购前，被传正在考虑开展首次公开募股。

在我国，2010年以来，大数据领域成功融资的企业数量逐年增加，2014年进入爆发期，环比上升193.55%，2015年以来持续稳步增长，2016年获得融资的企业数量达到400多家。2017年前3个月，便有150多家企业获得融资。[①] 大数据领域持续获得资本市场的高度青睐，越来越多的企业走向了B轮甚至C轮的融资。例如，做企业注册大数据信息查询的“天眼查”获得1.3亿元融资，做医疗大数据的“新康医疗”获8500万元融资，健康大数据平台“碳云智能”获10亿元融资。以2015～2017年医疗健康大数据企业投融资事件为例，根据表7－1－1也可以看出，大量的社会资本盯上了以数据为驱动的精准医疗产业，投融资活动相当活跃。

表7－1－1　2015～2017年医疗健康大数据企业投融资事件汇总

项目	业务	地区	当前轮次	最近融资时间	融资金额	投资方
寰瑞医疗	智慧医疗及精准医疗服务商	广东	Pre-A轮	2018年7月5日	3000万元人民币	汇尊资管
零氪科技	肿瘤大数据一站式解决方案提供商	北京	D轮	2018年7月4日	10亿元人民币	中投公司

① 参见前瞻产业研究院：《2017～2022年中国工业大数据产业发展前景与投资战略规划分析报告》，载百度文库2019年2月15日，https://wenku.baidu.com/view/46b61355a48da0116c175f0e7cd184254a351b79.html。

续表

项目	业务	地区	当前轮次	最近融资时间	融资金额	投资方
迪英加科技	医学影像大数据分析解决方案	浙江	A 轮	2018 年 7 月 3 日	数千万元人民币	君联资本
						金阖资本
						IDG 资本
						将门创投
						合全投资
合药云	药店大数据服务平台	北京	种子轮	2018 年 6 月 18 日	未披露	个人投资者
易雍健康	互联网商业医疗保险理赔服务商	上海	B 轮	2018 年 6 月 13 日	未披露	艾想投资
						元璟资本
浙江扁鹊	医疗大数据服务商	浙江	战略融资	2018 年 6 月 5 日	5500 万元人民币	阿里健康
柏视医疗	基于 AI 的医学影像分析平台	广东	A 轮	2018 年 5 月 24 日	数千万元人民币	国中创投
						华创资本
						盛元智本
						谢诺金融
						辰途投资
惊帆科技	脉搏检测分析设备生产商	天津	天使轮	2018 年 5 月 17 日	未披露	北大明德基金
						中科创星
万灵盘古	精神科临床数据建模分析服务商	北京	Pre-A 轮	2018 年 5 月 10 日	1500 万元人民币	金浦投资
智影医疗	精准医学影像开发商	广东	A 轮	2018 年 5 月 10 日	未披露	未披露
森亿智能	医学文本分析解决方案提供商	上海	B 轮	2018 年 5 月 2 日	1 亿元人民币	GGV 纪源资本
						红杉资本中国
						真格基金

续表

项目	业务	地区	当前轮次	最近融资时间	融资金额	投资方
连心医疗	肿瘤数据分析平台	北京	A 轮	2018 年 5 月 2 日	5000 万元人民币	丹华资本
						线性资本
柯林布瑞	医疗信息平台服务商	上海	B 轮	2018 年 4 月 23 日	未披露	正海资本
思派网络	肿瘤领域数据平台	北京	C 轮	2018 年 4 月 17 日	数千万美元	IDG 资本
康夫子	智能医疗辅助系统研发商	北京	A + 轮	2018 年 3 月 30 日	数千万元人民币	晨山资本
普瑞森基因	肠道微生物基因大数据分析平台	江苏	A 轮	2018 年 3 月 13 日	未披露	合力投资
GeneData	基于区块链大数据基因分析平台	—	种子轮	2018 年 3 月 5 日	未披露	华生壹康基金
宜远智能	医疗影像 AI 辅助诊断服务商	广东	天使轮	2018 年 2 月 4 日	数千万元人民币	启赋资本
						力合创投
X CARE	医疗区块链数据协作平台	—	战略融资	2018 年 2 月 3 日	数千万元人民币	元素资本创始合伙人许飞
						OBEN 天使投资人田范江
						腾讯开放平台高级总监胡皓
						MSER
咕咚健康	基于 AI 大数据的运动与饮食健康服务平台	四川	天使轮	2018 年 1 月 19 日	数百万美元	软银中国资本
Linked Med	医疗数据服务商	上海	A 轮	2018 年 1 月 4 日	未披露	嘉道谷投资

续表

项目	业务	地区	当前轮次	最近融资时间	融资金额	投资方
利连科技	医疗信息化服务商	上海	A 轮	2018 年 1 月 2 日	数千万元人民币	三美投资
						万孚生物
						众合创投
						华山资本
慧医谷科技	中医诊断与教学设备研发与制造商	天津	天使轮	2017 年 12 月 25 日	未披露	中卫基金
						天亿投资
朝前科技	医疗数据科学公司	陕西	战略融资	2017 年 12 月 22 日	未披露	中科创星
洞悉网络	医药安全与监测评价 SaaS 平台	北京	Pre-A 轮	2017 年 12 月 1 日	数百万元人民币	未披露
医链科技	医疗供应链管理 SaaS 化服务	北京	Pre-A 轮	2017 年 11 月 18 日	1500 万元人民币	天亿投资
点内生物	精准医疗大数据提供商	上海	战略融资	2017 年 11 月 16 日	未披露	新毅控股
医众影像	医疗影像数据服务平台	北京	Pre-A 轮	2017 年 11 月 15 日	未披露	金沙江创投
医鸣数据	医疗数据服务商	北京	B 轮	2017 年 11 月 14 日	近 1 亿元人民币	国中创投
雅森科技	医疗影像量化分析服务商	北京	A 轮	2017 年 10 月 22 日	数千万元人民币	顺禧基金
						虎丘医疗科技有限公司
中电数据	健康医疗数据应用服务商	北京	战略融资	2017 年 10 月 18 日	未披露	红杉资本中国
						CBC 宽带资本
安捷力	医药渠道大数据运营服务商	上海	A 轮	2017 年 10 月 13 日	数千万元人民币	连一资本
						国金投资
						分享投资

续表

项目	业务	地区	当前轮次	最近融资时间	融资金额	投资方
翼依科技	医疗数据服务商	上海	B 轮	2017 年 10 月 12 日	未披露	红杉资本中国
						北京青崧医疗科技有限公司
杭州数睿科技	精准医疗科技开发商	浙江	A+轮	2017 年 10 月 11 日	未披露	松禾资本
						磐谷创投
						新东泽资本
记健康	健康管理平台	北京	天使轮	2017 年 10 月 9 日	6000 万元人民币	天亿投资
						正和岛投资
						重山资本
						慈铭体检创始人韩小红
						美年大健康董事长俞熔
						望华资本
伊鸿健康	便携式床旁检测服务提供商	湖南	A 轮	2017 年 9 月 20 日	未披露	诚存投资
医号线	医疗大数据采集及分析服务提供商	江苏	天使轮	2017 年 8 月 23 日	未披露	猎豹移动
						贝壳社
为朔医学	医疗数据服务商	北京	待披露	2017 年 8 月 10 日	未披露	安龙基金
法默迪亚	医药研发大数据平台	北京	A 轮	2017 年 7 月 26 日	未披露	本草资本
						科惠创投
						元明资本
大数医达	医疗数据服务商	北京	待披露	2017 年 7 月 21 日	未披露	砺石创投
						北京全域技术
食药网	食品药品及保健品电商网站	北京	战略融资	2016 年 12 月 5 日	500 万元人民币	数据堂

续表

项目	业务	地区	当前轮次	最近融资时间	融资金额	投资方
智柔科技	柔性电子设备制造商	浙江	天使轮	2016年6月30日	未披露	浙华投资
						纵横资本
嘉孚科技	智慧医疗整体解决方案提供商	上海	A轮	2015年7月7日	未披露	爵安投资
蓝信康	慢病管理服务提供商	上海	A轮	2016年3月30日	数千万元人民币	永太科技
						盈科资本
悦糖	血糖管理应用	北京	天使轮	2016年5月16日	数百万元人民币	洪泰基金
医帮一	家庭食品健康咨询平台	广东	天使轮	2015年12月31日	未披露	十方创投
卓健科技	移动互联网健康信息服务商	浙江	B轮	2015年1月30日	1.5亿元人民币	腾讯产业共赢基金
						挚信资本
博识医疗云	医疗大数据分析系统提供商	北京	A轮	2017年6月28日	数千万元人民币	经纬中国
乐九医疗	医疗大数据公司	上海	A轮	2017年5月4日	未披露	阿米巴资本
博德嘉联	综合性医疗服务机构	广东	战略融资	2017年4月24日	10亿元人民币	新风天域
无码科技	医疗及健康搜索引擎	浙江	天使轮	2017年3月13日	2500万元人民币	盈动资本
						猎鹰创投
						明势资本
						汉富资本
						松禾创新
蓬莱涞讯	医院管理系统研发商	上海	A轮	2017年2月15日	未披露	张江科投

续表

项目	业务	地区	当前轮次	最近融资时间	融资金额	投资方
Genedock	基因大数据分析平台	北京	A 轮	2017 年 1 月 20 日	未披露	普华资本 联想之星
科研宝	癌症科室医生科研大数据平台	上海	待披露	2016 年 12 月 7 日	未披露	比邻星创投
生命动力	职场健康监测和解决方案提供商	广东	天使轮	2016 年 9 月 30 日	500 万元人民币	某天使投资人
大华生物大数据	细胞基因生物信息数据共享平台	江苏	天使轮	2017 年 2 月 28 日	未披露	大观基金
盈谷网络	医学影像产品解决方案服务商	陕西	B 轮	2016 年 12 月 26 日	未披露	三泽创投
妞诺科技	脑电健康解决方案供应商	浙江	Pre-A 轮	2016 年 6 月 30 日	数千万元人民币	丰豪创投
修龄中医	在线辅助学习和辅助医疗系统	上海	天使轮	2015 年 9 月 1 日	300 万元人民币	上海南翔创投
人仁医	医疗大数据和医疗保险服务商	广东	天使轮	2016 年 4 月 5 日	近千万元人民币	众海投资
晶云科技	临床与基因数据整合服务商	河南	待披露	2016 年 5 月 5 日	250 万元人民币	易孚泽投资 汉石投资
药渡	生物医药一站式信息服务平台	北京	B 轮	2017 年 7 月 18 日	亿元人民币	元明资本 本草资本 同写意创投

资料来源：https://wenku.baidu.com/view/89d392c8c67da26925c52cc58bd63186bceb92dd.html，最后访问日期：2018 年 10 月 18 日。

第二类，为了实现数据扩张而进行的投融资。此类投资行为往往发生在互联网公司之间，从而实现数据分享、数据融合。其形式多样，可以是企业并购，或者是入股,或者是风投,或者是业务合作等。

以几家头部互联网企业为例,我们根据公开的渠道,通过对年报、新闻的检索,整理出了2015～2017年阿里巴巴、百度、腾讯及其关联公司的较大投资清单以及相关被投资方的列表,如表7－1－2、表7－1－3及表7－1－4所示。

表7－1－2 2015～2017年阿里巴巴集团投融资一览

日期	投资方	形式	金额	被投资方	行业
2017年12月30日	蚂蚁金服	C＋轮	3000万美元	蘑菇租房	房产服务
2017年12月27日	阿里资本	A轮	亿元及以上人民币	叠境数字	企业服务
2017年12月26日	阿里资本	战略投资	3.3亿元人民币	纽仕兰新云	电子商务
2017年12月13日	阿里资本	A＋轮	亿元及以上人民币	小鹏汽车	汽车交通
2017年12月13日	蚂蚁金服	C轮	1亿元人民币	校宝在线	教育
2017年12月7日	阿里资本	A轮	数千万元人民币	企加云	企业服务
2017年12月4日	蚂蚁金服	D轮	3.5亿美元	哈啰出行	汽车交通
2017年11月28日	阿里资本	战略投资	15亿元人民币	商汤科技	企业服务
2017年11月20日	阿里资本	战略投资	28.8亿美元	高鑫零售	本地生活
2017年11月20日	阿里资本	战略投资	224亿港元	大润发	电子商务
2017年11月15日	阿里巴巴创业者基金	A轮	数千万美元	耐能(Kneron)	硬件
2017年11月15日	阿里巴巴创业者基金	Pre-A轮	400万美元	美味生活(HowLiving)	本地生活
2017年11月8日	阿里资本	战略投资	15亿元人民币	我来贷	金融
2017年11月8日	阿里巴巴创业者基金	战略投资	15亿元人民币	我来贷	金融
2017年11月7日	阿里巴巴创业者基金	B轮	2.2亿美元	我借(WeLend)	金融

续表

日期	投资方	形式	金额	被投资方	行业
2017 年 11 月 1 日	阿里资本	E 轮	3.35 亿美元	大搜车	汽车交通
2017 年 10 月 31 日	蚂蚁金服	C + 轮	4.6 亿美元	旷视科技	企业服务
2017 年 10 月 30 日	蚂蚁金服	A 轮	5000 万元人民币	明觉科技	汽车交通
2017 年 10 月 27 日	阿里影业	B 轮	数千万元人民币	两点十分动漫	文化娱乐
2017 年 10 月 24 日	蚂蚁金服	B 轮	数千万元人民币	保险师	金融
2017 年 10 月 23 日	阿里资本	战略投资	1.41 亿元人民币	东方股份	本地生活
2017 年 10 月 18 日	阿里巴巴创业者基金	B 轮	4000 万美元	普雷提斯(Prenetics)[1]	医疗健康
2017 年 9 月 30 日	阿里资本	C + 轮	2290 万欧元	玛丽亚数据库(MariaDB)	企业服务
2017 年 9 月 27 日	阿里资本	战略投资	未透露	新华都	本地生活
2017 年 9 月 26 日	阿里资本	战略投资	53 亿元人民币	菜鸟网络	物流
2017 年 9 月 26 日	阿里资本	并购	未透露	广州简悦科技(EJOY)	游戏
2017 年 9 月 19 日	蚂蚁金服	A 轮	3100 万美元	虎图(TigerGraph)	企业服务
2017 年 9 月 14 日	阿里资本	D 轮	5.02 亿美元	神奇跳跃(Magic Leap)[2]	硬件
2017 年 9 月 12 日	阿里巴巴创业者基金	A 轮	数百万美元	折纸实验室(Origami Labs)[3]	硬件
2017 年 9 月 8 日	阿里资本	E 轮	2.8 亿美元	大篮筐(Bigbasket)[4]	本地生活

续表

日期	投资方	形式	金额	被投资方	行业
2017年9月6日	阿里资本	C轮	5000万美元	衣二三	电子商务
2017年9月5日	蚂蚁金服	天使轮	2亿元人民币	小码联城	企业服务
2017年8月28日	阿里资本	E轮	10亿元人民币	七牛云	企业服务
2017年8月23日	蚂蚁金服	A+轮	4000万美元	深鉴科技	企业服务
2017年8月18日	阿里资本	A轮	1亿美元	寒武纪科技	硬件
2017年8月17日	阿里资本	F轮	11亿美元	托科皮迪亚(Tokopedia)[5]	电子商务
2017年8月16日	阿里资本	战略投资	780亿元人民币	中国联通	企业服务
2017年8月15日	阿里巴巴创业者基金	天使轮	300万美元	哥洛站(Glo Station)[6]	文化娱乐
2017年8月8日	阿里资本	A轮	1.5亿美元	翱捷科技(ASR)[7]	硬件
2017年8月4日	阿里巴巴创业者基金	A轮	900万美元	戈比自行车(Gobee Bike)	汽车交通
2017年8月3日	阿里资本	D轮	3亿美元	易果生鲜	电子商务
2017年8月2日	阿里资本	IPO上市后	3000万元人民币	龙图信息	企业服务
2017年7月24日	阿里影业	战略投资	13.33亿元人民币	淘票票	文化娱乐
2017年7月22日	阿里资本	F轮	未透露	中国铁塔	硬件
2017年7月13日	阿里巴巴创业者基金	B轮	1亿元人民币	日日煮	电子商务
2017年7月11日	阿里巴巴创业者基金	B轮	5000万美元	比较亚洲集团(Compare Asia Group)[8]	金融

续表

日期	投资方	形式	金额	被投资方	行业
2017 年 7 月 7 日	菜鸟网络	战略投资	4.16 亿元人民币	速递易	物流
2017 年 7 月 4 日	蚂蚁金服	战略投资	未透露	北京中科虹霸	企业服务
2017 年 7 月 1 日	阿里资本	E 轮	7 亿美元	小黄车(ofo)	汽车交通
2017 年 6 月 30 日	阿里资本	战略投资	10 亿美元	来赞达(Lazada)[9]	电子商务
2017 年 6 月 19 日	阿里资本	A 轮	数千万美元	世讯科技(Nonolive)	文化娱乐
2017 年 6 月 11 日	阿里巴巴创业者基金	A 轮	数百万美元	弘量研究(AQUMON)	金融
2017 年 6 月 8 日	阿里资本	A 轮	7.5 亿元人民币	数梦工场	企业服务
2017 年 6 月 8 日	阿里资本	B 轮	1.49 亿元人民币	极链科技(Video++)[10]	企业服务
2017 年 6 月 6 日	阿里影业	并购	未透露	票新(Ticket New)[11]	工具软件
2017 年 6 月 2 日	阿里资本	战略投资	10 亿美元	饿了么	本地生活
2017 年 6 月 1 日	阿里资本	IPO 上市后	1.2 亿元人民币	百胜软件	企业服务
2017 年 5 月 27 日	阿里资本	IPO 上市后	亿元及以上人民币	联华超市	本地生活
2017 年 5 月 24 日	阿里资本	IPO 上市后	4500 万元人民币	百胜软件	企业服务
2017 年 5 月 22 日	阿里健康	C 轮	3.3 亿元人民币	嘉和美康	医疗健康
2017 年 5 月 18 日	阿里巴巴创业者基金	种子轮	200 万美元	桥彼道(Qupital)[12]	金融
2017 年 4 月 26 日	阿里资本	D 轮	数十万元人民币	杭州数云	企业服务

续表

日期	投资方	形式	金额	被投资方	行业
2017 年 4 月 22 日	蚂蚁金服	D + 轮	亿元及以上美元	小黄车(ofo)	汽车交通
2017 年 3 月 29 日	菜鸟网络	B 轮	2 亿元人民币	快仓智能仓储机器人	物流
2017 年 3 月 21 日	阿里资本	并购	亿元及以上人民币	大麦网	文化娱乐
2017 年 3 月 21 日	蚂蚁金服	C 轮	数千万美元	蘑菇租房	房产服务
2017 年 3 月 15 日	阿里资本	B 轮	1800 万美元	路线(WayRay)[13]	硬件
2017 年 3 月 13 日	蚂蚁金服	战略投资	2000 万元人民币	农联中鑫	金融
2017 年 3 月 3 日	阿里资本	种子轮	2 亿美元	佩提门(Paytm)[14]	电子商务
2017 年 3 月 1 日	蚂蚁金服	A 轮	亿元及以上人民币	永安行	汽车交通
2017 年 2 月 21 日	蚂蚁金服	A 轮	未透露	小觅智能(Myntai)[15]	硬件
2017 年 2 月 20 日	蚂蚁金服	战略投资	2 亿美元	卡靠支付(Kakao Pay)[16]	金融
2017 年 2 月 10 日	蚂蚁金服	A 轮	数千万元人民币	特微智能	企业服务
2017 年 1 月 28 日	阿里资本	天使轮	数百万元人民币	华栖云	企业服务
2017 年 1 月 27 日	蚂蚁金服	并购	8.8 亿美元	速汇金(Money Gram)	金融
2017 年 1 月 23 日	阿里资本	IPO 上市后	3000 万元人民币	龙图信息	企业服务

续表

日期	投资方	形式	金额	被投资方	行业
2017 年 1 月 23 日	阿里资本	并购	数千万美元	魅力惠	电子商务
2017 年 1 月 20 日	阿里资本	C 轮	600 万美元	拉穆斯(Lumus)[17]	硬件
2017 年 1 月 20 日	阿里影业	战略投资	数百万元人民币	麦特文化	文化娱乐
2017 年 1 月 18 日	阿里资本	A 轮	数千万元人民币	云轴信息(ZStack)[18]	企业服务
2017 年 1 月 6 日	阿里资本	C + 轮	亿元及以上人民币	美味不用等	本地生活
2016 年 12 月 31 日	蚂蚁金服	战略投资	1750 万元人民币	恒生聚源	金融
2016 年 12 月 26 日	阿里影业	战略投资	数千万元人民币	稻草熊影业	文化娱乐
2016 年 12 月 23 日	蚂蚁金服	战略投资	亿元及以上人民币	中和农信	金融
2016 年 12 月 21 日	阿里影业	战略投资	25 亿元人民币	博纳影业	文化娱乐
2016 年 12 月 6 日	阿里资本	战略投资	120 万美元	秀时分析(Showtime Analytics)[19]	企业服务
2016 年 11 月 30 日	阿里资本	战略投资	10 亿元人民币	猫宁电商	电子商务
2016 年 11 月 30 日	阿里影业	战略投资	数千万元人民币	派瑞影院	文化娱乐
2016 年 11 月 29 日	阿里影业	战略投资	未透露	和和影业	文化娱乐
2016 年 11 月 23 日	阿里资本	战略投资	2400 万美元	光脚丫创意杂货(Barefoot)[20]	企业服务

续表

日期	投资方	形式	金额	被投资方	行业
2016年11月22日	阿里资本	战略投资	5000万元人民币	宁波泽泰	电子商务
2016年11月18日	阿里资本	IPO上市后	21.5亿元人民币	三江购物	电子商务
2016年11月17日	阿里资本	新三板	4.3亿元人民币	如涵控股	电子商务
2016年11月16日	蚂蚁金服	C轮	1亿美元	大搜车	汽车交通
2016年11月6日	蚂蚁金服	战略投资	数千万元人民币	人力窝	企业服务
2016年11月2日	阿里资本	B+轮	1800万美元	无限增强现实(Infinity AR)[21]	硬件
2016年11月1日	蚂蚁金服	战略投资	未透露	阿升钱(Ascend Money)[22]	金融
2016年10月19日	阿里影业	战略投资	数千万元人民币	鸣涧影业	文化娱乐
2016年10月13日	阿里资本	战略投资	未透露	普雷斯智商(PlaceIQ)[23]	企业服务
2016年10月8日	阿里巴巴创业者基金	A轮	1000万美元	歌兰娜(Grana)[24]	电子商务
2016年10月2日	蚂蚁金服	B轮	未透露	维金(VFinance)	金融
2016年9月30日	阿里资本	A+轮	3500万元人民币	日日煮	电子商务
2016年9月30日	阿里巴巴创业者基金	A轮	数百万美元	外卖(NOSH)	本地生活
2016年9月29日	阿里影业	战略投资	数千万元人民币	悦凯影视	文化娱乐

续表

日期	投资方	形式	金额	被投资方	行业
2016 年 9 月 27 日	蚂蚁金服	战略投资	数千万元人民币	北京未来安全	企业服务
2016 年 9 月 26 日	阿里资本	战略投资	数千万元人民币	政采云网络	企业服务
2016 年 9 月 20 日	阿里资本	A 轮	数千万元人民币	中国公路客票网(Bus365)	汽车交通
2016 年 9 月 14 日	蚂蚁金服	并购	7000 万美元	眼睛校正(EyeVerify)[25]	企业服务
2016 年 9 月 10 日	阿里资本	IPO 上市后	1.35 亿美元	新浪微博	社交网络
2016 年 9 月 9 日	阿里资本	战略投资	1 亿元人民币	巨人网络	游戏
2016 年 9 月 9 日	阿里体育	战略投资	1 亿元人民币	巨人网络	游戏
2016 年 9 月 8 日	菜鸟网络	战略投资	7.6 亿美元	百世物流	物流
2016 年 9 月 2 日	蚂蚁金服	战略投资	4.6 亿美元	百胜中国(Yum Brands)	本地生活
2016 年 8 月 30 日	阿里资本	天使轮	100 万美元	糖果盒动画(studio CANDYBOX)	文化娱乐
2016 年 8 月 29 日	阿里资本	C 轮	亿元及以上美元	佩提门(Paytm)	金融
2016 年 8 月 23 日	阿里影业	并购	1 亿元人民币	杭州星际	文化娱乐
2016 年 8 月 17 日	阿里影业	战略投资	数千万元人民币	希映文化	文化娱乐

续表

日期	投资方	形式	金额	被投资方	行业
2016年8月10日	阿里资本	A轮	数千万元人民币	目睹直播	工具软件
2016年8月9日	阿里资本	A轮	数千万元人民币	小声说	社交网络
2016年8月9日	阿里资本	C轮	2.67亿元人民币	闪电购	电子商务
2016年8月4日	阿里资本	战略投资	3000万美元	奇克西（Quixey）[26]	工具软件
2016年7月22日	阿里资本	D轮	1.5亿美元	点我达[27]	本地生活
2016年7月18日	蚂蚁金服	B轮	亿元及以上人民币	二维火	企业服务
2016年7月8日	蚂蚁金服	A轮	未透露	金贝塔	金融
2016年7月7日	阿里健康	并购	1680万元人民币	五千年医药	医疗健康
2016年7月5日	阿里资本	并购	2亿美元	豌豆荚	工具软件
2016年6月30日	阿里资本	天使轮	数百万元人民币	云渲染（Renderbus）	企业服务
2016年6月30日	阿里资本	天使轮	数百万元人民币	瑞云科技	工具软件
2016年6月30日	蚂蚁金服	战略投资	数千万元人民币	小小财技	金融
2016年6月22日	阿里资本	B轮	5000万元人民币	安华金和	企业服务
2016年6月20日	蚂蚁金服	A轮	数千万美元	阿升钱（Ascend Money）	金融
2016年6月18日	阿里资本	天使轮	300万元人民币	少数派	文化娱乐

续表

日期	投资方	形式	金额	被投资方	行业
2016年6月16日	蚂蚁金服	F轮	45亿美元	滴滴出行	汽车交通
2016年6月11日	蚂蚁金服	天使轮	10亿元人民币	信美相互	金融
2016年6月10日	蚂蚁金服	战略投资	2.5亿元人民币	朝阳永续	金融
2016年6月2日	阿里资本	IPO上市后	282.33亿元人民币	苏宁云商	电子商务
2016年6月2日	阿里影业	战略投资	1000万元人民币	申城影业	文化娱乐
2016年6月1日	阿里资本	A轮	530万美元	太狗(Twiggle)[28]	工具软件
2016年5月30日	阿里资本	B轮	未透露	视觉码	工具软件
2016年5月23日	阿里资本	D轮	亿元及以上人民币	墨迹天气	工具软件
2016年5月15日	蚂蚁金服	A轮	17亿元人民币	淘票票	文化娱乐
2016年5月10日	阿里影业	战略投资	10亿元人民币	大地影院	文化娱乐
2016年5月5日	阿里资本	C轮	数千万美元	快狗速运	物流
2016年5月5日	阿里资本	天使轮	数百万美元	店线(Shopline)[29]	电子商务
2016年5月5日	阿里资本	天使轮	数百万美元	YEECHOO	电子商务
2016年5月5日	阿里巴巴创业者基金	C轮	数千万美元	快狗速运	物流
2016年5月5日	阿里巴巴创业者基金	天使轮	数百万美元	店线(Shopline)	电子商务

续表

日期	投资方	形式	金额	被投资方	行业
2016年5月5日	阿里巴巴创业者基金	天使轮	数百万美元	云端衣橱(YEEC-HOO)[30]	电子商务
2016年4月30日	阿里资本	战略投资	数千万元人民币	斑马汽车	汽车交通
2016年4月26日	阿里资本	A轮	150万美元	雷达体育(Sportradar)	体育运动
2016年4月21日	蚂蚁金服	战略投资	数千万元人民币	吉大正元	企业服务
2016年4月13日	阿里资本	F轮	12.5亿美元	饿了么	本地生活
2016年4月13日	蚂蚁金服	F轮	12.5亿美元	饿了么	本地生活
2016年4月12日	阿里资本	并购	10亿美元	来赞达(Lazada)	电子商务
2016年4月9日	阿里资本	战略投资	数千万元人民币	尚芸飞流	金融
2016年4月3日	阿里资本	天使轮	400万元人民币	超级讲师	教育
2016年4月2日	蚂蚁金服	战略投资	3000万美元	浙商银行	金融
2016年3月30日	阿里资本	天使轮	105万元人民币	足球装备网(ENJOYZ)	体育运动
2016年3月29日	阿里健康	A轮	2.25亿元人民币	华润万里云医疗	医疗健康
2016年3月28日	阿里资本	C轮	2.6亿美元	易果生鲜	电子商务
2016年3月24日	阿里资本	C轮	36.8亿元人民币	神州专车	汽车交通
2016年3月7日	阿里资本	并购	23.88亿港元	亚博科技	文化娱乐

续表

日期	投资方	形式	金额	被投资方	行业
2016年3月6日	阿里资本	A轮	1.5亿美元	盒马鲜生	电子商务
2016年3月2日	蚂蚁金服	D轮	数千万元人民币	财新传媒	文化娱乐
2016年3月1日	阿里资本	战略投资	1亿元人民币	滴水互助	金融
2016年3月1日	阿里资本	战略投资	亿元及以上人民币	斑马智行	汽车交通
2016年2月13日	阿里资本	IPO上市后	亿美元及以上美元	团上(Groupon)[31]	电子商务
2016年2月11日	阿里资本	IPO上市后	1.95亿元人民币	韩国SM娱乐	文化娱乐
2016年2月5日	阿里资本	A轮	数千万元人民币	码114[32]	工具软件
2016年2月2日	阿里资本	C轮	8.27亿美元	神奇跳跃(Magic Leap)	硬件
2016年1月29日	阿里资本	A轮	数千万元人民币	丸子地球	旅游
2016年1月28日	阿里资本	战略投资	数千万元人民币	中天微	硬件
2016年1月21日	阿里资本	B轮	5000万元人民币	驻云(CloudCare)	企业服务
2016年1月18日	阿里资本	C轮	2亿元人民币	思必驰	企业服务
2016年1月14日	阿里资本	D轮	2500万元美元	普雷斯智商(PlaceIQ)	企业服务
2016年1月8日	阿里资本	F轮	10亿美元	莱福特(Lyft)	汽车交通

续表

日期	投资方	形式	金额	被投资方	行业
2015年12月31日	阿里资本	天使轮	2500万元人民币	24季私享家	电子商务
2015年12月17日	阿里资本	IPO上市后	8600万美元	博纳影业	文化娱乐
2015年12月11日	阿里资本	并购	2.66亿美元	南华早报	文化娱乐
2015年12月9日	蚂蚁金服	战略投资	451亿元人民币	中国邮政储蓄银行	金融
2015年12月8日	阿里资本	战略投资	1500万美元	热塔线(ThetaRay)[33]	企业服务
2015年12月7日	阿里资本	D轮	未透露	一号专车	汽车交通
2015年11月28日	阿里资本	A轮	5.9亿元人民币	五矿电商	电子商务
2015年11月23日	阿里资本	B轮	数千万元人民币	云纵	本地生活
2015年11月20日	阿里资本	D轮	亿元及以上人民币	安恒信息	企业服务
2015年11月20日	蚂蚁金服	A轮	未透露	天津金融资产交易所	金融
2015年11月7日	蚂蚁金服	并购	亿元及以上人民币	德邦证券	金融
2015年11月6日	阿里资本	并购	46.7亿美元	优酷	文化娱乐
2015年11月5日	阿里资本	并购	数千万元人民币	缔元信(Dratio)	企业服务
2015年11月3日	阿里资本	A轮	1100万美元	雀巢(Nestpick)[34]	房产服务
2015年10月29日	蚂蚁金服	战略投资	数千万元人民币	邦道科技	企业服务
2015年10月15日	蚂蚁金服	D轮	亿元及以上人民币	36氪集团	金融

续表

日期	投资方	形式	金额	被投资方	行业
2015 年 10 月 12 日	阿里资本	A 轮	3 亿美元	58 到家	本地生活
2015 年 9 月 29 日	阿里资本	B 轮	6.8 亿美元	佩提门（Paytm）	金融
2015 年 9 月 29 日	蚂蚁金服	战略投资	数千万元人民币	掌慧纵盈	企业服务
2015 年 9 月 29 日	蚂蚁金服	B 轮	6.8 亿美元	佩提门（Paytm）	金融
2015 年 9 月 18 日	蚂蚁金服	C 轮	亿元及以上人民币	点我达	本地生活
2015 年 9 月 14 日	蚂蚁金服	并购	12 亿元人民币	国泰产险	金融
2015 年 9 月 11 日	阿里资本	战略投资	20 万美元	MySIMAX	教育
2015 年 9 月 9 日	阿里资本	Pre-A 轮	1000 万元人民币	接我科技	汽车交通
2015 年 9 月 8 日	阿里资本	天使轮	未透露	阿里体育	体育运动
2015 年 9 月 7 日	阿里资本	B 轮	数千万元人民币	上海庆科（MXCHIP）	硬件
2015 年 9 月 7 日	阿里资本	B 轮	数千万元人民币	阿卡（Artka）	电子商务
2015 年 9 月 7 日	菜鸟网络	C 轮	亿元及以上人民币	卡行天下	物流
2015 年 8 月 28 日	阿里资本	C 轮	3 亿元人民币	生活半径	物流
2015 年 8 月 24 日	阿里资本	天使轮	4.5 亿元人民币	数梦工场	企业服务
2015 年 8 月 20 日	阿里资本	并购	未透露	365 翻译	企业服务
2015 年 8 月 19 日	阿里资本	战略投资	5 亿美元	司耐普交易（Snapdeal）[35]	电子商务

续表

日期	投资方	形式	金额	被投资方	行业
2015 年 8 月 19 日	阿里资本	战略投资	36 亿元人民币	华谊兄弟	文化娱乐
2015 年 8 月 18 日	阿里资本	A 轮	数千万元人民币	千寻位置	企业服务
2015 年 8 月 16 日	阿里资本	B 轮	未透露	袋鼠袋鼠	电子商务
2015 年 8 月 14 日	阿里资本	A 轮	20 亿元人民币	微鲸科技	硬件
2015 年 8 月 11 日	蚂蚁金服	D 轮	2 亿美元	趣店集团	金融
2015 年 8 月 10 日	阿里资本	战略投资	283 亿元人民币	苏宁云商	电子商务
2015 年 8 月 5 日	阿里资本	B 轮	8 亿元人民币	金银岛	电子商务
2015 年 7 月 29 日	阿里资本	战略投资	1000 万美元	欧雅(Ouya)[36]	游戏
2015 年 7 月 29 日	阿里资本	战略投资	60 亿元人民币	阿里云	企业服务
2015 年 7 月 8 日	阿里资本	C 轮	1 亿美元	魅力惠	电子商务
2015 年 7 月 8 日	阿里资本	战略投资	6785 万美元	冠庭国际物流	物流
2015 年 7 月 8 日	阿里资本	IPO 上市	1.38 亿美元	新加坡邮政(SingPost)	物流
2015 年 7 月 8 日	阿里资本	F 轮	30 亿美元	滴滴出行	汽车交通
2015 年 7 月 3 日	阿里资本	A 轮	3000 万元人民币	贵州泛亚信通网络	企业服务
2015 年 7 月 1 日	阿里资本	天使轮	数百万元人民币	西行客旅行	旅游
2015 年 6 月 24 日	阿里资本	天使轮	550 万元人民币	沃天下	物流

续表

日期	投资方	形式	金额	被投资方	行业
2015 年 6 月 23 日	阿里资本	A 轮	数千万元人民币	博雅天下	文化娱乐
2015 年 6 月 18 日	阿里资本	天使轮	数千万元人民币	向上影业	文化娱乐
2015 年 6 月 18 日	阿里资本	战略投资	145 亿日元	SBRH[37]	硬件
2015 年 6 月 15 日	蚂蚁金服	C 轮	2 亿元人民币	雅座	企业服务
2015 年 6 月 11 日	阿里资本	并购	未透露	南京翰海源	企业服务
2015 年 6 月 5 日	阿里资本	B 轮	数千万元人民币	柚子	文化娱乐
2015 年 6 月 4 日	阿里资本	战略投资	1.94 亿美元	上海文广(SMG)	文化娱乐
2015 年 6 月 4 日	阿里资本	战略投资	2 亿美元	第一财经	文化娱乐
2015 年 6 月 3 日	阿里资本	B 轮	1500 万美元	车来了	汽车交通
2015 年 6 月 1 日	阿里资本	战略投资	9.66 亿美元	口碑	本地生活
2015 年 6 月 1 日	蚂蚁金服	战略投资	9.66 亿美元	口碑	本地生活
2015 年 5 月 17 日	阿里资本	E 轮	1.5 亿美元	莱福特(Lyft)	汽车交通
2015 年 5 月 15 日	阿里资本	A 轮	亿元及以上人民币	圆通速递	物流
2015 年 5 月 11 日	阿里资本	战略投资	5600 万美元	祖利利(Zulily)[38]	电子商务
2015 年 4 月 29 日	蚂蚁金服	战略投资	1250 万元人民币	易百信息	企业服务
2015 年 4 月 24 日	阿里资本	天使轮	未透露	宅急搜	房产服务
2015 年 4 月 24 日	蚂蚁金服	并购	1.99 亿元人民币	数米基金网	金融
2015 年 4 月 22 日	阿里资本	B 轮	数千万元人民币	多维度	本地生活

续表

日期	投资方	形式	金额	被投资方	行业
2015年4月20日	阿里影业	并购	8.3亿元人民币	粤科软件	企业服务
2015年4月3日	阿里资本	B轮	1亿美元	丽人丽妆	电子商务
2015年3月30日	蚂蚁金服	战略投资	数千万元人民币	北京鹰胜网络验证	金融
2015年3月13日	阿里资本	E轮	2亿美元	色拉布（Snapchat）	社交网络
2015年3月4日	阿里资本	IPO上市后	24亿元人民币	光线传媒	文化娱乐
2015年2月15日	阿里资本	战略投资	1400万美元	捷特网（Jet.com）[39]	电子商务
2015年2月15日	阿里资本	C轮	9091万元人民币	杭州数云	企业服务
2015年2月11日	阿里资本	D轮	6000万美元	奇克西（Quixey）	工具软件
2015年2月11日	蚂蚁金服	战略投资	未透露	德邦基金	金融
2015年2月9日	阿里资本	A轮	6.5亿美元	魅族	硬件
2015年2月2日	阿里资本	B轮	数千万元人民币	新片场	文化娱乐
2015年2月1日	蚂蚁金服	A轮	1.35亿美元	佩提门（Paytm）	金融
2015年1月25日	蚂蚁金服	战略投资	未透露	网金社	金融
2015年1月23日	阿里资本	B轮	数千万元人民币	游友移动	旅游
2015年1月20日	阿里资本	B轮	500万美元	唯视丽（Visualead）[40]	工具软件
2015年1月15日	阿里资本	F轮	5.5亿美元	百世物流	物流

续表

日期	投资方	形式	金额	被投资方	行业
2015 年 1 月 15 日	阿里资本	D 轮	6 亿美元	快的打车	汽车交通
2015 年 1 月 12 日	阿里资本	并购	未透露	易传媒(AdChina)	广告营销
2015 年 1 月 9 日	阿里资本	A 轮	数千万元人民币	体育疯	体育运动

注:[1]其系香港基因检测公司,与贝瑞基因共同投资成立的消费级基因检测公司名为“圆基因”(Circle DNA)。

[2]其系位于美国的、致力于增强现实(Augmented Reality,AR)技术开发的公司。

[3]其系致力于智能互动装置研发及生产的公司,主打产品为时尚声控智能戒指。

[4]其系印度生鲜电商。

[5]其系印度尼西亚电商平台。

[6]其系利用虚拟现实技术(Virtual Reality,VR)从事超真实景逃出游戏体验的服务商。

[7]其系芯片设计公司。

[8]其系理财服务比较平台。

[9]其系东南亚地区最大的在线购物网站之一。

[10]其系上海极链网络科技有限公司旗下专注于消费级视频领域的人工智能(Artificial Intelligence,AI)科技平台。专注于提供新一代的互动视频技术,智能广告位识别投放与营销解决方案。

[11]其系位于印度的在线售票平台。

[12]其系我国香港特别行政区的金融科技公司,致力于通过平台大数据及人工智能风控系统为跨境电商及供应链核心企业打造“一站式”离岸融资贷款平台。

[13]其系增强现实(AR)公司,核心产品是采用增强现实技术的汽车导航设备。

[14]其系印度最大的移动支付平台。

[15]其系专注立体视觉技术整体解决方案的公司,核心技术包括视觉避障导航、自动驾驶、环境/物体识别、人脸/身份识别等。

[16]其系韩国最大的第三方支付平台。

[17]其系以色列的增强现实(AR)光学显示厂商。

[18]其系开源云计算基础设施即服务(IaaS)服务提供商。

[19]其系爱尔兰影院数据公司。

[20]其系在线家居创意杂货商城。

[21]其系以色列从事增强现实(AR)的公司。

[22]其系泰国支付平台。

[23]其系美国数据分析平台。

[24]其系互联网时装品牌。

[25]其系美国生物识别技术公司。

[26]其系移动应用程序搜索公司。

[27]其系即时物流服务平台。

[28]其系以色列的开发电子商务搜索引擎的公司。

[29]其系专业的全球智慧建站"软件即服务"(SaaS)平台,多年专注跨境电商建站领域,为外贸B2B2C客户搭建品牌独立站网站,提供完整的外贸独立站解决方案,适合外国人使用的网店系统

[30]其系设计品牌服饰租赁平台。

[31]其系网友团购平台,独特之处在于:每天只推一款折扣产品、每人每天限拍一次、折扣品一定是服务类型的。

[32]其系吉林联通与紫光信业携手打造的"码114"平台。

[33]其系以色列的数据安全公司。

[34]其系德国的主要针对留学生的租房服务的在线平台。

[35]其系印度最大的在线交易平台之一,特别是移动设备的销售占据了其在线交易的大部分份额。

[36]其系基于安卓4.0系统的开源游戏主机系统。

[37]其系专注机器人业务的法国公司。

[38]其系美国的母婴用品团购网站。

[39]其系美国的会员制购物平台。

[40]其系以色列的致力于个性二维码技术的公司。

表7-1-3 2015~2017年百度公司投融资一览

日期	投资方	形式	金额	被投资方	行业
2017年12月25日	百度公司	B+轮	亿元及以上人民币	人人视频	文化娱乐
2017年12月20日	百度风投	Pre-A轮	数千万元人民币	图灵通诺(YI Tunnel)[1]	本地生活
2017年12月18日	百度公司	C轮	6000万元人民币	乐韵瑞(MuzoHiFi)	硬件
2017年12月15日	百度公司	B轮	数千万元人民币	聚宽量化(JoinQuant)	金融
2017年12月5日	百度公司	B轮	10亿美元	威马汽车	汽车交通
2017年11月28日	百度风投	天使轮	未透露	曲速未来	企业服务
2017年11月27日	百度公司	Pre-B轮	数千万元人民币	中科慧眼	汽车交通
2017年11月24日	百度风投	A+轮	数千万元人民币	中交信源	物流
2017年11月24日	百度风投	B轮	1亿元人民币	鲸仓科技	物流

续表

日期	投资方	形式	金额	被投资方	行业
2017 年 11 月 20 日	百度公司	B + 轮	7 亿元人民币	首汽约车	汽车交通
2017 年 11 月 20 日	百度风投	C 轮	未透露	极米科技	硬件
2017 年 11 月 16 日	百度风投	天使轮	2500 万元人民币	梯影传媒	广告营销
2017 年 11 月 15 日	百度风投	天使轮	数千万元人民币	合刃科技	硬件
2017 年 11 月 13 日	百度风投	B 轮	亿元及以上人民币	甘来[2]	企业服务
2017 年 11 月 1 日	百度风投	天使轮	数百万美元	大道用车	汽车交通
2017 年 11 月 1 日	百度风投	A 轮	数千万美元	驭光科技	企业服务
2017 年 10 月 30 日	百度风投	A 轮	3500 万元人民币	所问数据	企业服务
2017 年 10 月 20 日	百度风投	A + 轮	数千万元人民币	云汉金融微期权	金融
2017 年 10 月 12 日	百度风投	B + 轮	2 亿元人民币	作业盒子	教育
2017 年 9 月 30 日	百度风投	C 轮	亿元及以上人民币	云丁科技	硬件
2017 年 9 月 27 日	百度公司	A 轮	数千万元人民币	声智科技	企业服务
2017 年 9 月 25 日	百度风投	Pre-A 轮	数千万元人民币	婚礼云	本地生活
2017 年 9 月 22 日	百度公司	E 轮	10 亿元人民币	蜻蜓 FM	文化娱乐
2017 年 9 月 21 日	百度风投	A + 轮	数千万元人民币	埃洛克（AIRLOOK）[3]	企业服务
2017 年 9 月 19 日	百度公司	A 轮	3100 万美元	虎图（TigerGraph）	企业服务
2017 年 9 月 8 日	百度风投	A 轮	数千万元人民币	婚乐多	本地生活

续表

日期	投资方	形式	金额	被投资方	行业
2017年9月1日	百度风投	天使轮	未透露	深透医疗(Subtle Medical)	医疗健康
2017年8月16日	百度公司	战略投资	780亿元人民币	中国联通	企业服务
2017年7月24日	百度公司	C+轮	3100万美元	动态收益(Dynamic Yield)[4]	企业服务
2017年7月10日	百度风投	天使轮	数千万元人民币	图灵通诺(YI Tunnel)	本地生活
2017年7月5日	百度公司	并购	1亿元人民币	K特人工智能(KIIT. AI)	企业服务
2017年7月3日	百度公司	B+轮	数千万元人民币	红手指	工具软件
2017年5月9日	百度风投	B轮	800万美元	猎鹰计算解决(Falcon Computing Solutions)[5]	企业服务
2017年5月2日	百度资本	B+轮	1.56亿美元	货车帮	物流
2017年2月14日	百度风投	B轮	2700万美元	8i[6]	硬件
2016年12月23日	百度公司	C轮	2200万美元	动态收益(Dynamic Yield)	企业服务
2016年11月20日	百度公司	D轮	4亿元人民币	个推	企业服务
2016年11月8日	百度公司	B轮	2亿元人民币	极智批改网	教育
2016年11月6日	百度公司	B轮	数千万元人民币	人人视频	文化娱乐
2016年10月27日	百度公司	天使轮	5000万元人民币	智能车联	汽车交通

续表

日期	投资方	形式	金额	被投资方	行业
2016 年 10 月 19 日	百度公司	B 轮	4000 万美元	斗米	企业服务
2016 年 10 月 1 日	百度公司	A 轮	2500 万元人民币	米筐量化交易平台(RiceQuant)	金融
2016 年 9 月 12 日	百度公司	B 轮	2500 万美元	百川快线(oTMS. cn)	物流
2016 年 8 月 25 日	百度公司	B + 轮	2.16 亿元人民币	趣医网	医疗健康
2016 年 8 月 16 日	百度公司	A 轮	1.5 亿美元	威力登激光雷达(Velodyne LiDAR)	硬件
2016 年 8 月 12 日	百度资本	B 轮	1.1 亿元人民币	客来乐	金融
2016 年 8 月 2 日	百度公司	B 轮	5.5 亿美元	易鑫集团	汽车交通
2016 年 8 月 1 日	百度公司	B 轮	1.1 亿元人民币	大众卡惠	金融
2016 年 7 月 31 日	百度风投	B 轮	亿美元及以上美元	饿了么星选	本地生活
2016 年 7 月 28 日	百度公司	A 轮	1200 万美元	快联网	硬件
2016 年 7 月 19 日	百度公司	E 轮	数千万美元	时代金融(Zest Finance)[7]	金融
2016 年 7 月 18 日	百度公司	并购	4.37 亿美元	AC 米兰	体育运动
2016 年 7 月 13 日	百度公司	D 轮	未透露	途虎养车	汽车交通
2016 年 6 月 23 日	百度公司	D 轮	6000 万美元	圆网金融(Circle Internet Financial)	金融
2016 年 6 月 6 日	百度公司	战略投资	3 亿美元	易车	汽车交通
2016 年 5 月 24 日	百度公司	战略投资	数百万元人民币	酷云互动	广告营销

续表

日期	投资方	形式	金额	被投资方	行业
2016年5月21日	百度公司	A轮	1.3亿元人民币	乐车邦	汽车交通
2016年4月26日	百度公司	A轮	600万元人民币	闪电刷新	房产服务
2016年4月7日	百度公司	C轮	7亿元人民币	个推	企业服务
2016年4月6日	百度公司	B轮	38.5亿元人民币	链家网	房产服务
2016年4月6日	百度公司	天使轮	1113万元人民币	天娱在线	游戏
2016年3月1日	百度公司	C轮	数千万美元	快手	文化娱乐
2016年2月18日	百度公司	A轮	1500万元人民币	太合音乐	文化娱乐
2016年1月20日	百度公司	Pre-A轮	数百万美元	吆喝科技	企业服务
2015年12月17日	百度公司	F轮	1000万美元	宜人贷	金融
2015年12月3日	百度公司	B轮	数千万元人民币	上海兴容信息技术公司(exands)[8]	企业服务
2015年10月28日	百度公司	C轮	5亿元人民币	美味不用等	本地生活
2015年10月26日	百度公司	B轮	3000万美元	波罗蜜	电子商务
2015年10月21日	百度公司	C轮	2.2亿美元	中粮我买网	电子商务
2015年10月9日	百度公司	A轮	亿美元及以上美元	优步(Uber)中国	汽车交通
2015年9月23日	百度公司	D轮	1.1亿美元	云焰(CloudFlare)[9]	企业服务
2015年9月10日	百度公司	B轮	4000万美元	趣医网	医疗健康

续表

日期	投资方	形式	金额	被投资方	行业
2015 年 9 月 8 日	百度公司	D 轮	1.5 亿美元	蜜芽宝贝	电子商务
2015 年 9 月 2 日	百度公司	A 轮	数千万美元	作业帮	教育
2015 年 8 月 28 日	百度资本	B 轮	2500 万美元	蓝犀牛	物流
2015 年 7 月 28 日	百度公司	A 轮	数千万元人民币	风灵创景 91 桌面	工具软件
2015 年 7 月 15 日	百度公司	B 轮	1 亿美元	e 袋洗	本地生活
2015 年 6 月 15 日	百度资本	天使轮	200 万元人民币	嘴角家庭料理	本地生活
2015 年 6 月 11 日	百度公司	IPO 上市后	4.5 亿港元	星美控股	文化娱乐
2015 年 6 月 9 日	百度公司	A + 轮	1000 万美元	百川快线（oTMS. cn）	物流
2015 年 6 月 8 日	百度公司	E 轮	2 亿元人民币	百姓网	本地生活
2015 年 6 月 8 日	百度公司	并购	未透露	波平（popIn）[10]	广告营销
2015 年 6 月 5 日	百度公司	A 轮	1.38 亿元人民币	一路热点（16WiFi）	本地生活
2015 年 6 月 5 日	百度公司	A 轮	7000 万元人民币	华视互联	硬件
2015 年 6 月 5 日	百度公司	E 轮	300 万美元	他布拉（Taboola）[11]	文化娱乐
2015 年 5 月 12 日	百度公司	B 轮	数千万元人民币	知我药妆	电子商务
2015 年 4 月 24 日	百度公司	B 轮	6600 万元人民币	客如云	本地生活
2015 年 4 月 15 日	百度公司	并购	未透露	安全宝	企业服务

续表

日期	投资方	形式	金额	被投资方	行业
2015年4月14日	百度公司	B轮	500万美元	托纳拉(Tonara)[12]	文化娱乐
2015年4月13日	百度公司	C轮	数千万美元	天天用车	汽车交通
2015年3月31日	百度公司	C轮	数千万美元	51用车	汽车交通
2015年3月18日	百度公司	C轮	1.7亿美元	优信二手车	汽车交通
2015年3月5日	百度公司	B轮	2000万美元	爱贝云计费	金融
2015年2月15日	百度公司	A轮	3亿美元	健康之路医护网	医疗健康
2015年2月5日	百度公司	C轮	数百万元人民币	趣活快送	物流
2015年2月1日	百度公司	D轮	未透露	优卡商城(YMALL)[13]	电子商务
2015年2月1日	百度公司	D轮	未透露	优卡时尚网(YOKA)	文化娱乐

注:[1]其系无人便利店方案提供商,主打“人工智能+新零售”。

[2]其系专业提供“智能零售终端设备+软件即服务(SaaS)”的平台型互联网公司

[3]其系致力于工业无人机的公司。

[4]其系美国帮助在线公司提供个性化体验的公司。

[5]其系为大数据应用提供加速解决方案的公司。

[6]总部位于美国洛杉矶和新西兰惠灵顿,专注于虚拟现实(VR)/增强现实(AR)/混合现实(Mixed Reality,MR)技术领域的三维(3D)人物成像。

[7]其系美国金融科技公司,主要业务是将机器学习与大数据分析融合起来,提供更加精准的信用评分。

[8]其系以商业无线网络为核心的客商互动系统服务商。

[9]其系美国向客户提供网站安全管理、性能优化及相关的技术支持的公司,是一家提供免费内容分发网络(Content Delivery Network,CDN)的服务商。

[10]其系面向原生广告,发现内容的平台。

[11]其系成立于以色列特拉维夫,现总部位于美国纽约的内容推荐引擎公司。

[12]其系以色列的致力于开发交互乐谱软件的公司。

[13]其系国内首家以时尚资讯为基础的横跨生活全方位的时尚高端购物平台。

表 7－1－4　2015～2017 年腾讯公司投融资一览

日期	投资方	形式	金额	被投资方	行业
2017 年 12 月 26 日	腾讯	A＋轮	未透露	爱付连接（iPayLinks）[1]	金融
2017 年 12 月 22 日	腾讯	B＋轮	未透露	威马汽车	汽车交通
2017 年 12 月 18 日	腾讯	IPO 上市后	8.63 亿美元	唯品会	电子商务
2017 年 12 月 15 日	腾讯	IPO 上市后	42.16 亿元人民币	永辉超市	本地生活
2017 年 12 月 12 日	腾讯	A 轮	未透露	面包小课	文化娱乐
2017 年 12 月 8 日	腾讯	战略投资	数千万元人民币	超级物种	本地生活
2017 年 12 月 6 日	腾讯	C 轮	4 亿元人民币	医联	医疗健康
2017 年 12 月 1 日	腾讯	战略投资	数千万美元	声田（Spotify）	文化娱乐
2017 年 12 月 1 日	腾讯	A 轮	5300 万美元	每日优鲜便利购	本地生活
2017 年 12 月 1 日	腾讯	B 轮	2000 万美元	驿氪科技	企业服务
2017 年 11 月 27 日	腾讯	A 轮	2000 万元人民币	留学生日报（CollegeDaily）	文化娱乐
2017 年 11 月 22 日	腾讯	Pre-A 轮	数百万元人民币	十字星	文化娱乐
2017 年 11 月 20 日	腾讯	战略投资	700 万元人民币	糖人动漫	文化娱乐
2017 年 11 月 19 日	腾讯	天使轮	数千万元人民币	美的专业主义	文化娱乐
2017 年 11 月 10 日	腾讯	战略投资	10 亿元人民币	猫眼电影	文化娱乐
2017 年 11 月 8 日	腾讯	IPO 上市后	亿美元及以上美元	色拉布（Snapchat）	社交网络
2017 年 11 月 8 日	腾讯	D 轮	10 亿美元	蔚来汽车	汽车交通
2017 年 11 月 6 日	腾讯	A 轮	数千万元人民币	工匠社	硬件
2017 年 10 月 31 日	腾讯	C 轮	10 亿元人民币	明略数据	企业服务

续表

日期	投资方	形式	金额	被投资方	行业
2017年10月30日	腾讯	C轮	4100万美元	奇幻工房(Wonder Workshop)	硬件
2017年10月25日	腾讯	战略投资	亿元及以上人民币	耀客传媒	文化娱乐
2017年10月19日	腾讯	F轮	40亿美元	美团点评	本地生活
2017年10月18日	腾讯	D轮	4000万美元	Wattpad	文化娱乐
2017年10月16日	腾讯	B轮	3000万元人民币	懒熊体育	文化娱乐
2017年10月11日	腾讯	A轮	未透露	大家车言论	汽车交通
2017年10月10日	腾讯	战略投资	240万元人民币	迷说	文化娱乐
2017年10月3日	腾讯	F轮	20亿美元	奥拉车(Ola Cabs)[2]	汽车交通
2017年9月28日	腾讯	战略投资	6117万美元	蓝洞工作室(Bluehole)	游戏
2017年9月28日	腾讯	A+轮	1500万美元	体素科技 VoxelCloud	医疗健康
2017年9月25日	腾讯	C轮	9.6亿元人民币	罗辑思维	文化娱乐
2017年9月21日	腾讯	C轮	2亿元人民币	有车以后	汽车交通
2017年9月20日	腾讯	战略投资	28.6亿港元	中金公司	金融
2017年9月18日	腾讯	战略投资	8400万元人民币	金证财富	金融
2017年9月12日	腾讯	A轮	1250万元人民币	原子娱乐	文化娱乐
2017年9月5日	腾讯	B轮	9000万美元	百合航空(Lilium Aviation)[3]	硬件
2017年9月5日	腾讯	Pre-A轮	2000万元人民币	华体文化	文化娱乐

续表

日期	投资方	形式	金额	被投资方	行业
2017年9月1日	腾讯	A轮	数千万元人民币	徒子文化	文化娱乐
2017年9月1日	腾讯	A+轮	数百万元人民币	香橙互动	本地生活
2017年8月30日	腾讯	A轮	1.6亿元人民币	水滴互助	金融
2017年8月29日	腾讯	种子轮	100万元人民币	芝士视频	文化娱乐
2017年8月23日	腾讯	D轮	2亿美元	北京大米科技(VIPKID)[4]	教育
2017年8月16日	腾讯	战略投资	780亿元人民币	中国联通	企业服务
2017年8月10日	腾讯	B轮	2亿元人民币	联易融	金融
2017年8月5日	腾讯	A轮	5000万美元	卡里乌斯(Karius)[5]	医疗健康
2017年8月4日	腾讯	战略投资	5000万元人民币	乐聚机器人	硬件
2017年8月3日	腾讯	战略投资	未透露	奶茶工作室(Milky Tea)	游戏
2017年7月28日	腾讯	战略投资	1770万英镑	前线发展(Frontier Developments)	游戏
2017年7月26日	腾讯	Pre-A轮	数千万元人民币	铸梦动画	文化娱乐
2017年7月26日	腾讯	战略投资	4000万美元	比尤斯(Byju's)[6]	教育
2017年7月19日	腾讯	战略投资	500万美元	偶邦智能(Oben)[7]	工具软件
2017年7月11日	腾讯	A轮	590万美元	斯图飞腾(Stratifyd)[8]	企业服务

续表

日期	投资方	形式	金额	被投资方	行业
2017年7月5日	腾讯	Pre-A轮	数千万元人民币	企鹅童话	教育
2017年7月5日	腾讯	A轮	3300万元人民币	轻课	教育
2017年7月3日	腾讯	战略投资	4.5亿元人民币	雷鸟科技	硬件
2017年7月2日	腾讯	Pre-A轮	2000万元人民币	扫货特卖	电子商务
2017年6月30日	腾讯	A+轮	数千万元人民币	活动行	企业服务
2017年6月29日	腾讯	天使轮	600万元人民币	我要（WhatYou Need）[9]	文化娱乐
2017年6月27日	腾讯	A+轮	数千万元人民币	衣川文化	文化娱乐
2017年6月27日	腾讯	A轮	525万美元	八达通（Octopus）[10]	企业服务
2017年6月26日	腾讯	B轮	2700万美元	卫星逻辑公司（Satellogic）[11]	硬件
2017年6月25日	腾讯	Pre-B轮	1000万元人民币	千聊	教育
2017年6月23日	腾讯	天使轮	未透露	慧狮科技	企业服务
2017年6月23日	腾讯	A轮	数千万元人民币	有法务（Ulegal）	企业服务
2017年6月21日	腾讯	战略投资	4.9亿元人民币	掌趣科技	游戏
2017年6月16日	腾讯	A轮	1.02亿美元	元素智能（Element AI）[12]	企业服务
2017年6月16日	腾讯	E轮	6亿美元	摩拜单车	汽车交通

续表

日期	投资方	形式	金额	被投资方	行业
2017 年 6 月 15 日	腾讯	A 轮	数千万元人民币	金楚信息	游戏
2017 年 6 月 12 日	腾讯	C 轮	1.46 亿美元	富途证券	金融
2017 年 6 月 6 日	腾讯	A 轮	数千万元人民币	初篇信息(Storybook)	文化娱乐
2017 年 6 月 6 日	腾讯	战略投资	3 亿元人民币	酷开	硬件
2017 年 6 月 5 日	腾讯	天使轮	500 万元人民币	从潇动漫	文化娱乐
2017 年 6 月 5 日	腾讯	B 轮	1 亿元人民币	有车以后	汽车交通
2017 年 6 月 1 日	腾讯	C 轮	数千万美元	拼好货	电子商务
2017 年 6 月 1 日	腾讯	B 轮	3 亿美元	基本电话(Essential Phone)[13]	硬件
2017 年 5 月 31 日	腾讯	C 轮	6 亿美元	蔚来汽车	汽车交通
2017 年 5 月 31 日	腾讯	E 轮	1.2 亿美元	猿题库	教育
2017 年 5 月 26 日	腾讯	A+轮	数千万元人民币	毒舌电影	文化娱乐
2017 年 5 月 22 日	腾讯	天使轮	数千万元人民币	数据工场	企业服务
2017 年 5 月 16 日	腾讯	C 轮	5.05 亿美元	易鑫集团	汽车交通
2017 年 5 月 12 日	腾讯	C 轮	2800 万美元	轻松筹	医疗健康
2017 年 5 月 12 日	腾讯	C 轮	9000 万美元	口袋宝石(Pocket Gems)[14]	游戏
2017 年 5 月 9 日	腾讯	F 轮	5400 万美元	斯穆乐(Smule)[15]	文化娱乐
2017 年 5 月 8 日	腾讯	B 轮	3.5 亿元人民币	小电	硬件
2017 年 5 月 4 日	腾讯	C 轮	2.35 亿元人民币	星环科技(TransWarp)	企业服务

续表

日期	投资方	形式	金额	被投资方	行业
2017 年 5 月 4 日	腾讯	B + 轮	1300 万美元	四维图新（Navinfo）[16]	企业服务
2017 年 5 月 2 日	腾讯	A 轮	1300 万美元	空中云汇（Airwallex）	金融
2017 年 5 月 2 日	腾讯	B + 轮	1.56 亿美元	货车帮	物流
2017 年 4 月 30 日	腾讯	天使轮	1000 万元人民币	稻来传媒	文化娱乐
2017 年 4 月 26 日	腾讯	A 轮	数千万元人民币	糖人动漫	文化娱乐
2017 年 4 月 25 日	腾讯	天使轮	未透露	乐匠文化	文化娱乐
2017 年 4 月 21 日	腾讯	战略投资	1.43 亿美元	西山居	游戏
2017 年 4 月 19 日	腾讯	D 轮	30 亿元人民币	链家网	房产服务
2017 年 4 月 18 日	腾讯	A 轮	2 亿美元	转转	电子商务
2017 年 4 月 10 日	腾讯	A 轮	1 亿元人民币	小电	硬件
2017 年 4 月 1 日	腾讯	B 轮	4000 万元人民币	派派	社交网络
2017 年 3 月 30 日	腾讯	A 轮	数千万元人民币	小孩子点读	教育
2017 年 3 月 29 日	腾讯	D 轮	2 亿美元	好大夫在线	医疗健康
2017 年 3 月 28 日	腾讯	IPO 上市后	17.78 亿美元	Tesla 特斯拉	汽车交通
2017 年 3 月 24 日	腾讯	A 轮	数千万元人民币	漫漫漫画	社交网络
2017 年 3 月 23 日	腾讯	D 轮	3.5 亿美元	快手	文化娱乐
2017 年 3 月 21 日	腾讯	F 轮	14 亿美元	飞车（Flipkart）[17]	电子商务
2017 年 3 月 17 日	腾讯	B 轮	1.8 亿元人民币	新榜	文化娱乐
2017 年 3 月 9 日	腾讯	A 轮	数千万美元	云迹科技	硬件
2017 年 3 月 8 日	腾讯	A 轮	3000 万元人民币	超神影业	文化娱乐

续表

日期	投资方	形式	金额	被投资方	行业
2017年3月7日	腾讯	天使轮	未透露	冬漫社	文化娱乐
2017年3月6日	腾讯	B轮	数千万元人民币	天津动漫堂	文化娱乐
2017年3月3日	腾讯	天使轮	100万元人民币	一群翻译网	工具软件
2017年3月1日	腾讯	B+轮	3000万元人民币	赢了网	企业服务
2017年2月28日	腾讯	战略投资	亿元及以上人民币	玄机科技	文化娱乐
2017年2月28日	腾讯	A轮	未透露	多有米网络	企业服务
2017年2月21日	腾讯	A轮	300万美元	因诺维加(Innovega)[18]	硬件
2017年2月20日	腾讯	天使轮	数百万元人民币	美豆爱厨房	文化娱乐
2017年2月20日	腾讯	B+轮	未透露	快法务	企业服务
2017年2月16日	腾讯	A轮	数千万元人民币	猫王收音机	硬件
2017年2月14日	腾讯	战略投资	未透露	梦想加	房产服务
2017年2月13日	腾讯	战略投资	8.31亿元人民币	卡考(Kakao Games)[19]	游戏
2017年2月12日	腾讯	A轮	300万元人民币	艺画开天	文化娱乐
2017年1月25日	腾讯	B轮	1亿美元	阅文集团	文化娱乐
2017年1月24日	腾讯	Pre-A轮	数千万元人民币	萌爪医生	本地生活
2017年1月23日	腾讯	A轮	数千万元人民币	企鹅医生	医疗健康

续表

日期	投资方	形式	金额	被投资方	行业
2017 年 1 月 22 日	腾讯	天使轮	数百万元人民币	悟漫田	文化娱乐
2017 年 1 月 20 日	腾讯	C 轮	1 亿美元	每日优鲜	电子商务
2017 年 1 月 19 日	腾讯	A 轮	数千万元人民币	豆腐	文化娱乐
2017 年 1 月 18 日	腾讯	B 轮	1 亿元人民币	绘梦动画	文化娱乐
2017 年 1 月 18 日	腾讯	D 轮	5500 万美元	普拉克图(Practo)[20]	医疗健康
2017 年 1 月 12 日	腾讯	天使轮	1000 万元人民币	大圣(Live)	游戏
2017 年 1 月 12 日	腾讯	D 轮	1 亿美元	知乎	文化娱乐
2017 年 1 月 12 日	腾讯	D 轮	2.8 亿元人民币	销售易 CRM	企业服务
2017 年 1 月 6 日	腾讯	B + 轮	数千万元人民币	表情盒子	工具软件
2017 年 1 月 5 日	腾讯	战略投资	数千万元人民币	奢瑞小黑裙(SOIREE)	电子商务
2017 年 1 月 4 日	腾讯	C 轮	1900 万美元	欧克比(Ookbee)[21]	文化娱乐
2017 年 1 月 4 日	腾讯	D 轮	2.15 亿美元	摩拜单车	汽车交通
2016 年 12 月 28 日	腾讯	Pre-A 轮	数千万元人民币	新世相	文化娱乐
2016 年 12 月 22 日	腾讯	B 轮	1.15 亿美元	货车帮	物流
2016 年 12 月 22 日	腾讯	并购	未透露	莎努克(Sanook)[22]	文化娱乐
2016 年 12 月 21 日	腾讯	战略投资	25 亿元人民币	博纳影业	文化娱乐
2016 年 12 月 21 日	腾讯	种子轮	130 万美元	支付垛(Paystack)[23]	金融
2016 年 12 月 15 日	腾讯	战略投资	2.7 亿元人民币	工夫影业	文化娱乐

续表

日期	投资方	形式	金额	被投资方	行业
2016 年 12 月 14 日	腾讯	战略投资	数千万元人民币	PLU 游戏视频	游戏
2016 年 12 月 14 日	腾讯	B 轮	1300 万美元	清楚实验室(Clear Labs)[24]	企业服务
2016 年 12 月 9 日	腾讯	天使轮	未透露	坏小弟影业	文化娱乐
2016 年 12 月 7 日	腾讯	天使轮	数千万元人民币	秒嗨	体育运动
2016 年 12 月 1 日	腾讯	战略投资	数千万元人民币	风起云扬传媒	文化娱乐
2016 年 11 月 29 日	腾讯	战略投资	数千万元人民币	企鹅童话	教育
2016 年 11 月 28 日	腾讯	A 轮	数千万元人民币	锦尚志	电子商务
2016 年 11 月 24 日	腾讯	A + 轮	数千万元人民币	在行	教育
2016 年 11 月 23 日	腾讯	战略投资	2400 万美元	光脚丫创意杂货(Barefoot)	企业服务
2016 年 11 月 21 日	腾讯	C 轮	1 亿美元	天天拍车	汽车交通
2016 年 11 月 18 日	腾讯	A 轮	1500 万美元	佩图姆(Petuum)[25]	企业服务
2016 年 11 月 15 日	腾讯	天使轮	500 万元人民币	布姆电竞学院(Boom)	游戏
2016 年 11 月 10 日	腾讯	Pre-A 轮	1000 万元人民币	带我飞	旅游
2016 年 11 月 5 日	腾讯	B 轮	3.1 亿元人民币	映客	文化娱乐
2016 年 10 月 28 日	腾讯	A 轮	2000 万美元	微拍堂	电子商务
2016 年 10 月 27 日	腾讯	天使轮	12 亿元人民币	爱驰汽车	汽车交通

续表

日期	投资方	形式	金额	被投资方	行业
2016年10月27日	腾讯	B轮	数千万元人民币	校园司令	本地生活
2016年10月27日	腾讯	A轮	数千万元人民币	真时科技(Pacewear)[26]	硬件
2016年10月25日	腾讯	IPO上市后	38亿元人民币	四维图新	汽车交通
2016年10月19日	腾讯	B轮	4000万美元	斗米	企业服务
2016年10月13日	腾讯	C+轮	5500万美元	摩拜单车	汽车交通
2016年10月10日	腾讯	A轮	数千万元人民币	灵河影视制作	文化娱乐
2016年10月9日	腾讯	战略投资	10亿元人民币	同程旅游	旅游
2016年9月29日	腾讯	种子轮	300万美元	天空思想(Skymind)[27]	企业服务
2016年9月20日	腾讯	B+轮	数千万美元	海云捷迅(AWcloud)	企业服务
2016年9月7日	腾讯	战略投资	未透露	天闻角川	文化娱乐
2016年9月5日	腾讯	D轮	1.5亿美元	人人车	汽车交通
2016年9月3日	腾讯	A轮	2400万元人民币	汇医在线	医疗健康
2016年8月19日	腾讯	IPO上市后	亿美元及以上美元	京东	电子商务
2016年8月18日	腾讯	B+轮	未透露	上海汇翼信息科技(Teambition)[28]	企业服务
2016年8月16日	腾讯	D轮	1.75亿美元	嗨客信使(Hike Messenger)[29]	社交网络
2016年8月16日	腾讯	C+轮	数千万美元	自由运动场(Keep)	体育运动
2016年8月15日	腾讯	C轮	15亿元人民币	斗鱼	文化娱乐

续表

日期	投资方	形式	金额	被投资方	行业
2016年8月8日	腾讯	天使轮	数百万元人民币	指尖天文	硬件
2016年8月5日	腾讯	天使轮	数千万元人民币	奢分期	本地生活
2016年8月4日	腾讯	A轮	1亿元人民币	联易融	金融
2016年8月2日	腾讯	B轮	5.5亿美元	易鑫集团	汽车交通
2016年8月2日	腾讯	C轮	3.45亿元人民币	更美	医疗健康
2016年8月2日	腾讯	天使轮	5000万元人民币	水滴互助	金融
2016年8月1日	腾讯	Pre-A轮	1000万元人民币	名人朋友圈	社交网络
2016年7月23日	腾讯	C轮	2亿元人民币	永洪科技	企业服务
2016年7月21日	腾讯	B+轮	1亿元人民币	抱抱	社交网络
2016年7月20日	腾讯	B轮	1.1亿美元	拼多多	电子商务
2016年7月19日	腾讯	战略投资	数千万元人民币	企鹅医生	医疗健康
2016年7月19日	腾讯	B轮	亿元及以上人民币	靠谱网络	游戏
2016年7月18日	腾讯	并购	未透露	酷我音乐	文化娱乐
2016年7月18日	腾讯	并购	亿元及以上人民币	酷狗音乐	文化娱乐
2016年7月15日	腾讯	并购	亿美元及以上美元	海洋音乐集团	文化娱乐
2016年6月21日	腾讯	并购	86亿美元	超级细胞(Supercell)[30]	游戏
2016年6月16日	腾讯	B轮	数千万元人民币	互动吧	本地生活

续表

日期	投资方	形式	金额	被投资方	行业
2016年6月16日	腾讯	F轮	45亿美元	滴滴出行	汽车交通
2016年6月16日	腾讯	C轮	1.2亿元人民币	疯狂老师	教育
2016年6月14日	腾讯	A轮	4500万美元	巍美(WME丨IMG)	文化娱乐
2016年6月14日	腾讯	B轮	5000万美元	米他(Meta)[31]	硬件
2016年6月13日	腾讯	A+轮	数千万元人民币	南京信风网络	企业服务
2016年6月6日	腾讯	战略投资	3亿美元	易车	汽车交通
2016年6月3日	腾讯	B轮	数千万美元	思派网络	医疗健康
2016年6月2日	腾讯	战略投资	8500万美元	韩国YG娱乐经纪公司	文化娱乐
2016年6月2日	腾讯	B+轮	2000万美元	轻松筹	医疗健康
2016年5月31日	腾讯	D+轮	4000万美元	猿题库	教育
2016年5月30日	腾讯	IPO上市后	未透露	P社(Paradox Interactive)[32]	游戏
2016年5月26日	腾讯	A轮	2073万美元	美国行星资源开发公司(Planetary Resources)	企业服务
2016年5月25日	腾讯	A轮	数千万元人民币	三千客餐饮	本地生活
2016年5月17日	腾讯	B轮	数千万元人民币	赢了网	企业服务
2016年5月15日	腾讯	种子轮	未透露	Face视频交友	社交网络
2016年5月14日	腾讯	Pre-A轮	数百万元人民币	沃云网络我的WiFi	企业服务
2016年5月12日	腾讯	并购	数千万元人民币	袋鼠跳跳	教育

续表

日期	投资方	形式	金额	被投资方	行业
2016年5月10日	腾讯	Pre-A轮	数千万元人民币	车来了	社交网络
2016年5月9日	腾讯	天使轮	数百万元人民币	易奇八字	文化娱乐
2016年4月29日	腾讯	战略投资	数千万元人民币	雅讯天地	游戏
2016年4月27日	腾讯	D轮	30亿元人民币	微影时代	文化娱乐
2016年4月26日	腾讯	C轮	1000万美元	卡姆科德(Kamcord)[33]	游戏
2016年4月18日	腾讯	Pre-B轮	3500万美元	货车帮	物流
2016年4月15日	腾讯	C轮	数千万元人民币	百思不得姐[34]	文化娱乐
2016年4月11日	腾讯	A轮	10亿元人民币	碳云智能科技	医疗健康
2016年4月6日	腾讯	B轮	38.5亿元人民币	链家网	房产服务
2016年4月1日	腾讯	战略投资	3000万美元	拜腾	汽车交通
2016年3月31日	腾讯	C+轮	4500万美元	G7物流平台	物流
2016年3月31日	腾讯	C轮	1亿美元	小红书	电子商务
2016年3月26日	腾讯	A轮	2.65亿元人民币	微赛体育	体育运动
2016年3月25日	腾讯	天使轮	数百万元人民币	火石	社交网络
2016年3月25日	腾讯	B轮	1亿元人民币	杭州阿思拓(ASTO)	电子商务
2016年3月25日	腾讯	B轮	1亿元人民币	忆红妆	本地生活
2016年3月25日	腾讯	B轮	1亿元人民币	元宝铺	金融
2016年3月25日	腾讯	天使轮	1000万元人民币	谁[35]	社交网络

续表

日期	投资方	形式	金额	被投资方	行业
2016年3月24日	腾讯	IPO上市后	2.36亿元人民币	韩国HB娱乐经纪公司(HB Entertainment)	文化娱乐
2016年3月14日	腾讯	C轮	5000万美元	新氧	医疗健康
2016年3月9日	腾讯	A轮	数千万元人民币	白兔直播	文化娱乐
2016年3月7日	腾讯	B轮	5亿元人民币	柠萌影业	文化娱乐
2016年3月1日	腾讯	A轮	未透露	侃图	社交网络
2016年3月1日	腾讯	B轮	1亿元人民币	兰迪少儿英语	教育
2016年2月26日	腾讯	战略投资	2.5亿美元	伊比博集团(Ibibo Group)[36]	旅游
2016年2月25日	腾讯	A轮	1亿美元	阅文集团	文化娱乐
2016年2月24日	腾讯	B轮	数千万元人民币	秀美甲	本地生活
2016年2月17日	腾讯	天使轮	数百万元人民币	风铃软件	汽车交通
2016年2月17日	腾讯	A轮	8000万元人民币	蜜蜂停车	汽车交通
2016年2月9日	腾讯	天使轮	数百万元人民币	邻家好医	医疗健康
2016年2月1日	腾讯	战略投资	3.2亿元人民币	新东方在线	教育
2016年1月28日	腾讯	B轮	2000万美元	嘈杂(Discord)[37]	游戏
2016年1月25日	腾讯	A+轮	数千万元人民币	东方二次元	文化娱乐
2016年1月19日	腾讯	B轮	2100万元人民币	深圳云高信息	企业服务
2016年1月19日	腾讯	E轮	33亿美元	美团点评	本地生活
2016年1月8日	腾讯	B轮	12.16亿美元	陆金所	金融

续表

日期	投资方	形式	金额	被投资方	行业
2016 年 1 月 8 日	腾讯	种子轮	未透露	外豆(Waddle)[38]	社交
2016 年 1 月 8 日	腾讯	天使轮	175 万美元	女人网(Women.com)	社交网络
2016 年 1 月 8 日	腾讯	天使轮	451 万美元	维 C 移动娱乐(VC Mobile Entertainment Inc.)	游戏
2016 年 1 月 8 日	腾讯	A 轮	3500 万美元	瓦西(Watsi)[39]	医疗健康
2015 年 12 月 28 日	腾讯	A 轮	3300 万元人民币	朋友印象	社交网络
2015 年 12 月 22 日	腾讯	A + 轮	8000 万元人民币	赞那度旅游公司	旅游
2015 年 12 月 21 日	腾讯	B 轮	数千万元人民币	抱抱	社交网络
2015 年 12 月 21 日	腾讯	C 轮	数千万美元	忆恒创源科技(MemBlaze)[40]	硬件
2015 年 12 月 17 日	腾讯	并购	未透露	Riot Games	游戏
2015 年 12 月 15 日	腾讯	A 轮	数千万元人民币	知识星球	教育
2015 年 12 月 15 日	腾讯	A 轮	2400 万元人民币	晶泰科技	医疗健康
2015 年 12 月 15 日	腾讯	B 轮	6000 万美元	阿凡题	教育
2015 年 12 月 9 日	腾讯	战略投资	451 亿元人民币	中国邮政储蓄银行	金融
2015 年 11 月 23 日	腾讯	天使轮	290 万美元	循环医疗(Circle Medical)[41]	医疗健康
2015 年 11 月 18 日	腾讯	B 轮	1 亿美元	斗鱼	文化娱乐
2015 年 11 月 17 日	腾讯	C 轮	15 亿元人民币	微影时代	文化娱乐

续表

日期	投资方	形式	金额	被投资方	行业
2015年11月13日	腾讯	Pre-A轮	1000万元人民币	回收宝	电子商务
2015年11月12日	腾讯	B轮	2亿元人民币	每日优鲜	电子商务
2015年11月10日	腾讯	D轮	亿元及以上人民币	哔哩哔哩(bilibili)	文化娱乐
2015年11月9日	腾讯	C轮	5亿元人民币	微盟	广告营销
2015年11月5日	腾讯	C轮	5500万美元	知乎	文化娱乐
2015年10月28日	腾讯	A轮	数千万元人民币	天锋网络	游戏
2015年10月22日	腾讯	A轮	数百万美元	炮兵部队(Artillery)[42]	游戏
2015年10月22日	腾讯	新三板定增	6200万元人民币	上海寰创通信	工具软件
2015年10月20日	腾讯	B轮	数千万元人民币	宽途汽车(Kuanter)	汽车交通
2015年10月10日	腾讯	A轮	1000万元人民币	金苗网	教育
2015年9月25日	腾讯	种子轮	500万美元	临床云(CliniCloud)[43]	医疗健康
2015年9月24日	腾讯	C轮	3.94亿美元	微医	医疗健康
2015年9月17日	腾讯	天使轮	数百万元人民币	超好(NICE)[44]	社交网络
2015年9月16日	腾讯	A轮	数千万元人民币	成都余香	游戏
2015年9月12日	腾讯	Pre-A轮	1000万元人民币	一起嗨(Hi)交友[45]	社交网络
2015年9月9日	腾讯	B轮	数千万美元	天天拍车	汽车交通
2015年9月7日	腾讯	B轮	4000万美元	医联	医疗健康

续表

日期	投资方	形式	金额	被投资方	行业
2015 年 9 月 6 日	腾讯	天使轮	数千万元人民币	金工场	金融
2015 年 9 月 2 日	腾讯	C 轮	亿元及以上人民币	原力动画	文化娱乐
2015 年 9 月 1 日	腾讯	B 轮	1547 万元人民币	聚能鼎力	电子商务
2015 年 8 月 28 日	腾讯	B 轮	1000 万美元	威 B(Vurb)[46]	工具软件
2015 年 8 月 27 日	腾讯	天使轮	1270 万元人民币	南极圈	社交网络
2015 年 8 月 27 日	腾讯	F 轮	6.3 亿美元	饿了么	本地生活
2015 年 8 月 25 日	腾讯	A 轮	5000 万元人民币	悦动圈	体育运动
2015 年 8 月 24 日	腾讯	A + 轮	亿元及以上人民币	货车帮	物流
2015 年 8 月 21 日	腾讯	A 轮	数千万元人民币	上海救要救信息科技	医疗健康
2015 年 8 月 19 日	腾讯	战略投资	36 亿元人民币	华谊兄弟	文化娱乐
2015 年 8 月 19 日	腾讯	D 轮	5000 万美元	K 客(Kik)[47]	社交网络
2015 年 8 月 18 日	腾讯	A 轮	数千万元人民币	修车易	汽车交通
2015 年 8 月 16 日	腾讯	A 轮	数千万元人民币	有情趣	电子商务
2015 年 8 月 15 日	腾讯	C 轮	未透露	微店	电子商务
2015 年 8 月 14 日	腾讯	A 轮	20 亿元人民币	微鲸科技	硬件
2015 年 8 月 13 日	腾讯	A 轮	数百万美元	感觉哪(SenseWhere)[48]	企业服务

续表

日期	投资方	形式	金额	被投资方	行业
2015年8月11日	腾讯	天使轮	数千万元人民币	战法牧	游戏
2015年8月10日	腾讯	A轮	数千万元人民币	大象册	文化娱乐
2015年8月6日	腾讯	C轮	9000万美元	普拉克图(Practo)	医疗健康
2015年8月4日	腾讯	A轮	数千万元人民币	妙手医生	医疗健康
2015年8月4日	腾讯	B轮	6000万美元	富途证券	金融
2015年8月3日	腾讯	C轮	8500万美元	人人车	汽车交通
2015年7月30日	腾讯	A轮	1030万美元	阿尔特空间虚拟现实(AltspaceVR)[49]	文化娱乐
2015年7月29日	腾讯	B轮	数千万元人民币	载乐网络(Zealer)	文化娱乐
2015年7月29日	腾讯	B轮	数千万元人民币	柠檬网联[50]	企业服务
2015年7月28日	腾讯	C轮	亿元及以上人民币	胡莱游戏	游戏
2015年7月22日	腾讯	A轮	数千万元人民币	赢了网	企业服务
2015年7月21日	腾讯	C轮	亿元及以上人民币	e家洁	本地生活
2015年7月10日	腾讯	B轮	数千万元人民币	耀客传媒	文化娱乐
2015年7月8日	腾讯	战略投资	39.6亿港元	美克国际	电子商务
2015年7月8日	腾讯	F轮	30亿美元	滴滴出行	汽车交通
2015年7月5日	腾讯	种子轮	70万元人民币	优体网	本地生活

续表

日期	投资方	形式	金额	被投资方	行业
2015 年 7 月 3 日	腾讯	E 轮	60 亿元人民币	同程旅游	旅游
2015 年 7 月 2 日	腾讯	战略投资	亿元及以上人民币	未来机动（Future Mobility）[51]	汽车交通
2015 年 7 月 1 日	腾讯	C 轮	亿元及以上人民币	乐跑手环	医疗健康
2015 年 7 月 1 日	腾讯	A 轮	2000 万美元	家庭英雄（HomeHero）	医疗健康
2015 年 7 月 1 日	腾讯	D 轮	未透露	买卖宝	电子商务
2015 年 6 月 25 日	腾讯	B 轮	数千万美元	悠先点菜	本地生活
2015 年 6 月 17 日	腾讯	A 轮	1000 万元人民币	赛亚人网络	游戏
2015 年 6 月 17 日	腾讯	A 轮	亿元及以上人民币	蔚来汽车	汽车交通
2015 年 6 月 16 日	腾讯	A + 轮	390 万美元	图特基因（Tute Genomics）[52]	医疗健康
2015 年 6 月 11 日	腾讯	B 轮	2000 万美元	疯狂老师	教育
2015 年 6 月 9 日	腾讯	Pre-A 轮	数千万美元	快狗打车	物流
2015 年 6 月 9 日	腾讯	A 轮	数千万元人民币	华夏乐游	游戏
2015 年 6 月 4 日	腾讯	A + 轮	数百万美元	美家帮	房产服务
2015 年 6 月 1 日	腾讯	A 轮	数千万元人民币	被窝音乐	文化娱乐
2015 年 5 月 29 日	腾讯	A 轮	450 万美元	维 C 移动娱乐（VC Mobile Entertainment）	游戏
2015 年 5 月 23 日	腾讯	A 轮	1000 万美元	每日优鲜	电子商务
2015 年 5 月 18 日	腾讯	A 轮	数千万元人民币	手游彩	文化娱乐

续表

日期	投资方	形式	金额	被投资方	行业
2015年5月18日	腾讯	种子轮	75万美元	组织分析(Tissue Analytics)[53]	医疗健康
2015年5月17日	腾讯	E轮	1.5亿美元	莱福特(Lyft)	汽车交通
2015年5月16日	腾讯	C轮	3000万美元	G7特流平台	物流
2015年5月16日	腾讯	A轮	亿元及以上人民币	货车帮	物流
2015年5月13日	腾讯	C轮	6亿元人民币	知道创宇[54]	企业服务
2015年5月13日	腾讯	B轮	6000万美元	口袋宝石(Pocket Gems)	游戏
2015年5月7日	腾讯	C轮	5000万元人民币	广州欢网科技	硬件
2015年5月1日	腾讯	天使轮	630万美元	云医X(CloudMedx)[55]	医疗健康
2015年4月30日	腾讯	战略投资	1.26亿美元	格鲁移动(Glu Mobile)[56]	游戏
2015年4月29日	腾讯	B轮	3500万美元	斯堪度斯科特(Scanadu Scout)[57]	医疗健康
2015年4月27日	腾讯	B轮	1.05亿美元	微影时代	文化娱乐
2015年4月14日	腾讯	A轮	数千万美元	火雾游戏(Fireforge Games)	游戏
2015年4月10日	腾讯	天使轮	数百万元人民币	宝宝助手	教育
2015年4月9日	腾讯	B轮	数千万元人民币	嘟嘟叫车	汽车交通
2015年4月2日	腾讯	F轮	8.5亿美元	大众点评网	本地生活
2015年3月27日	腾讯	A轮	1亿元人民币	柠萌影业	文化娱乐

续表

日期	投资方	形式	金额	被投资方	行业
2015年3月24日	腾讯	C轮	7000万美元	氰公司（Cyanogen）[58]	工具软件
2015年3月15日	腾讯	A轮	数百万美元	卫星逻辑公司（Satellogic）	硬件
2015年3月7日	腾讯	IPO上市后	33亿元人民币	刚泰控股	电子商务
2015年3月1日	腾讯	A轮	2300万元人民币	红点直播	工具软件
2015年2月28日	腾讯	A轮	数百万美元	机器娱乐（Robot Entertainment）	游戏
2015年2月25日	腾讯	并购	未透露	迷你唇系统分析（Miniclip SA）[59]	游戏
2015年2月22日	腾讯	A轮	数百万美元	M4杰姆（M4JAM）[60]	企业服务
2015年2月19日	腾讯	IPO上市后	15.5亿美元	易车	汽车交通
2015年2月15日	腾讯	B轮	数千万美元	e家洁	本地生活
2015年2月11日	腾讯	Pre-A轮	数百万美元	车生活	汽车交通
2015年2月11日	腾讯	天使轮	数百万美元	最美花开	电子商务
2015年2月10日	腾讯	A轮	数百万美元	铁锤和雕刻（Hammer & Chisel）[61]	游戏
2015年2月9日	腾讯	A轮	数千万元人民币	华益天信	游戏
2015年2月1日	腾讯	天使轮	150万美元	素描我（SketchMe）[62]	社交网络
2015年1月31日	腾讯	A轮	3.9亿美元	易鑫集团	汽车交通
2015年1月30日	腾讯	B轮	1.5亿元人民币	卓健科技	医疗健康
2015年1月23日	腾讯	E轮	3.5亿美元	饿了么	本地生活

续表

日期	投资方	形式	金额	被投资方	行业
2015年1月7日	腾讯	A轮	数千万元人民币	易题库	教育
2015年1月7日	腾讯	B轮	3000万美元	南京零号线	本地生活
2015年1月6日	腾讯	A轮	1200万元人民币	城觅网	本地生活

注:[1]其系致力于"一站式"跨境在线支付与资金清结算的服务商。

[2]其系印度网约车平台。

[3]其系德国迷你飞行汽车公司。

[4]其系在线儿童、青少年英语教育平台。

[5]其系美国病原微生物检测公司。

[6]其系印度在线教育平台。

[7]其系开发三维(3D)虚拟人物、场景渲染软件的公司。

[8]其系增强智能数据分析服务提供商。

[9]其系致力于挖掘新一代年轻人精神文化需求的青年媒体平台。

[10]其系我国香港特别行政区电子收费公司。

[11]其系阿根廷致力于建立全球性的传感器网络的公司,通过纳米卫星技术让人们能进行全球监测并量化数据,从而作出更明智的决策。

[12]其系加拿大人工智能创业孵化器公司,为全球网络安全、金融科技,制造、物流和运输、机器人等领域的企业提供人工智能解决方案。

[13]其系安卓之父安迪·鲁宾(Andy Rubin)离开谷歌后,于2015年创立智能手机创业公司。

[14]其系美国手游开发公司。

[15]其系致力于手机上的社交音乐产品开发的公司。

[16]其系数字地图内容、车联网及动态交通信息服务、地理位置相关的商业智能解决方案提供商。

[17]其由亚马逊的两名前员工萨钦·班萨尔(Sachin Bansal)和比尼·班萨尔(Binny Bansal)于2007年创建,是印度最大电子商务零售商。

[18]其系美国研发增强现实(AR)眼镜的公司。

[19]其系韩国游戏开发商。

[20]其系印度在线医疗平台。

[21]其系泰国媒体平台。

[22]其系泰国门户网站。

[23]其系尼日利亚支付平台。

[24]其系美国食品病原体分析测试公司。

[25]其系美国专注于人工智能和机器学习的解决方案研发平台。

[26]其系智能可穿戴设备与服务开发的科技公司。

[27]其系美国商业智能和企业软件公司。

[28]其系开发团队协作工具软件的公司。

[29]其系印度即时通信应用开发商。

[30]其系芬兰移动游戏公司。

[31]其系开发增强现实(AR)的公司。

[32]其系瑞典电子游戏开发及发行公司,简称P社。

[33]其系美国移动游戏视频录制公司。

[34]其系精灵在线网络技术(北京)有限公司打造的娱乐创意社区。

[35]"谁"是一个社交应用程序,通过模拟现实中人与人初次见面的第一印象,创造一种互动新文化,隶属于深圳打火石科技有限公司。

[36]其系印度在线旅游平台公司。

[37]其系美国公司推出的适用于游戏玩家一体化语音和文字聊天的即时通信(Instant Messaging,IM)软件。

[38]其系美国公司推出的实时相册分享工具。

[39]其系美国医疗众筹平台。

[40]其系做固态存储业务的公司。

[41]其系上门医疗服务公司。

[42]其系美国游戏开发商。

[43]其系澳洲智能医疗公司。

[44]其系专注中高级白领在线婚恋交友社交平台。

[45]其系游戏娱乐化及才艺展示、视频直播类的交友社交平台。

[46]其系美国移动搜索领域的技术公司。

[47]其系加拿大手机通信社交软件平台。

[48]其系英国的室内定位技术供应商。

[49]其系美国虚拟现实(VR)社交软件开发商。

[50]其系致力于垂直场景免费无线网络(WiFi)运营商及移动互联网综合服务平台。

[51]其系由和谐富腾公司在香港特别行政区注册,总部位于深圳的智能汽车公司。

[52]其系美国基于云存储的基因数据库公司。

[53]其系远程慢性伤口护理服务提供商。

[54]其系网络安全公司。

[55]其系美国医疗健康数据收集和分析服务提供商。

[56]其系美国无线终端游戏开发公司。

[57]其系美国生命体征数据监测设备开发公司。

[58]其系美国开发安卓只读内存(Read-only Memory,ROM)的公司,简称CM公司。

[59]其系瑞士移动游戏开发与发行公司。

[60]其系非洲提供小微工作交易的网络对接平台。

[61]其系美国在线视频游戏公司,《永恒的命运》是该公司代表游戏。

[62]其系开发帮助好朋友之间抓住和记录彼此相处痕迹的社交软件公司。

通过对百度、阿里巴巴、腾讯2015~2017年的数据投融资统计表,可以看出,它们针对数据资产的投资具有以下特点:第一,辐射地域广泛,如从2015年开始,阿里巴巴集团陆续在美国、新加坡、日本、中东、澳大利亚、印度、印尼、欧洲、巴西建立数据中心，其所投资设立的数据中心辐射亚洲、澳洲、欧洲、北美洲、南美洲，从而能够实现从更广的范围获取更多的数据；第二，涉及行业广泛，如百度公司从核心的搜索业务扩张至物流业、传媒业、影视业、制造业、医疗行业、智能制造等，能够从线上线下多渠道、多行业采集不同的数据；第三，投资方式多样化，如腾讯公司既有自身直接投资的数据中心，也有借助战略合作获取他人的数据资产，亦存在通过入股方式控制公司进而接触到该公司的数据，可谓数据驱动型投资。

第二节　数据投融资的法律本质

拨开因为五花八门的投资手段和形形色色的合同、协议，而笼罩在数据投融资上的神秘光环或一团迷雾，寻其本源，不难发现，数据投融资中，虽然亦要考虑财务、市场、渠道、团队等因素，但吸引投资者愿意进行收购、入股、风投、战略合作的最主要因素之一，还是相对方的数据资产，哪怕相对方的赢利状况不佳，甚至很长一段时间内还看不到赢利的前景。①

结合数据投融资的类型可见，进行数据投融资活动时，要么一方数据被折价或通过类似方式换取现金、股份或其他资源（可以称为“以数据抵款”），要么双方数据进行全部或部分共享（可以称为“以数据换数据”）来实现互利。不论是以现金抑或非现金支付对价，还是采用互易方式，从法律意义上而言，它们都是买卖或变相买卖，或者说是一种交易。因此，数据投融资，实质上是一种以投融资形式进行的数据交易。

当我们探讨其中的法律问题时，离不开对数据交易的理解。

目前，对于据以进行数据交易的权利性质到底是什么，尚无定论。对此，主要有3种观点，即知识产权说、数据权或信息财产权说、数据资产说或数据所有

① 例如，滴滴收购优步中国时，被收购对象优步中国不但没有营业额，甚至利润还是负数。但是，为什么滴滴仍然愿意花70亿美元收购呢？可以推测一个重要原因就是滴滴看中的是优步中国手里的数据资产，它蕴含着用户信息和品牌效应。

权说。

知识产权说认为,现实中,部分大数据在进行数据的集合时,具有一定的独创性,可将其视为汇编作品,受到著作权的保护。那些没有独创性的数据集合,也可考虑以后借鉴欧盟的非原创性数据库保护法,①给予数据库特别权保护。即使抛开著作权,鉴于大数据,无论是原始数据还是脱敏后、深加工后的数据,一般来说,都被数据控制者采取了严密的保密措施以防止泄露,是不为公众所知悉的,又具有经济价值,可以将它们作为商业秘密,获得法律的保护。

数据权或信息财产权说认为,基于大数据的特殊性,数据具有价值和使用价值,用传统的民事权利,包括知识产权,都不能很好地保护。应当在民事权利体系中,另行创设一个权利,可以称为数据权,亦可称为信息财产权,"一揽子"解决对大数据的权利保护问题。

数据资产说,最早出现在 1999 年由迈克尔·加加诺(Michael L. Gargano)和贝尔格·拉格特(BelG. Raggad)两人共同发表的论文中,其认为大数据是数据控制人的资产。既然是资产,自然具有财产权属性,有产权和价格,并有资产所有人,因此,其主张建立数据所有权,涵盖所有与数据有关的权利。

然而,无论上述争议中最终谁胜出,数据交易标的是数据,这是没有争议的。而所谓数据,基本可以定义为"信息的载体",它可以表现为数据库、文档、图片、

---

① 欧盟于 1996 年通过了《欧洲议会及欧盟理事会数据库法律保护指令》。该指令对数据库提供了两层保护:一是对于数据汇编作品提供版权保护;二是对数据内容提供特殊权利保护,后者即为对非独创性数据库在制作过程中投入的人力、物力和精力的保护。根据指令第 7 条的规定,特殊权利的内容包括:(1)提取权。权利人有权禁止他人未经许可永久或暂时的,以任何方式将数据库的全部内容或者在数量上和质量上的实质性内容,转移到其他载体上的行为,但公开出借的除外。(2)再利用权。权利人有权禁止他人未经许可,以复制、发行、在线传输、出租或其他方式,以任何形式向公众提供数据库的全部内容,或是在数量上以及在质量上的实质性内容的行为。此外,该指令第 10 条规定,数据库特别权的保护期限为 15 年。根据完成后向公众公开与否,期限的起算点有所不同,若数据库在完成后向社会公众公开,则 15 年保护期自公开后次年的 1 月 1 日起算;若没有向公众公开,则保护期自完成后次年的 1 月 1 日开始计算。而且由于数据库不断更新的特点,对于数据库内容的任何实质性更新,包括不断增加、删除或者修改的积累,只要构成了对于数据库的新投资,都可以就更新的部分获得一个重新计算的保护期。按此说法,只要一个数据库保持不断更新,就可以一直获得特别权的保护。

视频等各种形式,并作为信息系统的输入和输出而存在。① 可见,谈及数据,必然离不开信息。而信息既不是有体物,亦不是无体物,显然物的交易方式是无法适用于数据交易的。

通常来说,数据交易采用3种合同形式:(1)数据买卖合同,约定卖方将数据以约定的方式转移至买方指定或控制的物理载体上。然而,当交易中,涉及软件、数字影音作品的买卖,买方一般都需要进一步签署软件著作权许可协议。(2)数据使用合同,一般来说,约定数据提供方只提供数据访问入口或接口,允许使用方能够获得及访问数据。(3)数据服务合同,通常约定数据提供方将数据以类似SAAS的方式提供,即为数据使用方提供访问数据的账号或其他登录方式,使得接收方可以接触及获得数据。② 我们看到,这3种形式的差异,仅体现在数据转移、开放方式的不同上,均不涉及权利的让渡。也就是说,无论是冠以买卖、使用还是服务之名,数据权利方并不会因为转移、开放数据给交易相对方,而失去对己方数据的控制,这意味着,数据交易本质上是一种许可使用。

从许可使用的角度来看,以"数据换数据"是一种典型的交叉许可,交易双方互相许可对方接触、使用自己的数据。"以数据抵款"则根据数据权利方的受限程度不同,分为独占许可、排他许可、普通许可。在独占许可下,数据权利人自己都不能再使用作为交易标的的数据;在排他许可下,数据权利人只与一个相对方发生交易,其与该相对方各自使用作为交易标的的数据;在普通许可下,数据权利人可与多个相对人发生交易,其与这些相对方各自使用作为交易标的的数据。

第三节　数据投融资中存在的主要法律风险

任何投资都有风险,数据投融资亦不例外。其中,除了财务、经营、市场、突

① 参见高伟:《数据资产管理:盘活大数据时代的隐形财富》,机械工业出版社2016年版,第10页。

② 这三种合同形式在一定程度上对应了目前的三种观点:美国立法主张数字文化商品的法律属性为计算机信息,是知识产权的客体;俄罗斯立法则主张数字文化商品是所有权客体或者是独立客体,应该由所有权规则调整;欧盟回避了这个问题,认为数字文化商品交易的本质既不是知识产权许可,更不是所有权转让,而是服务的提供。

发事件、管理风险外，法律及政策风险亦很常见。为此，要降低数据投融资的法律风险，首先应当全面、准确、快速识别出相应的风险点。

一、数据来源合法性风险

在数据投融资中，数据是整个交易活动进行的基础，也是其中的主要交易标的之一，其重要性不言而喻。如果这一基础存在瑕疵，必然会危及整个交易。鉴于数据的类型五花八门，来源提供者、采集方式各有不同，使用目的亦有差异，因此，数据来源合法性风险不容小觑。

首先，基于法律规定，个人信息、非法获得的他人以数据为表现形式的商业秘密等，是不得进行交易的，严重的甚至会构成犯罪，因此，如果在数据投融资中掺杂了这些类型的数据，将会隐含法律风险。

其次，如果投融资方中，有一方或双方抓取、采集数据的手段非法，或者涉及不正当竞争，可能会涉嫌侵权，或者卷入不正当竞争之诉，那么，很可能给数据投融资前景带来不确定性，或者给相对方带来诉讼风险。

最后，即使是合法抓取、采集的数据，在使用中，也可能存在使用方式违法的情形，或者使用程度超过必要的界限，或者将这些数据使用于非法目的，①也会对整个数据投融资带来相当的风险。

二、法律环境改变可能带来的风险

近年来，无论是国内还是国外，针对数据监管相关的新规，无论是法律、法规还是部门规章、政府指导性文件、国家标准以及相关草案频出，这必然要求企业在数据合规性上，要不断追随新规的脚步和节奏，否则会因为合规问题，面临天价罚单、停业整顿等多种不利后果，从而影响企业的市场扩张布局，甚至影响相关业务的命运。而这样的影响，必然也会波及数据投融资，毕竟，资本是逐利的，

---

①　例如，滴滴顺风车对平台上的乘客信息的抓取、采集虽然合法，但在使用这些数据时，将乘客的某些不宜呈现的特质公布在平台上，供司机了解，从而引发空姐乘顺风车时被无良司机杀害的悲剧，给滴滴带来极大的负面影响，也引起有关部门对网约车平台信息公布方式及程度的重视。

对它们来说,无论是为了进入大数据市场而进行的投融资,还是为了实现数据扩张,都希望寻找的是运营状况良好或者前景看好的对象,而不是潜藏着或将影响持续运营重大不利情形的对象。

以 2016 年 11 月颁布《网络安全法》之后出台的一系列行政法规、部门规章或政策性文件为例,它们主要有公安部出台的《网络安全等级保护条例(征求意见稿)》《公安机关互联网安全监督检查规定》《公安机关互联网安全监督检查规定》;国家认证认可监督管理委员会公告 2018 年第 28 号《关于发布网络关键设备和网络安全专用产品安全认证实施规则的公告》以及 2018 年第 24 号公告《关于网络关键设备和网络安全专用产品安全认证实施要求的公告》;《水利部办公厅关于开展 2018 年水利行业网络安全检查的通知》;工业和信息化部出台的《公共互联网网络安全突发事件应急预案》以及印发的《公共互联网网络安全威胁监测与处置办法》;《教育部办公厅关于印发"2018 年教育信息化和网络安全工作要点"的通知》;中央网信办发布的《国家网络安全事件应急预案》……

如此密集的新规出台,给相关行业的互联网企业,特别是中小型互联网企业的数据管理、数据合规带来的压力和风险不容小觑。那么,当某个数据投融资项目以中小型互联网企业为对象展开时,识别新规对该企业可能带来的潜在风险,研判其风险大小,就很有必要。

三、知识产权方面的风险

如前所述,目前,对数据的权利保护,在数据权或数据所有权或信息财产权[①]上尚在学理探讨阶段,甚至学理探讨都尚无定论,更遑论立法。因此,在法律明确规定之前,创设类似权利,还只是一个概念或理论探讨阶段。

而根据现行法律,数据上面是附着一定的知识产权的,如著作权、商业秘

① 即使《民法典》第 1034 条至第 1039 条规定了个人信息应予保护,但是理解为保护的是一种权利,如个人信息权,还是仅是一种法益,认识都尚有分歧,更别说整个信息财产权的界定。

密,[①]这却是确定的。因此,当进行数据投融资的时候,知识产权方面如果存在瑕疵,亦可能带来风险。这主要体现在,如果投融资一方的知识产权有缺陷,如涉嫌侵权,或正卷入知识产权权属纠纷,或破坏相应知识产权得以成立的条件,那么可能为交易的顺利进行埋下隐患。

四、数据所有权的主张存在不确定性风险

不少与数据相关的协议,包括数据投融资协议中,会放入主张数据所有权的条款。在当前围绕“与数据有关的权利”或“数据及其相关权利”的界定尚无定论的情况下,试图以一个笼统的所有权,将现存的、未来的、可能的利益打包进去,以最大限度维护自己的利益。但是,正因为数据所有权尚不是一个法定的权利类型,甚至尚不是一个达成共识的法律术语,当数据投融资涉及相关条款,发生争议,提交司法审查时,存在不确定性。

以“中关村数海数据资产评估中心”为例,该中心作为全国首家数据资产赋权赋值机构,建立了一个适用于本中心的登记确权制度,由数据资产提供方填写《数据资产登记审批表》,提交给该中心,由中心进行初步审核,下发审核通知书。收到通知书后,数据资产提供方按通知要求提供数据资产样本和相关证明材料,作出数据来源合法的承诺。中心再将上述基本情况的概述进行网上公示,公示期内,如无人提异议,就为数据资产提供方开具数据资产登记证书。尽管根据其发布的数据显示,已有32,005家企业在该中心做了确权登记,但事实上,该登记的法律公信力、确的是什么权、是否能够作为权利凭证或证据使用,在现行的法律框架内是有问题的。从它制定的登记确权程序、颁发的登记证书避开了数据所有权这一概念表述,也反映出它在一定程度上已经意识到,数据所有权的提法和这样的确权规则可能存在法律风险,故采用了“数据资产”这一提法。

---

① 就“数据”本身而言,要么属于公共资源,如土地、水利、天气数据,要么基于用户数据,具有个人信息属性,但这些数据的集合、对这些数据的分析和深加工,却是有可能受到知识产权保护的。

五、数据交换、互融可能引发的风险

在数据投融资中,除了并购,为实现其他业务合作目的,会在交易双方间进行数据的交换或互融。这时,双方会有限度地互相开放数据给另一方。

此时存在的风险,我们以一个假设的例子来分析。甲公司系网约车平台,乙公司系电商平台,双方以战略合作的形式,欲携手进入互联网金融领域。为此,甲公司向乙公司开放其平台上司机的部分信息,如司机的姓名、车辆情况、证件号、手机号、接单情况等,乙公司向甲公司开放在其平台上消费者的部分信息,如姓名、手机号、证件号、消费记录等。从而可识别出在两个平台上均活跃的用户,并将这些用户的接单数据、网购消费数据做比对,一定程度上可以用于衡量该用户收入能力与消费能力间的差异,评估其还贷能力。这样,既可对该用户精准投放合适的互联网金融产品,又有利于控制风险。我们会看到,在这个例子中存在4种风险。

一是数据泄露的风险。抛开一方因故意、疏失等过失而导致数据泄露这样的情况。如果甲和乙两个平台在数据安全技术措施、防护能力、保护意识、管理水平上存在差异,那么,可能导致一方无法以与另一方同等技术水平、同等严密程度来保护这些数据,亦可能会导致数据泄露。

二是因数据资产定价困难,数据的价值又具有时效性、波动性,可能引发违约风险。通常来说,数据价值的不确定性来自两个方面,第一,数据并不能直接具有使用价值,有价值的是对数据分析和挖掘之后的结果;第二,数据由于其具有大容量和多样性的特征,故而其价值取决于不同主体的需求,数据在"对的人"面前才有价值。[①] 因此,给数据资产定价困难,是一直困扰数据投融资的难题。

① 参见刘朝阳:《大数据定价问题分析》,载《图书情报知识》2016年第1期。

目前,定价方式有平台预定价①、协议定价②、拍卖定价③、实时定价④、固定定价⑤五种。其中,即使存在所谓的资产评估,鉴于数据资产评估本身就是新兴领域,评估报告的可靠性、科学性都尚待验证,因此,协议定价在数据投融资中仍然适用得较多。然而,数据资产的价值又具有时效性和波动性,同一数据资产随着时间、市场条件、消费群体等各种因素的变化,其价值可能减损或增加,从而导致与协议定价时的价格相比发生变化。当变化足够大时,就有可能导致某一方出现拒绝继续履行合同、少付或拒绝支付剩余款项等违约风险。

三是如果甲和乙两个平台的司机用户知晓这一战略合作的存在,可能产生不愉快的感觉,从而引发用户投诉或者诉诸法院的风险。尽管用户,包括司机用户在接受甲和乙平台提供的服务时,会有一个平台的服务与隐私协议,但其实极少有用户会认真阅读这个格式合同,通常直接点击确认,如果两个平台的服务与隐私协议设计得特别繁杂的时候,更是如此。那么,如果当他们知道自己的数据会在甲和乙间进行互换、融合时,作为消费者,可能会有部分司机产生被欺骗、被窥视、被出卖等不愉快的感受,从而引发司机与平台间就相关数据的商业利用问题产生争议。事实上,由于甲和乙两大平台间互换、融合的是司机的原始个人数据,而非脱敏后的群体数据,本身也可能触及个人信息保护"明示同意"方面的灰色区域,即所谓"明示同意"的范围是否超出了必要的范围,而消费者基于弱势地位,又不得不接受这样显失公平的条款,当司机就此投诉或起诉时,将使两大平台在预判后果时存在不确定性。

四是可能触发刑事风险。2015 年 11 月 1 日实施的《刑法修正案(九)》第 17

---

① 数据交易平台根据其自有的数据质量评价指标(数据量、数据种类、数据完整性、数据时间跨度、数据实时性、数据深度、数据覆盖度、数据稀缺性等)给出评价结果,之后根据此结果与同类同级数据集的历史成交价给出一个合理的价格建议区间,大数据卖方在这个价格区间内进行定价。

② 数据买家和卖家反复报价,通过要约、反要约、再要约和承诺的反复报价议价后,最终协商确定对数据交易价格。

③ 采用拍卖方式,价高者得。

④ 数据资产的价格主要取决于数据的样本量和单一样本的数据指标项价值,而后通过数据交易平台自动定价,价格实时浮动。

⑤ 卖家针对自身数据资产的成本价值和效用价值进行评估,并结合市场供需情况,给予一个固定价格,在数据交易平台上挂牌出售。

条规定对《刑法》第253条之一进行了修改。2015年11月1日实施的《最高人民法院、最高人民检察院关于执行〈中华人民共和国刑法〉确定罪名的补充规定(六)》将罪名修改为侵犯公民个人信息罪,同时取消出售、非法提供公民个人信息罪和非法获取公民个人信息罪。并于2017年出台《最高人民法院、最高人民检察院关于办理侵犯公民个人信息刑事案件适用法律若干问题的解释》。根据刑法及相关司法解释,"违反法律、行政法规、部门规章有关公民个人信息保护的规定的""未经被收集者同意",出售或提供公民个人信息,特别是"可能影响人身、财产安全的公民个人信息",以及"被他人用于犯罪的",将会被追究刑事责任。例如,甲和乙两公司在有限度地互相开放数据给另一方时,对开放信息的类型和敏感度、开放用途、员工管理、商业模式运行等,如果掌握不好度,将可能触及"侵犯公民个人信息罪"这一红线。事实上,2019年一些大数据公司陆续卷入刑事调查,就与此有关。

六、数据向外流转引发的法律风险

数据向外流转,意味着数据将脱离权利人的掌控,交易方或合作方能够接触、使用这些数据,而它们是否会将这些数据又传递给别有用心的第三方,数据权利人其实是很难进行预测和防控的。而数据投融资本质上是一种数据交易,必然会伴随着数据的向外流转,那么,流转中的法律风险大小,显然会影响投融资的前景和获利。这可以分为两个层面来看待:一是涉及数据跨境流转时引发的法律风险;二是通过变现、合作、互融等方式进行数据流转时引发的法律风险。

(一)数据跨境流转时

在跨国数据投融资过程中,不可避免地会涉及数据跨境交易的问题。而在数据跨境交易这一问题上,无论是我国的《网络案全法》及相关配套法律法规、规章制度,还是欧盟《通用数据保护法》,都有不少管制性规定。其中,有些条款或定义的理解,可能无法准确界定这一问题。

《个人信息和重要数据出境安全评估办法(征求意见稿)》第11条规定:"存在以下情况之一的,数据不得出境:(一)个人信息出境未经个人信息主体同意,或可能侵害个人利益;(二)数据出境给国家政治、经济、科技、国防等安全带来风险,可能影响国家安全、损害社会公共利益;(三)其他经国家网信部门、公安部门、安全部门等有关部门认定不能出境的。"其中,"可能侵害个人利益""可能影响国家安全、损害社会公共利益"的判定本身就很难界定,具有相当的主观性。而且数据转移方通常只能通过数据接收方提供的书面资料,如管理制度的文本、技术团队构成和硬件配置情况的说明及目录、相应资质证书的取得情况等,并在必要的时候,结合现场考察来判定,其实是很难弄清数据接收方的真实水平以及书面资料的真实性的,因此,当进行跨国数据投融资时,交易双方对跨境数据安全评估,必然也会面临着某种不确定性。特别是当数据投融资发生在《安全评估指南(征求意见稿)》"附录 A"中详细列明的重要数据范围(包括石化、电力、交通运输、邮政快递、金融、食品药品、电子商务等共计 27 个大类,另含 35 个小类)行业之中时,数据跨境流转带来的法律风险,可能影响该投融资项目是否可以进行下去。严重时,可能因为损及国家政治安全、国防安全、科技安全、经济安全而被追究相应的刑事责任。

(二)数据以变现、合作、互融等方式流转时

前述第六章"数据垄断法律问题"中提到的 Facebook 被反垄断调查一案所显示的,导火索就在于 Facebook 并购 WhatsApp 后,WhatsApp 用户的数据就可以分享 Facebook,即 WhatsApp 的数据可向 Facebook 流转,一定程度上表明,因数据流转而引发法律风险是确实存在的。我们以 Facebook 数据外泄事件为例,进一步分析数据流转中的风险。

该事件的发生源于剑桥大学心理学教授亚历山大 · 科根(Aleksandr Kogan)及其创立的"环球科学研究"(Global Science Research,GSR)以学术研究之名,与 Facebook 进行合作。研究如何从 Facebook 档案中推知用户的人格和政治倾向和 Facebook 用户的情感状态。该教授开发了一款软件,用户通过 Facebook 账户登录这款软件,同意软件获取用户个人账号中的"城市""点赞""好友"等信息被用于"学术研究目的",软件即可通过 Facebook 的平台获取 Facebook 用户的数据。有大约 27 万人使用了这款软件,让亚历山大 · 科根及"环球科学研究"掌握了

5000 多万条 Facebook 的用户数据。这意味着，通过这种合作方式，Facebook 的用户数据流转至亚历山大·科根及“环球科学研究”。然而，亚历山大·科根及“环球科学研究”将这 5000 多万条 Facebook 的用户数据又提供给了剑桥分析公司（Cambridge Analytica，CA），剑桥分析公司以这些数据为基础，利用算法构建起大数据模型，推算用户政治倾向，进而投放个性化政治广告影响美国大选。此事曝光后，Facebook 数日股价连跌，市值蒸发 360 亿美元，并引发美国、欧盟、英国政府的关注和调查。

从这件事情上可以看到，抛开技术因素，被黑客破解而导致数据外泄，流入他人之手，就算是通过数据权利人许可后，如通过合作、变现、互融等方式，使数据脱离权利人控制，流入合作者、买家、交换方之后，对于数据流出后的后续利用和后续流转，即使是 Facebook 这样的公司，对第三方调取数据的预警和数据流转时的法律风险也可能预估不足。尽管 Facebook 数据外泄事件并非发生在投融资过程中，但只要涉及数据流转，包括因为投融资而引发的数据流转，那么相应的法律风险就客观存在，应当予以识别和重视。

七、可能引发反垄断调查风险

正如前述“数据垄断法律问题”所揭示的，一方面，数据问题可能在并购案的反垄断评估中引发关注；另一方面，数据垄断评估与数据保护交织在一起。因此，无论是在中国还是国外，以往的数据投融资并购在并购当时，并未引发反垄断风险。但在中国，已经有人提出需要介入反垄断审查；在国外，尽管相关并购通过了反垄断审查，但已经出现事后罚款的案例。

在国外，以欧盟为例，我们以时间为轴，统计近年来它在数据投融资中反垄断审查问题上的演变。

2008 年 3 月，欧洲委员会批准谷歌公司与双击公司（DoubleClic）的并购案。

2014 年 8 月，欧洲委员会批准 Facebook 与 WhatsApp 的并购案。

2016 年 1 月，欧洲委员会委员玛格丽特·韦斯塔格（Margarethe Vestager）在“国际数字生活设计研讨会”中承认数据问题与竞争问题的关联性越来越强。

2016 年 3 月，德国竞争监管部门针对 Facebook 违反数据保护规则，滥用其市场支配地位展开调查。调查依旧在进行中，且不可能在短时间内作出决定。但其在 2017 年 12 月出具了一份初步法律评估，称 Facebook 的行为是滥用市场支配地位，最终结果与该初步法律评估结论一致。

2016 年 5 月，法国、德国竞争监管部门公开了一份关于大数据与竞争法关系的联合报告。

2016 年 10 月，欧洲委员会发起了一次公开咨询，该咨询系"改善欧盟内企业并购控制框架问题"计划的一部分。此计划包括识别出那些虽然并购对象只有少许甚至没有营业额，但是却具有极高价值的交易。其目的，至少在某种程度上，是为了识别与那些虽然没有盈利或盈利不高，但具有丰富数据资源的公司有关的并购。欧洲委员会现在还没有确认，这一立场改变是否会付诸实行。

2016 年 12 月，欧洲委员会批准微软（Microsoft）与领英（LinkedIn）的并购案，但是该并购之所以能获批，是以微软公司承诺将采取一系列行为，消除欧洲委员会就垄断方面的顾虑为前提的。

2017 年 5 月，欧洲委员会对 Facebook 处以 1.1 亿欧元罚款，因该公司在 2014 年收购 WhatsApp 时，在交易等待审批期间，提供误导性信息。Facebook 之前在其收购通知中表示，将无法在两家公司的用户账号之间建立"可靠的自动化匹配"。

2017 年 6 月，德国《并购管制补充法案》（Additional German Merger Control）生效，该法案引入了一个基于多种交易价值进行反垄断评估的标准。

2017 年 10 月，欧洲委员会就波兰银行拒绝向金融科技竞争对手提供数据的协议是否涉嫌垄断展开调查。这些竞争对手得到用户许可，用户同意它们获取其个人的相关数据。

在中国，国家发展改革委相关人士在谈及滴滴收购优步中国时，就该并购没有申报，也没有经过反垄断审查觉得遗憾。其认为数据对市场竞争来说，特别是互联网企业的竞争实力是一个非常重要的因素，对于收购对象为特定的没有营业额，甚至利润为负，按照申报标准无法处理的并购案，仍然有必要介入反垄断审查。

通过前述百度、阿里巴巴、腾讯近几年的数据投融资统计表可见,它们在各行各业纷纷出击扩张地盘,以此来不断扩充自己的实力。

第一,物流行业。腾讯公司分别在2015年1月投资58速运,2015年5月和8月和2017年5月前后三次投资货车帮,2016年4月投资汇通天下,2017年5月投资“走—杰克”(GO-JEK),①在物流行业累计投资几十亿元。而阿里巴巴公司打造自由物流品牌菜鸟,预计到2022年,阿里巴巴和菜鸟网络还将投入1000亿元升级全球智慧物流网络,加快实现“全国24小时、全球72小时必达”。百度在2015年2月投资趣活快送,2016年9月投资百川快线,2017年5月投资货车帮。

第二,汽车交通。2015年1月至2017年12月,腾讯投资几百亿元在汽车交通行业中,较为出名的有入股特斯拉、入股易车商城、投资摩拜单车、投资蔚来汽车。而阿里巴巴也和福特汽车公司达成战略合作协议,入股哈罗单车等。百度则投资了易车、途虎养车、智能车联、威马汽车、首汽约车等。

第三,教育产业。腾讯花费几十亿元投资新东方、猿题库、北京大米科技(VIPKID)以及疯狂老师等教育产业,不但如此,腾讯和阿里一起合作投资浙江西湖高等研究院,即西湖大学。可以说两大互联网巨头在教育产业中也存在合作共赢的一面。百度则投资了作业帮、极致批改网。

第四,电子商务。电子商务对于阿里而言,是其最初的支柱产业,其利用在电子商务方面存在的经验和优势,不断扩充自己的地盘,其花费几百亿元人民币,入股来赞达(Lazada)这一东南亚首屈一指的电商平台就可以看出,其要将经营地域扩展至全球的态度。而反观腾讯,电子商务并不是其擅长的核心领域,其中一个原因在于零售领域的核心数据已被阿里巴巴所控制,但是腾讯并没有放弃该领域,从将拍拍网和京东合并,再到投资唯品会,腾讯已然以自己的方式不断地渗透进这个行业。百度亦不甘示弱,投资了知我药妆、中粮我买网、优卡商

① 其系一家位于印度尼西亚的共享出行服务商。

城(YMALL)等。

可以看出,百度、阿里巴巴、腾讯等互联网公司从各行各业中挖掘数据,包含我们的吃穿住用行以及各类企业的服务,积累了庞大的数据资产。正因其不同于普通互联网企业,当它们进行数据投融资时,以其规模,是可能会引发反垄断关注的。即使不是百度、阿里巴巴、腾讯(BAT)这种线下线上的全领域覆盖,在某一行业内具有一定规模或市场支配力的互联网企业在进行数据投融资时,亦不排除存在可能引发反垄断的风险。

第四节　数据投融资的合规建议

数据投融资作为一种新兴的投资形式,产生时间短,很多事情上也无明确的法律规定,具有许多的不确定性,但其已经在近年来的现实经济活动中频繁发生。对于如何趋利避害,更好地展开相应活动,不以其不确定性、新兴性而不去考虑,本书从法律方面针对数据投融资提出如下建议。

一、适当借鉴知识产权许可谈判经验

一方面,基于数据投融资,实质上是一种以投融资形式进行的数据交易,数据是信息的载体,而在目前所有的民事权利类型中,知识产权因其保护对象是信息,具有独特性。在知识产权的交易方式上,要么是通过知识产权的转让,实现权利的让渡;要么是通过知识产权的许可,将全部或部分权利内容授予被许可方依约行使。数据交易与知识产权交易尽管有差异,但至少是一个接近的类比。因此,在数据权属的法律性质、数据交易合同的法律属性的认识上分歧很大,短时间内,应该也无法得出定论,而在数据交易却已经实际、大规模、快速增长地发生的现实背景下,在数据投融资谈判中,当涉及数据这部分的时候,借鉴已经相对成熟的知识产权许可谈判经验,也许是很有必要的。

另一方面,许多互联网公司,大数据公司往往亦是高科技企业,具有典型"轻资产"特征,技术、数据是其最核心的资产,当其进行投资并购时,这两者往往是

交织在一起,一并考虑的。也正因如此,在相关投融资协议中也往往既有数据交易条款,亦有知识产权的转让或许可条款,甚至当数据资产被视为商业秘密时,其与知识产权条款更是联系紧密。

此外,数据交易本质上是一种许可使用,在文本架构及条款判断上,与知识产权许可使用在理念上有相通之处。比如,知识产权由于是绝对权,在许可条件上与不正当竞争、垄断有天然联系,有黑、白、灰 3 种区分,而数据投融资中相关条款的设置同样需考虑这一问题。在知识产权许可协议中的权利合法性、有效性保证条款、第三方免责条款等,可以借鉴用于在合同层面防范数据投融资中的数据来源合法性风险、知识产权风险。

二、注意投融资方案中数据保护条款的垄断风险

以腾讯为例,从它们近 3 年的投融资主要事件列表不难看出,它们在数据投融资领域所涉的相对方,既有一些具成长性的中小企业,亦有美团、唯品会、酷狗、大众点评、摩拜、货车帮这样的业内知名企业。那么,随着中国对数据垄断问题的关注度上升,未来做数据投融资时,也不排除会遭遇反垄断审查的可能。

而正如前述“数据垄断的法律问题”中所指出的那样,数据保护、消费者权益保护与数据垄断紧密交织在一起,正成为评估垄断时的重要因素。因此,在数据投融资谈判和协议拟定时,设计数据保护相关的方案和条款时,相关法律文本的体例安排、遣词造句、嵌入产品中的方式等,均需注意防范其中可能蕴含的垄断风险,包括可能导致的消费者群体性的投诉风险。鉴于前述已专章讨论“数据垄断的法律问题”,此处不再赘述。

三、跨国数据投融资时,注意识别敏感信息

跨国数据投融资可能带来数据的跨境交易,国家正在加强管控,为使整个投融资能够顺利进行,不触及国家在此问题上的红线是非常有必要的。可考虑区分数据类型、性质、等级、行业、规模,识别出那些可能涉及国家安全、公共利益的敏感信息,在筛选合适的目的地国家或地区,综合考虑合规成本的基础上,进行

风险防范。

《个人信息和重要数据出境安全评估办法(征求意见稿)》第8条规定:“数据出境安全评估应重点评估以下内容:(一)数据出境的必要性;(二)涉及个人信息情况,包括个人信息的数量、范围、类型、敏感程度,以及个人信息主体是否同意其个人信息出境等;(三)涉及重要数据情况,包括重要数据的数量、范围、类型及其敏感程度等;(四)数据接收方的安全保护措施、能力和水平,以及所在国家和地区的网络安全环境等;(五)数据出境及再转移后被泄露、毁损、篡改、滥用等风险;(六)数据出境及出境数据汇聚可能对国家安全、社会公共利益、个人合法利益带来的风险;(七)其他需要评估的重要事项。”

在启动一个跨国数据投融资活动之前,排查其中所涉数据是否具有敏感的、重要的数据,目的地国的政治环境和数据保护的法律环境,以及交易方的数据保护制度完备情况、技术和管理水平等非常重要。

四、重点排查刑事法律风险

首先,数据首先是资源,然后才是资产,与自然资源一样,一些重要的数据资源,事关国家安全、公共利益,应当区分交易对方,判断是否有必要进行相应的数据投融资项目。

其次,用户个人信息是互联网企业采集的最主要的数据类型之一,在进行数据投融资时,涉及的没有脱敏的原始个人信息往往数量庞大。一是要再次征求用户的同意;二是要判断数据投融资的应用场景是否正当合法;三是要与技术人员一起,评估数据融合后是否有能力进行技术防控以及欲采取技术措施的合规性。

再次,互联网环境下的商业模式很多具有探索性,无前例可循,网络的快速扩散性,又很容易在短时间内迅速扩散,并难以掌控相关数据的传播。因此,在并购相应的实行新商业模式的企业时,应当首先结合刑法及相关规定,评估其刑事风险点及风险等级。

最后,鉴于数据采集手法多样,在对交易方采集方式的合规性进行评价后,借鉴某些重要科技合作或商务合作签署保密协议时,会专设刑事条款的做法,在数据投融资合同中嵌入专门的刑事条款。

五、密切追随新的立法、司法动向开展合规

大数据作为一个新领域,在"互联网+"、人工智能等多个领域,都有着广阔的运用前景,数据的国家安全重要性日益凸显,个人信息保护的需求正在不断加强,数据资产运营的方式也日益多元化。在这样的背景下,国内外数据领域的新问题、新现象层出,相应的立法、司法活动及新规、新案例频出,其中不少是无前人经验可借鉴的。这就要求,数据投融资的合规亦应当密切追随最新的立法司法动向,并且不仅限于域内的动向。

在这样高强度、高压力,并且具有相当探索性的合规中,一方面,要信息敏锐,及时获知最新的立法、司法动向,并迅速反应,在尽可能短的时间内,理解、消化相关新规、新案例的内容,评估其可能带来的影响。另一方面,应当意识到,合规是为了数据投融资服务的。投资具有冒险性、投机性、不可控性,而法务则具有谨慎性、保守性、确定性,二者在一定程度上特质不同,这就要求秉承"法商融合"的思维,在合规时,不仅只考虑法的问题,还应考虑这样的合规方案对市场、产品、财务、公共关系等方面的影响及可行性。特别是数据投融资针对的是大数据这一新领域,许多数据业务的开展和投融资活动本就具有探索性,那么,如何根据最新立法、司法动向,在不触及强制性规定的底线、刑事风险的红线前提下,最大限度地为数据投融资保驾护航,而不是只会喊停,是一个需要引起重视的问题。

六、合同文本安排上的要点

数据投融资是一个动态的过程,通过多次的商务磋商,最终达成合意,无论期间会有多少次往复、交锋,最终会以合同文本的形式,将合意的内容固定下来。那么,可谓集整个投融资谈判结果大成者的合同,在文本安排上显然需要好好考量一番。

(一)可考虑进行多重合同架构

数据投融资的进行,除了数据,还有技术、财务、市场、知识产权等多种因素要考虑,并需要体现在合同中。而且不同的数据领域,其特性也不同,需有针对性地进行调整。欲将所有内容“毕其功于一役”,统一在一个合同中完成,显然会让这个合同看上去既庞大又杂乱。为此,可考虑分割成框架协议搭配数据交易或合作、软硬件、运维、其他配套服务等多个小合同的模式,形成一个合同群,互为支撑。并且当采用多重合同架构时,需要注意框架协议与每个单合同,每个单合同与其他合同间在内容、文字表述上的一致性,切忌不可出现互相冲突的情况。

鉴于资产运营中的数据主要被定性为“商业秘密+竞争性财产权益”,在这个多重合同架构中,加入专门的保密协议、数据安全协议是非常有必要的。保密协议主要结合数据控制的特点进行拟定;数据安全协议主要针对数据的获取、存储、传输、使用、交易、共享中的风险点,从技术措施、制度建设方面进行双方权利义务的安排。

(二)可采用的一些合同拟定技巧

根据第三节的论述,数据投融资中存在的主要法律风险表现为:数据来源合法性风险,法律环境改变可能带来的风险,知识产权方面的风险,数据所有权的主张存在不确定性风险,数据交换、互融可能引发的风险,数据向外流转引发的法律风险以及可能引发的反垄断调查风险。对于这些风险,一方面,应当通过做好尽职调查,予以研判、识别是否在此次投融资中存在,并在此基础上做好预警和风险决策;另一方面,在合同拟定时,从如何规避风险角度进行一定的设计,亦有必要。

首先,在表述上,不宜用“数据所有权”或者“数据权”或者“数据产权”之类尚无定论,于法又无明据的概念,应代之以“与数据有关的权益”或者“数据及其相关权益”。这样的表述绕开了“数据所有权”或“数据权”,或“数据产权”的不确定性,也绕开了享有数据到底是一种权利还是法益的纷争。如果实在想在合同中使用“数据所有权”或“数据权”,或“数据产权”这样的表述,那么,至少应在合同中明确定义其在“本合同项下的特定范围和含义”。

其次，为减少可能发生的争议，明确此次数据投融资中的“数据”定义，也是非常有必要的。不能仅仅采用个人数据、实验数据、运行数据这样的宽泛概念，而应当根据每次项目针对的数据特点和类型做出定义，如“本协议项下之实验数据包括但不限于各期临床试验中的初始数据、中间数据、结果数据；设计图纸上的参数、结构数据；每次人工智能模型训练中的初始数据、中间数据、结果数据；临床试验、人工智能模型训练的反馈评价；临床试验、人工智能模型训练所需的数据模型、算法信息、数据日志等”。①

再次，至少应当包含数据来源合法性声明条款、知识产权条款、数据向第三方流出报备及监控条款、数据保护同等对待条款、数据价值变动条款。其中，数据来源合法性声明条款主要是以书面声明方式，表明交易中的数据是通过合法方式获取的，获取方式和途径不存在瑕疵，以及愿为来源合法性担责。知识产权条款主要包括保密条款、知识产权有效性保证条款、第三方免责条款等。数据向第三方流出报备及监控条款主要是约定，交易相对方未经数据提供方的书面同意，不得向第三方流出数据，或者即使经同意后流出，亦应采取有效措施保障数据不被第三方滥用。数据保护同等对待条款主要是指交易双方承诺对对方共享或单方提供的数据，应当以不低于保护自己数据的水准来保护交易相对方的数据安全。数据价值变动条款则主要用于解决当数据资产的价值在未来发生重大变化时，如何处理的问题。

最后，鉴于数据投融资与其他投资一样，是一个连续的具有不确定性的动态过程，其间，无论是外部环境还是内在因素，都可能发生变化。因此，在拟定合同时，一是要有前瞻性，尽量为投资过程中发生的变化，以及由此带来的风险，预留一定的回旋空间；二是对投资风险的识别不能偶尔为之，更不能一蹴而就，合同拟定后，仍需要对整个投资活动进行持续追踪，并根据出现的新情况，适时制订新的应对方案，启动新的协商机制，达成补充协议，或者修订相应的合同条款。

① 此条文来源于笔者在实务中曾拟过的合同条约。